KB089798

滴天髓

적천수滴天髓 - 형상기국론의 체계적 이론을 세운 명저名著

초판발행 2022년 01월 01일
초판 2쇄 2024년 06월 01일

원 저 유 백 온
역 해 김 낙 범
펴낸이 김 민 철

펴낸곳 도서출판 문원북
주 소 서울시 마포구 토정로 222 한국출판콘텐츠센터 422
전 화 02-2634-9846
팩 스 02-2365-9846
메 일 wellpine@hanmail.net
카 페 cafe.daum.net/samjai
블로그 blog.naver.com/gold7265

ISBN 978-89-7461-487-4
규 격 152mmx225mm
책 값 25,000원

적 천 수

형상기국론의 체계적 이론을 세운 명저 名著

문원북 BOOK

적천수는 형상기국론을 체계 있게 정리한 교과서입니다.
적천수의 형상기국론形象氣局論은 월령을 중심으로 격국의 형상을
형성하고 기세의 조화를 중시하는 이론입니다.

적천수滴天髓는 하늘의 정기로서 사주명리의 진수라는 뜻으로서
중국 당나라(618-907) 말기에 서자평徐子平이 창안한 신법명리인
자평학의 이치를 시구절로서 표현한 것이 특징입니다.

적천수는 당시에 유행하던 점성학과 삼명학의 영향요계 등의 격국과
신살을 철저히 배제하고 사주팔자의 구성요소인 형상기국을 중요시하
며 기세의 청탁과 흐름으로 운명을 간명하였습니다.

형상기국形象氣局이란 기세와 격국으로 형상을 이루는 것이며 영향요
계影響遙繫란 그림자와 같은 것으로서 사주팔자에 없는 글자를 허공에
서 가져다 쓴다는 것으로서 적천수에서는 허황된 것이라고 하여 배제
하는 것입니다.

적천수의 저자는 확실하게 알려진 것이 없습니다.
청나라 시대에 소암노인 진지린陳之遴이 1658년에 발간한 적천수집요
滴天髓輯要에 의하면 적천수는 명리에 대하여 잘 아는 사람에 의하여
저술된 것이며 성의백 유기誠意伯 劉基에게 가탁하였다는 기록이 있을
뿐입니다. 가탁假托이란 저작권을 넘기는 것과 같습니다.

유기劉基(1311-1375)의 호는 백온伯溫으로 알려져 있으며 주원장朱
元璋(1328-1398)을 도와 명나라 건국(1368년)에 기여한 일등공신으
로서 천문 지리 역법 군사 등의 탁월한 능력을 보여 제갈공명에 버금가
는 인재였다고 합니다.
이로 미루어 보면 적천수의 저자는 확실하게 알려진 것이 없으며 다만
유백온이 저자에게서 가탁을 받아 해설하고 경도京圖의 이름으로 발간
하였다는 설이 지배적입니다.

적천수집요에는 원문과 해설이 있을 뿐이며 해설의 내용이 적천수천미
의 원주의 해설과 대동소이하므로 진소암은 자신의 해설은 없고 원문
과 유백온의 해설을 그대로 펼쳐낸 것으로 보입니다.

적천수천미滴天髓闡微는 1800년대 초에 임철초任鐵樵가 작성하였으
며 유기의 비전인 적천수를 해설한다고 밝혀 두고 있으며 1933년에 진
소암 후손이 소장하고 있던 관복거사觀復居士의 필사본을 원수산袁樹
珊이 입수하여 발간하였다고 합니다.

적천수집요와 적천수천미는 원문의 목차와 내용이 다소 다른 점이 있
으며 이는 세월이 지나면서 여러 사람들에 의하여 수정되고 첨가된 것
으로 보입니다.
또한 임철초는 자신의 관점으로 새로운 해석을 하면서 일간을 중심으
로 한 신강신약에 의한 억부론의 관점으로 펼친 것이 특징입니다.

이 책은 적천수집요에 수록된 적천수 원문을 참조하였으며 순수한 적천수 원문의 관점으로 해설하고자 노력하였습니다.

적천수 원문을 해설한 해설서는 적천수집요 적천수천미 적천수징요 적천수보주 등 여러 해설서가 있으나 대부분 해설자의 주관적인 관점으로 해설한 것이 대부분입니다.

그러므로 필자는 적천수가 최초로 발간된 적천수집요에 수록된 적천수 원문의 관점으로 해설하고자 노력하였으며 적천수를 연구하는 분들이 참고할 수 있도록 원주 유백온과 적천수천미 임철초의 해설을 참고로 게시하였습니다.

적천수는 월령을 중심으로 한 형상기국론을 펼친 이론서입니다.
원주 유백온의 해설은 형상기국론을 설명하는데 다소 부족하며
임철초는 장남張楠의 명리정종命理正宗(1706년)에서 주장하는 일간을 중심으로 한 신강신약에 대한 이론의 영향을 받았으며 이를 적천수에 대입하여 해설하고 적천수천미를 발간한 것입니다.

그러므로 임철초는 자평학의 새로운 영역을 정립하는데 공헌하였으나 이로 인하여 적천수가 신강신약에 의한 억부론의 대표서로 인식되는 결과를 만들기도 합니다.

이후 서락오徐樂吾(1886-1948)가 적천수천미의 필사본을 입수하여 이를 바탕으로 1935년에 적천수징의滴天髓徵義를 발간하였는데 입수한 필사본이 너무 낡아서 낙장과 오탈자가 많았으므로 서락오가 이를 첨가하며 해설하였다고 합니다.

따라서 적천수징의에는 적천수천미의 원본과 다른 부분이 많이 발견되었으며 서락오는 이를 보완하기 위하여 원주와 임철초의 해설을 빼고 자신의 해설부분만 보완하여 1937년에 적천수보주滴天髓補註를 발간하였으나 내용상으로는 적천수천미와 큰 차이가 없습니다.

우리나라에는 1960년대에 서락오의 적천수징의를 번역한 책들이 발간되면서 이를 공부한 사람들이 많은 실정이며 일반적으로 임철초와 서락오의 관점으로 일간을 중심으로 한 신강신약에 의한 억부론으로서 적천수를 이해하는 학자들이 대부분입니다.

그러므로 필자는 임철초와 서락오에 의한 일간을 중심으로 한 신강신약에 의한 억부론의 관점에서 벗어나
적천수 원문에서 펼치는 월령을 중심으로 한 형상기국론에 의한 기세의 조화론의 관점으로 이해하고자 노력하였으며 적천수 원문을 통하여 자평학의 진실한 면모를 발견하게 된 것입니다.

이 책은 적천수를 체계적인 구성으로 분류를 하였습니다.
원문과 목차는 적천수집요를 참조하였으며 이를 다시 통천론 간지론 형상론 기세론 통변론으로 구분하여 분류하였습니다.

제1장은 통신론으로서 사주팔자를 구성하고 있는 천지인 삼원의 철학적 이치와 적천수 이론의 배경이 되는 순패와 진퇴 그리고 간지의 배합 등 기본적인 이론을 기술하였으며

제2장은 간지론으로서 천간의 체상과 지지의 운용 그리고 간지의 조합에 의한 변화 등의 이론을 기술하였습니다.

제3장은 형상론으로서 형상기국을 형성하는 이론과 체용 정신에 의하여 기세의 쇠왕과 중화의 변화에 대한 이론을 기술하였으며

제4장은 기세론으로서 기세의 원류와 청탁 진가 등의 이론을 제시하고 희기신을 분별하고 기세를 운용하는 이론을 기술하였습니다.

제5장은 통변론으로서 육친에 의한 통변과 형상과 기세를 운용하여 사주팔자의 빈부귀천길흉수요와 성정과 질병 그리고 직업의 직위에 관한 통변이론을 기술하였습니다.

이 책에 수록된 명조는 모두 적천수천미에 수록된 명조이며 필자가 원문의 취지에 알맞게 재해석하였습니다.

적천수천미에는 임철초가 수많은 명조를 예시로 들었는데 임철초는 원문의 내용에 의한 해설보다는 자신의 주장을 입증하기 위한 해설을 하였으므로 원문의 내용과 다른 것을 발견할 수 있습니다.

그러므로 필자는 적천수천미의 명조를 차용하되 원문의 취지에 알맞게 재해석하여 수록하였으니 독자 여러분들은 적천수 원문을 이해하고 명리를 더욱 발전시키기 위한 연구에 참고하기를 바랍니다.

신축년 가을을 맞이하며
무공 김낙범 드림

滴
天
髓

| 목차 |

제 6 장

원적
문천
시수
결

滴天髓

|제1장|

통천론

通天論

1. 삼원

1) 천도

> 欲識三元萬物宗 先觀帝載與神功
> 욕 식 삼 원 만 물 종 선 관 제 재 여 신 공
> 삼원이 만물의 근본임을 알고자 하면
> 먼저 제재와 신공을 관찰하여야 한다.

천도天道란 하늘의 도리로서 하늘이 자연에서 운행하는 이치이며
삼원三元은 천지인天地人으로서 하늘과 땅과 사람이며 자연을 구성하는
요소로서 천지만물의 근원을 이루는 근본적인 기운이라고 합니다.

천지만물의 근원을 알고자 한다면 먼저 하늘에서 절대적인 존재가 일으
키는 조화를 관찰하여야 한다고 합니다.
제재帝載는 하늘의 절대적인 존재이며 신공神功은 절대적인 존재가 일
으키는 신의 조화를 말합니다.

하늘에는 삼황오제三皇五帝가 있으며 삼황은 천지인을 주관하는 신으
로서 복희씨伏羲氏 신농씨神農氏 여와씨女瓦氏라고하며
오제는 오방五方과 오행을 주관하는 신으로서 중앙에서 土를 주관하는
황제黃帝를 비롯하여 동서남북에서 각각 木火金水를 주관한다고 합니다.

그러므로 제재는 음양오행을 일컫는 것이며 천지인에서 신공을 일으키
며 음양과 오행의 조화로써 자연을 주관하며 만물의 생성소멸을 주관하
는 것입니다.

사주팔자는 음양오행으로 구성되었으므로 자연법칙의 근본적인 기운으로 이루어진 것이며 천간과 지지 그리고 지장간인 천지인 삼원으로 구성되었다고 합니다.

천원天元은 천간이고 지원地元은 지지이며 인원人元은 지장간이라고 하며 이것이 만물의 근원임을 알고자 한다면 이들이 일으키는 음양오행의 조화를 관찰하여야 사주팔자를 간명看命하여 사람의 운명을 조망할 수 있다고 하는 것입니다.

천도에 대하여서는 학자마다 견해가 다르므로 아래와 같이 소개하니 참고바랍니다.

원주에서 유백온이 해설하기를
하늘에는 음양이 있으므로 봄木 여름火 가을金 겨울水 계절土가 있어 때에 따라 신공을 나타낸다. 사주명식에 있는 천지인 삼원의 이치도 근본은 이와 같다.

적천수천미에서 임철초가 해설하기를
천간은 천원이며 지지는 지원이고 지지속의 지장간은 인원이다.
사람마다 타고난 명은 모두 다르지만 소위 만법의 근본이라고 한다.
음양은 본래 태극인데 이것을 제재라고 하며 오행의 사계절에 펼치므로 이것을 신공이라고 하며 삼재의 계통으로서 만물을 이루는 바탕이 된다.
적천수 첫머리에 천도가 이와 같음을 밝힌다.

2) 지도

坤元合德機緘通 五氣偏全定吉凶
곤 원 합 덕 기 함 통 오 기 편 전 정 길 흉
곤원이 합덕하니 자연의 조화로운 기운과 통하며
오행의 기세가 치우치고 온전함으로 길흉이 정하여진다.

지도地道는 땅의 도리이며 천지자연에서 땅이 운행하는 이치로서
사주팔자에서는 지지의 도리를 말합니다.
건곤乾坤은 주역에서 나온 용어이며 건원乾元은 천도天道로서
양의 근본이며 곤원坤元은 지도地道로서 땅의 근본이라고 합니다.

사주팔자에서 곤坤은 지지를 뜻하고 건乾은 천간을 뜻합니다.
합덕合德은 천간과 지지가 결합하는 것이며 간지가 결합하는 작용으로
천지가 통하는 것으로서 기함통機緘通이라고 합니다.

사주팔자에서는 4개의 천간과 4개의 지지가 결합하여 음양과 오행의
기세를 이루므로 기세의 왕쇠강약은 차이가 불가피합니다.

기세의 왕쇠강약旺衰強弱은 기세가 왕성하고 쇠약하며 기세가 강하고
약한 것을 말하며 기세의 왕쇠강약은 천간과 지지가 결합하면서 만들
어지므로 건곤이 합덕하는 것이라고 할 수 있습니다.

기세의 왕쇠旺衰는 월령이나 대운의 지지를 득하면 기세가 왕성하다고
하며 월령이나 대운의 지지를 득하지 못하면 기세가 쇠약하다고 합니다.

기세의 강약強弱은 지지에 통근세력이 많으면 기세가 강하다고 하며
지지에 통근세력이 없으면 기세가 약하다고 합니다.

사주팔자에 있는 4개의 천간과 4개의 지지는 음양오행을 나타내며
이들은 각각 통근과 투출을 통하여 기세를 만들고 있습니다.
그런데 이들의 음양과 오행이 일정하지 않고 치우치는 경우가
많으므로 기세의 왕쇠강약도 치우치거나 부족한 현상이 발생하고
기세의 태과불급太過不及이 발생하는 것입니다.

천간과 지지가 결합하여 음양과 오행의 기세가 균형을 이루어
온전하면 길吉한 것이고 기세의 균형이 태과太過하여 지나치거나
불급不及하여 치우치면 흉凶한 것입니다.

지도에 대하여서는 학자마다 견해가 다르므로 아래와 같이 소개하니
참고바랍니다.

원주에서 유백온이 해설하기를

땅에는 강하고 부드러운 것이 있으므로 오행이 동서남북과 중앙에서
생하고 더불어 하늘과 합덕하여 기함에 감응하므로 묘한 것이다.
이를 부여받은 사람은 치우치고 온전함이 하나같지 않으므로 길흉이
정해진다.

적천수천미에서 임철초가 해설하기를

하늘로부터 부여받은 것을 명命이라고 한다. 주역에서 이르기를 건원
乾元은 크므로 만물이 시작되고 곤원坤元은 지극하므로 만물이 자란다
고 하였다.
건은 굳셈을 주관하고 곤은 유순함을 주관하므로 하늘을 받들어 순응
하고 하늘과 합덕하여 만물을 품어 기르고자 하므로 기함이 서로 통하
는 것이다. 특히 오행의 기세는 치우치고 온전하여지면서 만물의 명에
길흉이 생기는 것이다.

3) 인도

戴天履地人爲貴 順則吉兮悖則凶
대 천 리 지 인 위 귀　순 즉 길 혜 패 즉 흉
하늘을 받들고 땅을 밟고 사는 사람은 귀하며
순응하면 길하고 거스르면 흉하다.

인도人道는 사람의 도리를 말하는 것이며 하늘을 받들고 땅을 밟고 사는 만물 중에서 사람은 하늘의 품부稟賦를 이어받았기 때문에 사람이 가장 귀하다고 합니다.

사주팔자에서 인도人道는 지장간을 말하는 것이며 지장간은 천간과 같은 모습을 지녔으므로 천간과 같이 귀하다고 합니다.
사주팔자에서 지지에 암장 되어있는 지장간은 천간의 품성을 이어받은 것으로서 마치 사람과 같이 귀하지만 천도와 지도의 도리에 순응하여야 길하다고 하며 거스르면 흉하다고 합니다.

이는 마치 사람이 비록 귀하다고 하지만 하늘과 땅의 도리에 순응하지 않으면 살 수 없는 것과 마찬가지입니다. 그러므로 하늘과 땅의 도리에 순응하면 길하고 거스르면 흉하다고 하는 것입니다.

인도에 대하여서는 학자마다 견해가 다르므로 아래와 같이 소개하니 참고바랍니다.

원주에서 유백온이 해설하기를
만물은 오행을 얻지 않고는 하늘을 받들고 땅을 밟고 살 수 없으며 오직 사람만이 오행을 전부 얻었으므로 귀하다.
길흉이 하나같지 않은 것은 오행에 순응하거나 거스르기 때문이다.

적천수천미에서 임철초가 해설하기를

사람이 하늘을 받들고 땅을 밟고 살아가면서 천간과 지지에 순응하고 거스르지 않으면 팔자가 귀하여진다.

순응한다는 것은 상생하며 이어지는 것이고 거스른다는 것은 반대로 극하여 해로운 것이다. 그러므로 길흉이 판별되는 것이다.

천간의 기세가 약하여 지지에서 생하고 지지가 쇠약하여 천간에서 도우면 모두 유정하고 순응하므로 길한 것이다.

지지가 쇠약한데 천간에서 억제하거나 지지의 기세가 약한데 천간에서 극하면 모두 무정하고 거스르므로 흉한 것이다.

가령 천간에서 木이 金의 극을 두려워하는데 지지에서 亥子가 생하거나 亥子가 없어도 천간에서 壬癸가 화하거나 천간에 壬癸가 없어도 지지에 寅卯의 뿌리가 있거나 지지에 寅卯가 없어도 천간에서 丙丁이 金을 제어하면 木이 살 수 있는 기회가 있는 것이므로 길한 것을 알 수 있다.

만약 천간에 壬癸가 없고 오히려 戊己가 투출하거나 지지에 亥子寅卯가 없고 오히려 辰戌丑未申酉가 무리지어 庚辛을 도우면 木은 살길이 없어지므로 흉한 것을 알 수 있다. 나머지도 이처럼 유추한다.

무릇 만물이 오행을 득하지 않으면 하늘을 받들고 땅을 밟으며 살 수 없다. 날개가 있고 털이 있고 비늘이 있고 단단한 껍질이 있는 동물들도 각자가 오행의 기세를 득하여 살아간다.

가령 날개가 있는 곤충은 火에 속하고 털이 있으면 木에 속하며 비늘이 있으면 金에 속하고 단단한 껍질이 있으면 水에 속한다.

오직 사람만이 土에 속하는데 土는 중앙에 있으므로 木火金水의 중심적인 기세를 이루며 홀로 오행을 모두 갖추어 귀한 것이다.

사람의 팔자에서 가장 마땅한 것은 사주가 유통되며 오행이 생화하는 것이며 가장 크게 꺼리는 것은 사주가 결함되고 오행이 편고된 것이다.

잘못된 책에서 4개의 戊午로 이루어진 사주는 관우의 명조라고 하고 4개의 癸亥로 이루어진 사주는 장비의 명조라고 하는데 그 이치를 연구하면 모두 후인들에게 잘못 전해진 것이다. 한나라 시대부터 지금까지 이천년 동안 甲子가 순환하면서 이러한 명조가 적지 않았으므로 모두 잘못 전해진 것을 알 수 있다.

내가 사주를 공부한 이래 4개의 戊午나 4개의 丁未나 4개의 癸亥나 4개의 乙酉나 4개의 辛卯나 4개의 庚辰이나 4개의 甲戌만으로 이루어진 사주는 모두 편고된 것으로 논하니 적중하지 않은 것이 없었다.

같은 동네에 사는 사씨라는 사람은 壬寅이 4개인 사주인데 寅중에 火土가 장생이고 식신이 록으로 왕성하며 생화하는 정이 좋았으나 처와 재물과 자식의 복록이 모두 좋지 않았다. 寅중에 있는 火土의 기세를 꺼내어 쓰지 못한 어린 시절에는 외로움과 고통이 있었다.

중년에는 배고픔과 추위에 시달리고 삼십대에 운이 남방으로 바뀌어 寅중 火의 기세를 꺼내어 쓰니 좋은 기회를 만나 경영을 하여 부자가 되었다. 그러나 후에 자식이 없고 가업도 허공에 흩어졌다.

그러므로 편고된 것을 알 수 있는 것이다. 이러한 즉 귀한 명조는 중화된 것이며 편고한 명조는 결국 손상된 것이다.
균형을 이루고 바른 것을 구하는 것이 이치이며 기이하다고 하는 것은 믿을 것이 못 된다.

2. 순패

要與人間開聾瞶 順悖之機須理會
요 여 인 간 개 농 외   순 패 지 기 수 리 회
사람이 무지한 것을 깨우치려면 순패의 작용을 알아야 한다.

순패의 작용을 깨우치지 못하면 명리命理에 대하여 무지한 사람으로서 사주팔자로 사람의 운명을 간명하기 어렵다고 합니다.

순패의 작용이란 순응하고 거스르는 것으로서 사주팔자와 운에서 작용하는 왕쇠강약의 기세에 따라 마땅히 도와줄 것은 도와주고 제어할 것은 제어하면 순응한다고 하는 것이며 마땅히 도와주어야 하는데 반대로 제어하거나 마땅히 제어하여야 하는데 반대로 도와주면 이를 거스른다고 하는 것입니다.

사람은 선천적인 기세를 가지고 태어났으며 이를 사주팔자로 표시한 것입니다. 사주팔자의 선천적인 기세는 운에 의하여 후천적인 기세로 변화하고 후천적인 기세의 왕쇠강약에 의하여 삶의 길흉화복이 만들어지는 것입니다.

기세가 왕성하거나 강하면 기세에 순응하는 것이 도리이며 이를 거스르면 흉하다고 합니다. 또한 기세가 쇠약하거나 약하여도 기세에 순응하면 길하며 거스르면 역시 흉하다고 합니다.
그러므로 순패의 작용을 마땅히 알아야 사주팔자를 감명하여 길흉을 판단할 수 있는 것이며 이는 마치 눈과 귀가 먼 사람이 이치가 트이면서 눈과 귀가 열리는 것과 마찬가지로서 운명에 대하여 깨우치는 것과 같다고 하는 것입니다.

순패에 대하여서는 학자마다 견해가 다르므로 아래와 같이 소개하니 참고바랍니다.

원주에서 유백온이 해설하기를
명을 알지 못하면 눈과 귀가 닫힌 것과 같으며 명을 아는 것은 순패의 작용을 능히 깨달은 것이다. 천하에 무지한 자라도 눈과 귀가 열리면 깨닫게 된다.

적천수천미에서 임철초가 해설하기를
이 말은 지극히 이치로서 오직 두려운 것은 후일에 명을 공부하는 사람들이 순패의 작용을 탐구하지 않고 사람의 명을 망령되이 이야기하고 쉽지 않은 학문을 그릇되게 이야기하는 것이다.
기이하고 이상한 격국과 모든 신살을 황당하게 쓰면서 혼란스럽게 간명하고 있으며 도화살과 함지살은 오로지 음란한 여명으로 논하고 그 책임을 귀신에게 씌우며 금쇄와 철사를 소아와 관련된 살이라고 그릇되게 말하며 부모를 근심하게 하고 있다.

일주의 쇠왕衰旺은 논하지 않으면서 재관은 모두 반기고 상관과 칠살은 증오하며 사람의 일생을 판단하고 정한다. 일주의 강약에 관계없이 식신과 인성은 복이 되며 효신梟神과 겁재는 재앙이라고 한다.
재관은 육친으로 취용한다는 것을 알지 못하고 재성은 양생하고 관성은 영화롭게 하는 것이라고 하니 얼마나 어리석은가.

재성이 양생하는 것이라고 하면 재다신약財多身弱의 명은 부잣집에서 가난하게 살 것이 아니라 거부가 되어야 하며 관성이 영화롭게 하는 것이라고 하면 일주가 쇠약하고 관성이 무거운 명은 요절하거나 천하게 되지 않고 출세하여 귀하게 되어야 할 것이다.

내가 고서에서 자평의 법을 자세히 살펴보니 전적으로 사주오행의 쇠왕을 살피고 순역順逆을 탐구하며 진퇴進退를 살피면서 희기를 논하는 것이 이치를 깨달은 것이라고 한다.

기이한 격국과 신살 납음 등은 호사가들이 헛되이 지어낸 것으로서 명리의 길흉과 관련된 것이 아니다. 만약 이러한 근거로 명을 논하면 반드시 바른 것이 잘못되고 옳은 것이 그릇되게 잘못 전해지므로 길흉의 이치가 혼미하여 밝히기 어려운 것이다.

책에서 이르기를 재성이 용신이면 겁탈하면 안 되고 정관이 용신이면 손상하면 안 되며 인수가 용신이면 파괴하면 안 되고 식신이 용신이면 탈식奪食하면 안 된다고 하였는데 이 네 구절의 원리는 지극한 이치로서 오직 한 자의 용신에 있는 것이다.

명에 무지한 사람은 용用이란 글자의 근원을 살피지도 않고 오로지 재관만을 중요시한다.
재성이 용신이 아니면 모두 겁탈할 수 있고 정관이 용신이 아니면 모두 손상할 수 있으며 인수가 용신이 아니면 모두 파괴할 수 있고 식신이 용신이 아니면 모두 탈식할 수 있다는 것을 모른다.

순역의 작용을 깨닫지 못하면 눈과 귀가 닫힌 것과 무엇이 다를 것이며 길흉을 논하고 현명함과 어리석음을 분별하여 세상에 어떻게 도움을 줄 수 있겠는가.
오히려 잘못 전해지며 후세사람들을 미혹하게 할 뿐이다.

적천수천미의 명조를 원문의 취지에 알맞게 필자가 해설하였습니다.

시　일　월　년
丙　庚　丁　辛
子　午　酉　卯
己庚辛壬癸甲乙丙
丑寅卯辰巳午未申

지지에 子午卯酉가 모두 있으며 庚辛金비겁과 丙丁火관살이 투출하고
子午와 卯酉가 서로 대립하며 조화를 이루고 있는 청나라 건륭제 순황제
의 명조입니다.
남동방 火木대운에 丙丁火관살의 기세가 왕성하지만 순패의 적절한
조화로 치우치지 않고 맑은 기세를 유지하므로 천하를 편안하게 다스리
며 오랫동안 황제로 재위하였습니다.

시　일　월　년
戊　戊　庚　庚
午　辰　辰　申
戊丁丙乙甲癸壬辛
子亥戌酉申未午巳

辰월에 戊土일간의 기세가 강한 명조로서
서방 金대운에 庚金식신의 기세가 왕성하고 기세에 순응하며 조화를 이
루어 맑으므로 평생 벼슬에 풍파가 없었으며 삼십 년간 재상으로 태평
하게 지내고 팔순의 나이에 세상을 떠난 동중당의 명조입니다.

	시	일	월	년
	庚	甲	壬	壬
	午	寅	寅	辰

庚 己 戊 丁 丙 乙 甲 癸
戌 酉 申 未 午 巳 辰 卯

임철초와 같은 고을에 사는 왕씨의 명조로서 속인들이 순패의 작용을
모르고 봄의 木이 金을 만났으니 반드시 대들보가 될 그릇이라고 하였
지만 실제로는 삼십이 넘도록 공부하여도 과거에 급제하지 못하였으며
가업도 점차 줄었다고 합니다.
남방 火대운에 丙丁火식상의 기세가 왕성하게 작용하며 번성하므로
사업에 알맞은 명이라고 하였는데 과연 丙午대운에 공부를 포기하고 사
업을 하여 큰돈을 벌었다고 합니다.

	시	일	월	년
	辛	癸	甲	癸
	酉	亥	子	酉

丙 丁 戊 己 庚 辛 壬 癸
辰 巳 午 未 申 酉 戌 亥

子월에 金水의 기세가 강한 명조로서 서방 金대운에 庚辛金인성의 왕성
한 기세에 순응하므로 부모의 도움으로 사업이 번성하였으나
남방 火대운에 金水의 기세를 거스르므로 반평생의 사업이 모두 떠내려
가고 처와 자식을 잃고 외로운 처지가 되었습니다.

3. 진퇴

理乘氣行豈有常 進兮退兮宜抑揚
이 승 기 행 기 유 상 진 혜 퇴 혜 의 억 양
이를 타고 기가 운행하니 어찌 일정하겠는가.
나아가고 물러감에 따라 마땅히 억제하고 높여주어야 한다.

음양의 이理를 타고 오행의 기氣를 운행하면서 진퇴進退를 반복하고 태극의 형상을 이루면서 순환하며 기세의 왕쇠가 만들어지므로 기세가 일정하지 않다고 합니다.

양은 子에서 시생하여 寅卯辰을 거치며 왕성하게 성장하므로 이를 나아가는 진進이라고 하며 午에서 극에 이르고 점차 쇠약하므로 이를 물러가는 퇴退라고 합니다.

양이 극에 이르면 午에서 음이 시생하여 申酉戌을 거치며 왕성하게 성장하므로 이를 나아가는 진進이라고 하며 子에서 극에 이르고 점차 쇠약하므로 이를 물러가는 퇴退라고 합니다.

나아가는 기세는 북돋아주어 왕성하게 나아갈 수 있도록 고양시켜주어야 하며 왕성함이 극에 이르면 억제하여 물러갈 수 있도록 하여야 기세가 원활하게 흐를 수 있는 것입니다.

억제하여 물러나는 기세가 극에 이르면 물러나는 기세를 억제하고, 나아가는 기세가 왕성하게 나아갈 수 있도록 고양시켜주어야 기세가 원활하게 흐를 수 있다고 하는 것입니다.

진퇴에 대하여서는 학자마다 견해가 다르므로 아래와 같이 소개하니 참고바랍니다.

원주에서 유백온이 해설하기를

닫히고 열리며 왕래하는 것은 모두 기氣라고 하며 이理는 그 사이를 운행한다. 운행이 시작되면 나아가고 나아감이 극에 이르면 물러나는 작용을 하는데 가령 辰월의 甲木이 그러하다.

운행이 왕성하면 물러나고 물러남이 극에 이르면 나아가는 작용을 하는데 가령 戌월의 甲木이 그러하다. 학자는 마땅히 깊고 얕음에 따라 억제하고 높여주는 것을 알아야 비로소 명을 말할 수 있다.

적천수천미에서 임철초가 해설하기를

진퇴의 작용을 모르면 안 된다. 장생長生이라고 왕성하고 사절死絶이라고 쇠약한 것이 아니다. 반드시 이기의 진퇴를 명확하게 살펴야 쇠왕의 참된 기능을 알 수 있다. 무릇 오행의 왕상휴수旺相休囚는 사계절에 의하여 정하여진다. 장래로 나아가는 것이 진進이고 이것을 상相이라고 하며 나아가는 것이 당령하면 이것을 왕旺이라고 하며 공을 이루고 물러나는 것을 휴休라고 하며 물러나서 기가 없는 것을 수囚라고 한다.

모름지기 왕상휴수를 분별하려면 진퇴의 기능을 알아야 한다.
일주와 희신은 마땅히 왕상旺相하여야 하며 휴수休囚되면 안 된다.
흉살과 기신은 마땅히 휴수되어야 하며 왕상하면 안 된다.
그러나 상相이 왕旺보다 묘한데 왕旺은 극에 이른 것이므로 물러나는 것이 빠르지만 상相은 자라나는 기이므로 나아가는데 장애가 없다.
휴休는 수囚보다 심한데 수囚는 이미 극에 이른 기이므로 반드시 장래에 점차 생하는 것이며 휴休는 비로소 물러나는 기이므로 다시 돌아오기 어렵기 때문이다. 이것이 이기진퇴의 바른 이치이다.

적천수천미의 명조를 원문의 취지에 알맞게 필자가 해설하였습니다.

시　일　월　년

壬　甲　庚　丁

申　辰　戌　亥

壬 癸 甲 乙 丙 丁 戊 己

寅 卯 辰 巳 午 未 申 酉

戌월에 甲木일간과 壬水편인은 나아가는 기세이며
庚金칠살은 물러나는 기세의 명조로서
남방 火대운에 丁火상관의 기세가 왕성하여 壬水편인의 기세와
수화기제의 조화를 이루어 최고의 국가고시인 과갑科甲에 급제하였으
며 한림원 학자로서 수도의 관직에 재임하며 벼슬이 높고 재물이 풍족
하였습니다.

시　일　월　년

壬　甲　庚　乙

申　戌　辰　亥

壬 癸 甲 乙 丙 丁 戊 己

申 酉 戌 亥 子 丑 寅 卯

辰월에 甲木일간과 壬水편인은 물러가는 기세이며
庚金칠살은 나아가는 기세의 명조로서
북방 水대운에는 壬水편인의 기세가 왕성하므로 마땅히 木火의 기세로
설기하여야 하지만 木火의 기세가 허약하여 제대로 설기하지 못하므로
가난하게 살았습니다.

4. 배합

配合干支仔細詳　斷人禍福與災祥
배 합 간 지 자 세 상　단 인 화 복 여 재 상
배합된 간지를 자세하게 살펴서 사람의 화복과 길흉을 판단한다.

자평학의 이론은 월령을 중심으로 사주팔자와 운의 간지가 서로 배합
하여 간지결합을 하여 형상기국을 만들고 이들의 기세가 왕쇠강약에
의하여 발생하는 불균형을 조절하면서 발생하는 운의 희기를 판별하여
길흉과 화복을 판단하는 사주명리학입니다.

간지배합은 천간과 지지가 결합하는 간지결합과 천간의 생극제화에 의
한 배합 그리고 지지의 형충회합에 의한 배합이 있으며 형상기국과 왕
쇠강약의 기세를 형성하는 중요한 역할을 합니다.

간지결합은 천간과 지지가 결합하는 것으로서 천간이 지지에 통근하거
나 지지가 천간에 투출하면 간지결합이 되었다고 하며 간지결합을 통
하여 기세의 왕쇠강약을 결정하는 것입니다.

가령 천간에 甲木이 있고 지지에 寅卯가 있으면
甲木은 寅木에 통근하고 卯木에 통근하여 세력을 얻었다고 하는 것이며
월지에 있는 寅木이나 卯木에서 甲木이 투출하면 득령하였다고 하여
기세가 왕성하다고 하는 것입니다.

이와 같이 사주팔자에서 간지의 배합으로 형상기국이 이루어지고
기세의 왕쇠강약이 적절하여 기세의 균형이 조화로우면 기세가 맑아지
므로 길한 복을 받아 부귀하게 됩니다.

그러나 형상기국을 이루지 못하거나 기세의 왕쇠강약을 조절하지 못하면 사주팔자의 기세가 탁하므로 삶에서 애환이 발생하고 흉한 재앙을 당하며 천박하고 가난한 삶을 산다고 합니다.

배합에 대하여서는 학자마다 견해가 다르므로 아래와 같이 소개하니 참고바랍니다.

원주에서 유백온이 해설하기를

천간과 지지가 서로 배합하여 진퇴가 작용하는 것을 자세히 추리하면 이로써 사람의 화복과 길흉을 판단할 수 있다.

적천수천미에서 임철초가 해설하기를

간지배합은 반드시 바른 이치로 깊고 상세히 살펴야 하며 더불어 쇠왕과 희기의 이치로 살펴야 한다. 사주에서 간지를 논하지 않으면 안 된다. 오로지 기이한 격국과 신살 등을 따르는 망언으로는 길흉화복이 적중하지 않는다.

사주에서 지극한 이치는 용신에 있으며 재성 관성 인수 비겁 식상 편인 칠살은 모두 용신이 될 수 있다. 이름이 예쁘다고 좋아하고 이름이 나쁘다고 증오하면 안 된다.

일주의 쇠왕을 살피고 용신의 희기도 살피면서 마땅히 억제할 것은 억제하고 도와줄 것은 도와야 하며 이른바 제거하고 남은 것을 적절하게 배치하고 취하고 버리는 것을 확실하게 하면 운의 길흉이 명백하게 드러나고 길흉화복이 적중하지 않는 것이 없다.

적천수천미의 명조를 원문의 취지에 알맞게 필자가 해설하였습니다.

시 일 월 년

壬　庚　戊　甲

午　申　辰　子

丙 乙 甲 癸 壬 辛 庚 己

子 亥 戌 酉 申 未 午 巳

土金의 강한 기세의 배합으로 조상의 가업이 풍부하였지만
남서방 火金대운에 甲木편재의 기세가 허약하여 土金의 강한 기세를
감당하지 못하므로 가업이 한순간에 망하고 처자식도 잃고 외로움과
고통이 심하였습니다.

시 일 월 년

壬　乙　己　丙

午　丑　亥　子

丁 丙 乙 甲 癸 壬 辛 庚

未 午 巳 辰 卯 寅 丑 子

亥월에 壬水정인의 기세가 강하고
己土편재가 丙火상관을 보호하는 배합으로 이루어진 명조로서
동남방 木火대운에 丙火상관의 기세가 왕성하여 수화기제를 이루며
기세가 맑으므로 최고의 국가고시인 과갑에 급제하고 한림원 학자로서
청운의 뜻을 이루었습니다.

제2장

간지론
干支論

1. 천간론

1) 천간의 음양

五陽皆陽丙爲最　五陰皆陰癸爲至
오 양 개 양 병 위 최　오 음 개 음 계 위 지
다섯 개의 양간은 모두 양이며 丙火가 으뜸이고
다섯 개의 음간은 모두 음이며 癸水는 지극하다.

자연은 음양으로 구성되어 있으며 음양은 생성소멸生成消滅을 반복하고 태극을 형성하면서 음양의 소식消息과 진퇴進退에 의하여 자연의 조화와 질서를 유지하고 있는 것입니다.

음양은 소양少陽 태양太陽 소음少陰 태음太陰 등 사상四象으로 나누어지고 사상에서 오행五行으로 나누어지며 木火는 양이라고 하며
金水는 음이라고 하고 土는 중앙에 위치하게 됩니다.

소양 木은 음에서 양이 소생하여 점차 자라나는 것이며
태양 火는 양의 기세가 왕성함이 극에 이른 것이며
소음 金은 양에서 음이 소생하여 점차 자라나는 것이며
태음 水는 음의 기세가 왕성함이 극에 이른 것입니다.
土는 음과 양의 중앙에 위치하면서 음양을 조절하는 역할을 합니다.

자연의 질서는 음양이 함께 어우러지며 조화를 이루어야 존재하므로 자연은 항상 음양이 함께 존재하는 것이며 모든 물질에도 음양이 함께 존재하게 됩니다. 그러므로 양중에 음이 있고 음중에도 양이 있는 것입니다. 또한 木에도 음양이 있으며 火에도 음양이 있고 土에도 음양이 있고 金에도 음양이 있고 水에도 음양이 있는 것입니다.

오행을 천간으로 구분하면 아래와 같습니다.

木을 음양으로 구분하여 양간은 甲木 음간은 乙木이라고 하며

火를 음양으로 구분하여 양간은 丙火 음간은 丁火라고 하며

土를 음양으로 구분하여 양간은 戊土 음간은 己土라고 하며

金을 음양으로 구분하여 양간은 庚金 음간은 辛金이라고 하며

水를 음양으로 구분하여 양간은 壬水 음간은 癸水라고 합니다.

양간은 甲木 丙火 戊土 庚金 壬水이지만

甲木과 丙火는 양의 양간이며 庚金과 壬水는 음의 양간이며

戊土는 중앙에 위치합니다.

그러므로 다섯 개의 양간 중에서 태양 丙火는 양중의 양으로서

가장 순수하므로 으뜸이라고 합니다.

음간은 乙木 丁火 己土 辛金 癸水이지만

乙木과 丁火는 양의 음간이며 辛金과 癸水는 음의 음간이며

己土는 중앙에 위치합니다.

그러므로 다섯 개의 음간 중에서 태음 癸水는 음중의 음으로서

가장 순수하므로 지극하다고 합니다.

천간의 음양에 대하여서는 학자마다 견해가 다르므로 아래와 같이

소개하니 참고바랍니다.

원주에서 유백온이 해설하기를

甲丙戊庚壬을 양이라고 하며 오직 丙火만이 양의 정기를 가지고 있으므
로 양중의 양이라고 하는 것이며 乙丁己辛癸를 음이라고 하며 오직 癸
水만이 음의 정기를 가지고 있으므로 음중의 음이라고 하는 것이다.

적천수천미에서 임철초가 해설하기를

丙火는 순수한 양의 火로서 만물이 이것으로 인하여 발전하고 수렴하며 癸水는 순수한 음의 水로서 만물이 이것으로 인하여 살아가고 무성한 것이다. 양이 극에 이르면 음이 생기므로 丙辛이 水로 화하고 음이 극에 이르면 양이 생기므로 戊癸가 火로 화하는 것이다.

음양은 서로 조화를 이루면서 만물이 삶을 이어가는 묘함이 있다.

무릇 십간의 기氣는 선천적으로 한 곳에서 나왔고 후천적으로는 역시 하나의 기에 모두 포함된다. 甲乙은 모두 木이고 丙丁은 모두 火이며 戊己는 모두 土이고 庚辛은 모두 金이며 壬癸는 모두 水이다.

그러므로 쓰임에 따라 구별하고 양은 강함에 불과하고 음은 부드러움에 불과하며 양은 굳세고 음은 유순할 따름이다.

명리가에서는 괴이한 시를 지어 조리에 맞지 않게 비유하여 甲木을 대들보라고 하고 乙木을 꽃과 열매라고 하며 丙火를 태양이라고 하고 丁火를 등촉이라고 하며 戊土를 성곽이라고 하고 己土를 전원이라고 하며 庚金을 무쇠라고 하고 辛金을 주옥이라고 하며 壬水를 강이라고 하고 癸水를 비와 이슬이라고 한다. 이러한 비유는 참으로 큰 잘못이다.

가령 甲은 뿌리가 없어 죽은 사목死木이라고 하고 乙木은 뿌리가 있어 살아있는 활목活木이라고 하면서 같은 木을 두고 생사를 구분하는데 어찌 양목陽木만이 죽은 기를 받았고 음목陰木만이 생기를 받았겠는가.

또한 활목은 水가 넘치는 것을 두려워하고 사목은 물이 넘치는 것을 두려워하지 않는다고 하는데 어찌하여 활목은 물을 만나면 떠다니고 사목은 물을 만나면 오히려 안정된다는 것인가.

모든 천간을 판단하면서 이와 같은 것은 마땅히 물리쳐서 장래에 잘못 전해지지 않도록 해야 한다.

2) 천간의 기세

五陽從氣不從勢 五陰從勢無情義
오 양 종 기 부 종 세　오 음 종 세 무 정 의
다섯 개의 양간은 기를 따르고 세를 따르지 않는다.
다섯 개의 음간은 세를 따르므로 정과 의리가 없다.

기氣는 양의 속성으로 왕쇠旺衰의 기운을 따르며
세勢는 음의 속성으로 강약强弱의 기운을 따른다고 합니다.
천간은 본래 양이고 지지는 음이므로 천간이 양의 속성인 기의 왕쇠를
따르고 지지는 음의 속성인 기의 강약을 따르는 것은 당연합니다. 그러
나 천간 중에 양간은 기의 속성을 따르고 음간은 세의 속성을 따른다고
합니다.

양간은 양의 속성을 지니고 있어 기氣의 왕쇠를 따르지만
음의 속성인 세勢의 강약을 따르지 않습니다,
그러나 음간은 음의 속성을 지니고 있어 기의 왕쇠를 따르지 않고 세勢
의 강약을 따르므로 정과 의리가 없다고 하는 것입니다.
정의情義란 인정과 의리로서 인정은 베풀고 사랑하는 정신이며 의리는
보호하고 돌보는 정신으로서 생화하는 정이 있다고 합니다.

양간은 양의 강건한 속성인 기개가 있어 상대의 세력이 강하여도 비록
부러질지언정 굽히면서 굴복하거나 복종하지 않으며 배반하지 않는 의
리가 있고 약자를 돌보고 보호하는 정의가 있다고 합니다.
음간은 음의 유순하고 유약한 성정이 있어 강한 세력을 만나면 감당하
지 못하므로 부득이 강한 세력을 따르며 살길을 도모하고 실리를 취하
는 처세술의 지혜를 발휘하는 것입니다.

음간의 이러한 처세술을 양간이 보기에는 음간이 기개를 굽히면서 배반하므로 인정과 의리가 없다고 하는 것입니다.

그러므로 사주팔자에서 양간은 왕성한 기세를 따르지만 세력을 따르지 않는다고 하는 것이며 음간은 강한 기세를 따르며 살길을 도모하는 것이라고 보면 될 것입니다.

따라서 양간은 기세를 펼치는 작용을 하며 음간은 기세를 모으는 작용을 하는 것입니다. 양간은 시작하는 기세이며 음간은 마무리하면서 다음 오행을 따라가는 작용을 하는 것입니다.

가령 甲木은 木의 기세를 펼치는 작용을 하지만
乙木은 木의 기세를 마무리하고 모으는 작용을 하므로
甲木은 水의 정기를 받아들이며 木의 기세를 펼치는 것이며
乙木은 甲木이 펼친 木의 기세를 거두어들이면서 火의 기세를 따라가는 것입니다.

천간의 기세에 대하여서는 학자마다 견해가 다르므로 아래와 같이 소개하니 참고바랍니다.

원주에서 유백온이 해설하기를

오양은 양의 기운을 득한 것으로서 능히 양의 강건한 기세로 이루어지므로 재성과 칠살의 세력을 두려워하지 않는다.

오음은 음의 기운을 득한 것으로서 능히 음의 유순한 도리로 이루어진 것이므로 木이 왕성하면 木을 따르고 火가 왕성하면 火를 따르며 土가 왕성하면 土를 따르고 金이 왕성하면 金을 따르고 水가 왕성하면 水를 따른다.

정의보다는 세력이 쇠약한 것을 싫어하는 것은 대체로 부인의 정과 같다고 하지만 순리가 바르면 역시 세력을 따른다고 하여도 의리를 잊지 않으므로 비록 따르며 종속된다고 하여도 바른 것이다.

적천수천미에서 임철초가 해설하기를

오양은 기가 열려 있어 빛나고 형통한 상이므로 쉽게 보이지만
오음은 기가 닫혀 있어 안으로 감싸 안으므로 측정하기 어렵다.

오양의 성정은 강건하므로 재성과 칠살을 두려워하지 않으며 측은지심이 있고 구차하게 처세하지 않는다. 오음의 성정은 유순하므로 세력을 보면 의리를 망각하고 인색한 마음으로 처세하며 교만하고 아첨한다.

유순함은 강건함을 능히 제어하고 극하지만 강건함은 유순함을 제어하고 극하지 못한다. 대체로 이익을 쫓고 의리를 망각하는 무리는 모두 음기가 어그러진 것이다. 호탕하며 의협심과 기개를 가진 사람은 모두 양기가 깊은 것이다.

양중의 음이 있거나 음중에 양이 있거나 또는 외양내음이거나 외음내양은 당연히 분별하여야 한다. 양중에 음이 있으면 겉으로는 인의가 있으나 속으로는 간사하고 음중에 양이 있으면 겉으로는 음흉하여도 속으로는 인자하다. 외양내음이면 악의를 감추고 있으며 외음내양이면 도리를 바르게 유지한다. 이것으로 인품의 단정함과 사악함을 분별할 수 있다.

중요한 것은 그 기세에 순응하는 것이 바르고 사주의 오행이 균형을 이루어 치우치지 않으면 이기심으로 남에게 손해를 끼치지 않는다.
무릇 처신과 처세의 도리는 반드시 먼저 사람을 알고 따르거나 피하여야 하므로 선한 것을 선택하여 따르라고 하는 말이 바로 이 뜻이다.

3) 천간의 체상

甲木

> 甲木參天 脫胎要火 春不容金 秋不容土
> 갑 목 참 천 탈 태 요 화 춘 불 용 금 추 불 용 토
> 火熾乘龍 水蕩騎虎 地潤天和 植立千古
> 화 치 승 룡 수 탕 기 호 지 윤 천 화 식 립 천 고
> 甲木은 하늘 높이 치솟으며 태어나려면 火가 필요하다.
> 봄에는 金을 용납하지 않으며 가을에는 土를 용납하지 않는다.
> 火가 치열하면 용에 올라타고 水가 넘치면 호랑이에 올라탄다.
> 지지가 윤택하고 천간이 온화하면 천년을 산다.

甲木은 겨울의 차가운 음기에 저장되어 있다가
봄이 되면 火의 도움을 받아 적당한 온도를 갖추면
두꺼운 씨앗의 껍질을 벗고 새싹이 나오는 형상과 같다고 합니다.
그러므로 적당한 봄의 온기를 받아 씨앗에서 탈피한 새싹이
하늘 높이 치솟아 오르려면 반드시 火의 도움이 필요하다고 합니다.

봄에 나오는 甲木의 생기生氣는 만물을 생장시키는 기운이며
가을에 나오는 金의 살기殺氣는 결실을 숙성하기 위하여
부득이 만물의 생장을 멈추게 하는 기운입니다.
그러므로 봄에는 金의 살기를 용납하지 못하는 것입니다.

가을에는 金의 기세가 왕성하고 甲木의 기세는 쇠약한데
土는 金을 생하여 더욱 왕성하게 하며 甲木의 뿌리가 미약하여
뿌리를 내리기 어려우므로 역시 용납하지 않는 것입니다.

용龍은 辰土의 동물적 물상이고 호虎는 寅木의 동물적 물상입니다.
甲木이 辰土인 용을 타고 있으면 辰土는 습기를 머금고 있어
火의 기세가 치열하여도 불에 타지 않으므로 안전하다고 하는 것이며
甲木이 寅木인 호랑이를 타고 있으면 寅木은 甲木의 뿌리가 깊으므로
水의 기세가 넘쳐도 물에 떠내려갈 염려가 없다고 합니다.

甲木은 지지에 습기를 머금은 기름진 옥토에 뿌리를 내리고 하늘에서
품어주는 온화한 기운의 조건을 갖추면 천년의 세월 동안 제자리에서
오랫동안 살 수 있다고 합니다.

甲木의 체상에 대하여서는 학자마다 견해가 다르므로 아래와 같이
소개하니 참고바랍니다.

원주에서 유백온이 해설하기를

순수한 양의 木으로서 하늘을 찌르는 기세가 웅장하며 火는 木의 자식
이므로 왕성한 木이 火를 얻으면 더욱 번성한다.
봄에 태어나면 金을 업신여기므로 용납하지 않으며 가을에 태어나면
金을 돕는 土를 용납하지 않는다.

寅午戌과 丙丁이 많으면 辰土에 앉아야 능히 돌아갈 수 있으며
申子辰과 壬癸가 많으면 寅木에 앉아야 능히 받아들일 수 있다.
土기가 건조하지 않고 水기가 마르지 않으면 능히 오래 살 수 있다.

적천수천미에서 임철초가 해설하기를

甲은 순수한 양의 木이므로 본래 체가 견고하고 하늘을 찌르는 기세로
지극히 웅장하다.

寅월에 태어나면 木은 여리고 기후는 차가우므로 火를 얻어야 발전하며 영화롭다. 卯월에 태어나면 왕성한 기세가 극에 이르므로 우수한 기세로 설기하여야 하는데 이른바 강한 木이 火를 득하면 비로소 화化하여 강함이 무디어진다.

봄에는 金이 휴수되므로 쇠약한 金으로 왕성한 木을 극하면 木이 단단하여 金이 부서진다. 이는 필연적인 것이므로 봄에는 木이 金을 허용하지 않는 것이다.

가을에 태어나면 때를 잃어 쇠약하여지고 가지와 잎이 메말라 떨어지며 기세가 수렴되어 뿌리로 내려가므로 土가 극을 받는다.
가을 土는 金을 생하느라 기세가 설기되어 가장 허약한 상태이므로 아래를 공격하는 木의 뿌리를 감당하지 못하고 오히려 무너진다. 그러므로 가을에는 土를 용납하지 못하는 것이다.

사주에 寅午戌이 완전하고 丙丁이 투출하면 설기가 태과하고 木이 불타므로 마땅히 辰에 앉아야 하는데 辰은 水의 창고이며 습토로서 능히 木을 생하고 火를 설기하므로 이른바 화치승룡火熾乘龍이라고 한 것이다.

申子辰이 완전하고 壬癸가 투출하면 水가 범람하여 넘치면 木이 뜨므로 마땅히 寅에 앉아야 한다.
寅은 火土의 생지이며 木의 녹왕지로서 능히 水의 기세를 받아들일 수 있으므로 이른바 수탕기호水蕩騎虎라고 한 것이다.

만약에 金이 예리하지 않고 土가 마르지 않으며 火가 맹렬하지 않고 水가 날뛰지 않으면 심어진 채로 천년 동안 오래 살 것이다.

乙木

未土는 양의 동물적 물상이고 丑土는 소의 동물적 물상에 비유한 것입니다.
乙木은 음간으로서 비록 유약하다고 하지만 丑未土를 가르고 헤치며 능히 뿌리를 내릴 수 있을 정도로 강인한 기세와 성정을 가지고 있다고 하는 것입니다.

酉金은 닭의 동물적 물상이고 申金은 원숭이의 동물적 물상에 비유한 것입니다.
乙木은 申酉의 지지에서는 비록 휴수되어 힘을 쓰지 못하지만
丙丁火가 있으면 金의 기세를 제어하므로 가을 金의 기세를 능히 감당할 수 있다고 하는 것입니다.

허습虛濕한 지지란 습기가 왕성하고 뿌리를 내릴 수 없는 지지로서
주로 子水를 말하며 乙木이 생장하기 어려운 환경을 말합니다.
亥水는 지장간에 甲木이 있어 능히 뿌리를 내릴 수 있으므로
허습하다고 하지 않고 丑土 역시 능히 헤치고 가르며 뿌리를 내릴 수 있으므로 허습하다고 하지 않습니다.

午火는 말의 동물적 물상으로서 乙木이 허습한 지지에 있으면 비록 午火가 있어도 子午충이 되며 어느 쪽이든 승패가 있기 마련이므로 뿌리를 내리기 어려워 근심이 있다고 하는 것입니다.

등라계갑藤蘿繫甲이란 乙木을 등나무 넝쿨로 비유하고 甲木을 거대한 나무의 식물적 물상에 비유한 것으로서 등나무 넝쿨이 나무를 감고 의지하며 살아가는 모습을 표현한 것입니다.

그러므로 가을과 겨울에 비록 甲木의 기세가 휴수되어 허약하여도 乙木은 甲木의 형질이므로 봄이나 가을에도 甲木에게 뿌리를 내리고 의지하면 모두 살 수 있는 여건이 된다고 합니다.

乙木의 체상에 대하여서는 학자마다 견해가 다르므로 아래와 같이 소개하니 참고바랍니다.

원주에서 유백온이 해설하기를
乙木이 봄에 태어나면 복숭아와 자두나무와 같고 여름에 태어나면 벼와 같으며 가을에 태어나면 오동나무와 계수나무와 같고 겨울에 태어나면 기이한 꽃과 같다.

丑未에 앉아 능히 유약한 土를 제압하니 마치 양과 소를 잡는 것과 같다. 하나의 丙丁이 있으면 申酉월에 태어나도 두려워하지 않는다. 子월에 태어나고 또 壬癸가 투출하면 비록 午火가 있어도 발생하기 어려우므로 丑未월에 앉아 있는 것이 더욱 좋은 것을 알 수 있다.

甲과 寅을 많이 보면 아우가 형의 우의를 따르는 것이니 비유하면 등나무 넝쿨이 큰 나무에 붙은 것과 같아 뽑히는 것을 두려워하지 않는다.

적천수천미에서 임철초가 해설하기를

乙木은 甲의 질로서 甲의 생기를 이어받은 것이다. 봄에는 복숭아와 자두나무와 같아 金이 극하면 시들고 여름에는 벼이삭과 같아 水가 생하면 자라고 가을에는 오동이나 계수나무와 같아 金이 왕성하면 火로 제압하고 겨울에는 기이한 꽃과 같아 火로 따스하게 하고 土로 배양한다.

봄에 태어나고 火의 기세가 마땅하면 기쁘게 발전하며 영화롭고
여름에 태어나 水의 기세가 마땅하면 건조한 땅을 윤택하고
가을에 태어나 火의 기세가 마땅하면 金을 극하고
겨울에 태어나 火의 기세가 마땅하면 차가운 기후를 해동한다.

규양해우刲羊解牛란 丑未월생 또는 乙未 乙丑일 경우로서
未는 木의 창고이므로 능히 뿌리를 내릴 수 있고 丑은 습토이므로 능히 기를 받을 수 있다는 것이다.

회정포병懷丁抱丙 과봉승후跨鳳乘猴란 申酉월생 또는 乙酉일 경우에 丙丁이 천간에 투출하여 水와 서로 극하지 않고 제화하는 것이 마땅하면 金이 강한 것을 두려워하지 않는다는 것이다.

허습지지虛濕之地 기마역우騎馬亦憂란
亥子월생이 사주에 丙丁火가 없고 戌未의 조토도 없으면 년지에 午가 있어도 살기 어렵다는 것이다.

천간에 甲이 투출하고 지지에 寅이 있다면 이른바 소나무와 잣나무에 있는 등나무 넝쿨로서 봄과 가을에도 도움을 받을 수 있으므로 사계절 모두 좋다고 하는 것이다.

丙火

丙火는 양중의 양으로서 태양의 기세를 가지고 있어
火의 기세가 치열하여 맹렬합니다.
그러므로 비록 가을에 서리와 겨울에 눈의 기세가 왕성하여도
두려워하지 않고 굴복하지 않으므로 업신여긴다고 하는 것입니다.

丙火는 양중의 양으로서 강건하며 庚金은 음중의 양이므로
비록 강건하다고 하여도 능히 극으로 제어하고 달군다고 합니다.
그러나 辛金은 음중의 음으로서 유순함을 지니고 있으므로 오히려
丙火의 강건함이 누그러진다고 합니다.

또한 丙火와 辛金이 합화合化하여 水로 화化하면 水의 기세로 인하여
오히려 丙火가 곤란하므로 丙火가 겁을 낸다고 합니다.
丙火는 양중의 양으로서 최고의 양간이므로 지존의 자리를 지키기
위하여 부득이한 경우가 아니면 화하려고 하지 않습니다.

그러나 겨울의 환경에서 辛金이 나타나면 부득이 丙辛으로 합화하지
않을 수 없으므로 丙火는 辛金을 두려워하는 것입니다.

土는 火의 자식이므로 土가 많아도 포용하는 자애로움을 나타내지만
水의 기세가 창성하여 기세가 위력적이라고 하여도
丙火는 양중의 양으로서 최고의 기개를 가지고 있으므로
비굴하게 굴복하지 않는 절개를 나타낸다고 합니다.

호마견향虎馬犬鄕이란 火국의 지지로서 寅午戌삼합으로 火국을 이룬 것
을 말합니다. 호虎는 호랑이로서 寅木의 동물적 물상이며 마馬는 말로서
午火의 동물성 물상이고 술戌은 개로서 戌土의 동물적 물상입니다.

지지에 寅午戌 삼합을 이루면 火국이 형성되고 火의 기세가 강하다고
합니다. 이때 丙火는 삼합의 기세를 이끌고 甲木이 오면
甲木의 기세로 인하여 丙火의 기세가 매우 치열하며 모든 것을 불태워
없애므로 소멸된다고 하는 것입니다.

丙火의 체상에 대하여서는 학자마다 견해가 다르므로 아래와 같이
소개하니 참고바랍니다.

원주에서 유백온이 해설하기를

火는 양의 정기이며 丙火는 작열하는 양으로서 맹렬하므로 가을을 두
려워하지 않고 서리를 업신여기며 겨울을 두려워하지 않고 눈을 무시
한다. 庚金이 비록 무디어도 능히 단련할 수 있는 힘이 있으며 辛金이
본래 유연하여도 합으로 인하여 오히려 약해진다.

土는 자식이므로 戊己土를 많이 보면 자애로운 덕을 이루며 水는 군주
이므로 왕성한 壬癸水를 만나면 충절의 기풍을 나타낸다.
未土에 이르면 염상의 성질이 나타나고 寅午戌이 모이고 甲木이 드러나
면 불에 타서 소멸된다.

적천수천미에서 임철초가 해설하기를

丙은 순수한 양의 火이며 그 기세가 맹렬하므로 서리와 눈을
업신여기며 한기를 제거하고 해동하는 공로가 있다.

庚金을 능히 단련할 수 있고 광폭한 것을 만나도 극벌할 수 있으나
辛金을 만나면 오히려 겁을 내고 합하면 유순하여지고 화평해진다.
土가 많아도 인자함을 이루고 아랫사람을 능멸하지 않으며
水가 창성하면 절개를 나타내며 윗사람에게 매달리지 않는다.

호마견향虎馬犬鄕이란 지지에 寅午戌이 있는 것으로 火의 세력이 이미
맹렬함이 지나친 것인데 만약 다시 甲木이 와서 생하면 모두 불에 타버
린다.

이와 같으므로 그 위력을 설기하려면 모름지기 己土를 써야 하며 불길
을 막으려면 반드시 壬水가 필요하고 그 성정을 순하게 하려면 오직 辛
金이 있어야 한다.
己土는 비습하여 능히 원양지기를 거둘 수 있으나 戊土는 매우 건조하
여 丙火를 보면 타버리고 갈라진다.

壬水의 강중지덕은 능히 폭렬하는 火를 제어하지만 癸水는 음간으로서
유약하여 丙火를 만나면 말라버린다.

辛金은 유연하므로 겉으로는 합하여 친하지만 암암리에 水로 화하므로
서로 돕는다. 庚金은 강건한데 또 강건한 세력을 만난 것이니 서로 양
립하기 어렵다. 이것은 비록 오행으로 논한 것이지만 세상의 일이나 인
정이 어찌 그러하지 않겠는가.

丁火

丁火柔中 內性昭融 抱乙而孝 合壬而忠
정 화 유 중　내 성 소 융　포 을 이 효　합 임 이 충
旺而不烈 衰而不窮 如有嫡母 可秋可冬
왕 이 불 열　쇠 이 불 궁　여 유 적 모　가 추 가 동
丁火는 유약하고 중도를 지키고 내성이 밝고 따뜻하며
乙木을 감싸며 효도하고 壬水와 합하여 충성한다.
왕성하여도 치열하지 않고 쇠약하여도 궁색하지 않다.
모친이 있으면 가을이나 겨울이 모두 좋다.

丁火는 음간으로서 비록 유약하지만 양의 속성을 가지고 있으므로
음과 양이 융합하여 음양의 조화를 이루며 중도를 지키고
음화로서 열기를 지니고 있으므로 내성이 밝고 따뜻하다고 합니다.

乙木은 丁火를 기르는 모친이므로 辛金이 乙木을 위협하면
丁火는 辛金을 제어하여 乙木을 보호하므로 효도한다고 합니다.
壬水는 丁火의 정관으로서 군주와 같으며 壬水군주가 土의 위협을
받으면 丁火는 壬水와 합화合化하여 木으로 화하고 土를 제어하여
壬水를 보호하므로 충성한다고 합니다.

丁火는 음간으로서 유약하므로 기세가 왕성하여도 치열하지 않다고 하
는 것이며 기세가 쇠약하여도 양의 강건한 속성을 지니고 있으므로 궁
색하지 않다고 하며
모친인 木이 있으면 가을에도 왕성한 활동을 할 수 있고 겨울에도 한기
를 감당할 수 있으므로 가을이나 겨울에도 모두 좋다고 합니다.

丁火의 체상에 대하여서는 학자마다 견해가 다르므로 아래와 같이
소개하니 참고바랍니다.

원주에서 유백온이 해설하기를

丁火는 음간에 속하고 火의 성정은 양으로서 유순하고 중도를 얻었으므로 겉으로는 유순하지만 내성이 어찌 밝고 따뜻하지 않겠는가.

乙木은 丁火의 적모는 아니지만 乙木이 辛金을 두려워하면 丁火를 감싼다. 丙火가 甲木을 감싸지만 오히려 甲木을 태워버리는 것과 다르며 己土도 丁火를 감싸지만 오히려 丁火가 어두워지는 것과는 다르므로 그 효성이 남다른 것이다.

壬水는 丁火의 바른 군주로서 壬水가 戊土를 두려워하면 丁火가 합하여 겉으로는 戊土를 도와주면서 戊土가 壬水를 업신여기지 않도록 하고 속으로는 암암리에 木으로 화하여 戊土가 감히 壬水에 대항하지 못하도록 하므로 그 충정이 남다른 것이다.

여름에 태어나면 비록 丙火를 만나도 특히 사양하며 그 화염을 돕지 않으니 맹렬함에 이르지 않게 한다. 가을과 겨울에 태어나서 甲木을 하나 얻어 의지하면 불꽃이 꺼지지 않고 무궁해진다. 그러므로 가을과 겨울에 모두 좋다고 하는 것이며 모두 유순함의 도리이다.

적천수천미에서 임철초가 해설하기를

丁火를 촛불이라고 해서는 안 된다. 丙火와 비교하여 유순하고 중도를 이룰 뿐이다. 내성소융內性昭融이란 문명의 상을 말하는 것이다.

乙木을 품어서 효도한다는 것은 辛金이 乙木을 상하지 못하게 보호하는 것이며 壬水와 합하여 충절을 하는 것은 암암리에 戊土가 壬水를 상하지 못하게 하는 것이다.

오로지 유순하고 중도를 지키므로 태과불급의 폐단이 없으며 비록 당령하여도 화염이 치열하지 않고 쇠약한 시기에도 꺼지지 않는다.

甲乙이 투출하면 가을에 태어나도 金을 두려워하지 않으며 지지에 寅卯가 있으면 겨울에 태어나도 水를 꺼리지 않는다.

戊土

戊土固重 旣中且正 靜翕動闢 萬物司命
무 토 고 중　기 중 차 정　정 흡 동 벽　만 물 사 명
水旺物生 火燥喜潤 若在坤艮 怕沖宜靜
수 왕 물 생　화 조 희 윤　약 재 곤 간　파 충 의 정
戊土는 견고하고 무거우며 이미 중도를 지키고 또한 바르며
고요하면 거두고 움직이면 펼치면서 만물의 운명을 주관한다.
水로 왕성하면 만물을 생하고 火로 건조하면 습기를 반긴다.
곤과 간에 있으면 충이 두려우므로 고요한 것이 마땅하다.

戊土는 양의 속성을 가진 양간으로서 마치 커다란 산이나 넓은 대지와
같아 매우 강건하며 견고하고 무겁다고 합니다.

하도河圖에서 戊土는 중앙에 있는 土이므로 이미 음과 양의 가운데에
서 바르게 위치하며 중도를 지키고 있으며 모든 오행에 골고루 작용하
면서 치우침이 없으므로 바르다고 합니다.

정흡靜翕이란 수렴하는 음의 기세이며 戊土는 양의 기세를 수렴하여
음의 기세를 돕는다고 하는 것으로서 마치 만물이 낮에 일을 마치고 집
에 들어가 밤에 잠을 자며 조용히 휴식을 취하는 것과 같습니다.

동벽動闢이란 펼치는 양의 기세이며 戊土는 음의 기세를 양의 기세로
펼치는 것을 돕는다고 하는 것으로서 마치 만물이 아침에 해가 뜨면서
밝아지면 잠에서 깨어 일터로 나아가는 것과 같습니다.

그러므로 戊土는 음양의 진퇴를 조절하고 중개하는 작용을 하면서
음양의 동정動靜을 조절하므로 만물의 운명을 주관한다고 합니다.

戊土는 水의 왕성한 기세에 의하여 윤택하면 만물이 살아갈 수 있는 조건이 만들어지므로 만물을 생한다고 하며

戊土가 火의 열기로 인하여 건조하면 만물이 살아갈 수 없는 조건이 만들어지므로 습기를 반긴다고 합니다. 그러므로 戊土에게 水火의 조건은 만물을 살리기도 하고 메마르게 할 수도 있으므로 마땅히 水火가 적절하게 조화된 수화기제水火旣濟를 유지하여야 만물이 번성할 수 있습니다.

곤간坤艮이란 주역 팔괘의 방위이며

간방艮方은 동북방향으로서 丑土와 寅木이 위치하고 있으며

곤방坤方은 서남방으로서 未土와 申金이 위치하고 있습니다.

간방은 동북방향으로서 만물을 생하여야 하는데 곤방에 있는 申金과 未土로 인하여 寅木과 丑土가 충을 당하므로 두려워하는 것입니다.

곤방은 서남방향으로서 만물을 숙살하여 거두어들여야 하는데 간방에 있는 寅木과 丑土로 인하여 申金과 未土가 충을 당하므로 역시 두려워하는 것입니다.

그러므로 만물의 생사를 주관하는 펼치는 작용이나 거두어들이는 작용을 하기 어려우므로 곤간방이 충으로 움직이지 말고 고요하게 있어야 마땅하다고 합니다.

戊土의 체상에 대하여서는 학자마다 견해가 다르므로 아래와 같이 소개하니 참고바랍니다.

원주에서 유백온이 해설하기를

戊土는 성벽과 제방이나 언덕을 말하는 것이 아니며 己土와 비교하면 특히 높고 두터우며 강하고 건조하다.

己土의 발원지로서 중도의 기를 얻었으므로 바르고 크다.

봄과 여름에는 기를 펼치며 만물을 생하고 가을과 겨울에는 기를 거두어 만물을 완성시키므로 만물의 운명을 주관한다.
戊土의 기는 양에 속하므로 윤택함을 반기고 건조함을 반기지 않는다.

寅에 앉아 있으면 申을 두려워하고 申에 앉아 있으면 寅을 두려워하니 대개 충하면 뿌리가 동요하여 땅의 도리가 바르지 않으므로 마땅히 고요해야 하는 것이다.

적천수천미에서 임철초가 해설하기를

戊土는 양토로서 그 기운이 견고하고 중후하며 가운데에 바르게 위치한다. 봄과 여름에는 기가 움직이며 펼치니 만물이 발생하고 가을과 겨울에는 기가 고요하여 거두고 수렴 저장하며 만물의 운명을 주관한다.

戊土의 기는 높고 두터우며 봄과 여름에 태어나서 火가 왕성하면 마땅히 水로 윤택하게 해야 만물이 발생할 수 있으며 건조하면 시든다.
가을과 겨울에 태어나서 水가 많으면 마땅히 火로 따뜻하게 하여야 만물이 변화를 이루고 습하면 만물이 병든다.

간艮은 寅월이고 곤坤은 申월이다. 봄에는 극을 받아 기가 허약하므로 마땅히 안정하여야 하며 가을에는 설기가 많아 몸이 허약하므로 충을 두려워한다. 寅申일에 자리하면 역시 안정을 반기고 충을 두려워한다.

또 辰戌丑未월에 태어나면 庚申 辛酉의 金을 가장 반기는 것은 우수한 기가 흘러서 귀격이 정하여지는 것이니 이는 己土도 그러하다.
만약 木火를 보거나 木火운을 만나면 파격이 된다.

己土

己土卑濕 中正蓄藏 不愁木盛 不畏水旺
기 토 비 습 　 중 정 축 장 　 불 수 목 성 　 불 외 수 왕
火少火晦 金多金明 若要物昌 宜助宜幇
화 소 화 회 　 금 다 금 명 　 약 요 물 창 　 의 조 의 방

己土는 낮고 습하며 중도를 지키고 바르며 품어서 저장한다.
木이 왕성하여도 염려하지 않고 水가 왕성하여도 두려워하지 않는다.
火가 적으면 火를 어둡게 하고 金이 많으면 金이 빛난다.
만물을 왕성하게 하려면 마땅히 협조하고 돕는다.

己土는 음간으로서 낮고 습한 음의 속성을 지니고 있습니다.
일반적으로 己土는 주역에서 곤괘坤卦에 비유하여 만물을 생산하는
여성이며 농산물을 생산하는 논밭에 비유하기도 합니다.

己土는 戊土와 같이 중앙 土로서의 속성을 가지고 있어 오행의 가운데
에서 바르게 위치하므로 중도를 지키고 바르다고 합니다.
또한 모든 만물을 포용하는 어머니의 품과 같으므로 만물을 품어서
저장할 수 있다고 합니다.

그러므로 己土는 未土에 木火의 기세를 저장하고 丑土에 金水의 기세를
저장하는 묘고墓庫의 역할을 할 수 있는 것이며 음양의 전환점에서
음양의 기세를 중개하는 역할을 할 수 있는 것입니다.

만약에 양에서 음으로 전환하는 시점에 木火의 기세를 저장하지 않으
면 음의 기세로 전환하기 어려우며 역시 음에서 양으로 전환하는 시점
에 金水의 기세를 저장하지 않으면 양의 기세로 전환하기 어렵기 때문
입니다.

己土는 木의 기세가 왕성하여도 이를 충분히 수용할 수 있는 포용력이 있으므로 염려하지 않는다고 하며
己土는 비습하여 水의 기세가 왕성하여도 충분히 감당할 수 있으므로 두려워하지 않는다고 합니다.

木의 기세가 왕성하면 마치 논밭에서 작물을 기르는 모습과 같으므로
木의 기세가 왕성하여도 충분히 수용할 수 있는 것이며
水의 기세가 왕성하면 마치 늪지와 같으므로 역시 水의 기세가 넘쳐도 충분히 감당할 수 있다고 할 수 있다고 하는 것입니다.

火가 적으면 기세가 쇠약하므로 비습한 기세로 인하여
火의 기세가 어두워진다고 하며 金이 많으면 기세가 강한 것인데
비습한 기세로 설기하면 金이 빛나며 맑아진다고 합니다.

火의 기세가 많으면 土는 메마르고 갈라지지만 火의 기세가 적고 습기를 머금은 土의 기세가 강하면 火의 기세가 쇠약하므로 어두워진다고 하는 것입니다.
습기를 머금은 土의 기세가 많으면 金의 기세가 많아야 설기를 할 수 있어 맑아질 수 있으므로 빛난다고 하는 것입니다.

만물이 왕성하게 성장하게 하려면 수화기제水火既濟가 이루어져야 하므로 비습한 己土에게는 반드시 火의 도움이 필요하며 또한 두텁고 견고한 戊土의 협조도 필요하다고 합니다.

己土의 체상에 대하여서는 학자마다 견해가 다르므로 아래와 같이
소개하니 참고바랍니다.

원주에서 유백온이 해설하기를

己土는 비습하고 엷으며 무르고 습하며 戊土의 곁가지로서 중정함을 주관하고 능히 만물을 품어서 저장할 수 있다. 유순한 土는 능히 木을 생하므로 木이 극하지 않는 것이니 木이 무성하여도 염려하지 않는다. 土가 깊으면 능히 水를 받아들일 수 있으므로 水가 넘치지 않는 것이니 水가 넘치고 날뛰어도 두려워하지 않는다.

뿌리가 없는 火는 습토를 생하지 못하며 火가 적으면 火는 오히려 어두워진다. 습토는 능히 숲기를 윤택하게 할 수 있으므로 金이 많으면 金이 빛나며 오히려 밝게 빛나는 것을 볼 수 있다.
이것을 무위無爲하면서 유위有爲한 묘용이라고 한다. 만약 만물이 충분히 왕성하게 성장하려면 土의 세력이 깊고 견고하여야 하며 또한 火의 기세로 온화한 운을 득하여야 한다.

적천수천미에서 임철초가 해설하기를

己土는 음습한 땅이며 중도가 바르고 품어서 저장하며 팔방을 관통하고 사계에 왕성하며 만물을 기르는 작용을 끊임없이 하는 묘용이 있다. 木이 왕성하여도 염려하지 않는 것은 그 성질이 부드럽고 온화하며 木이 의지하여 자라므로 木이 극하지 않는 것이다.
水가 날뛰어도 두려워하지 않는다고 하는 것은 체성이 단단하게 뭉쳐 있어 水를 받아들여 저장하므로 水를 극하지 않기 때문이다.

火가 적으면 火가 어두워진다고 하는 것은 丁火는 음토로서 능히 火를 수렴하므로 火가 어두워지기 때문이다. 金이 많으면 金이 빛난다고 하는 것은 辛金이며 습토는 능히 金을 생하여 金이 윤택하기 때문이다. 사주 중에 土가 깊고 견고하며 丙火가 음습한 기를 제거하고 만물을 충분히 자라게 할 수 있으면 이것을 마땅히 돕는다고 하는 것이다.

庚金

庚金은 음의 속성을 가지고 있는 양간으로서 생기生氣를 죽이는
숙살지기가 있으며 강건하고 강함이 최고라고 합니다.
숙살지기肅殺之氣란 결실을 숙성하기 위하여 부득이 만물의 성장을
멈추게 하는 작용으로서 甲木이 가지고 있는 생기生氣를 죽이는 작용
이며 가을에 단풍이 들고 낙엽이 떨어지는 작용입니다.

庚金이 水를 득하면 금수상함金水相涵 또는 금수쌍청金水雙淸이라고
하여 金의 탁한 기세를 씻어내므로 맑아진다고 하는 것이며
庚金이 火를 득하면 둔탁한 金이 단련되므로 예리하다고 합니다.

습기를 머금은 윤택한 辰土에서는 庚金이 발생하므로 생한다고 하며
메마르고 건조한 戌土에서는 庚金이 쇠약하게 되므로 연약하고 무르게
된다고 합니다.

庚金은 甲木을 극하여 능히 이길 수 있지만 乙木은 극하지 못하고 오히
려 乙庚합을 하므로 화합의 정을 보낸다고 합니다.
甲木은 천간의 우두머리이므로 甲형이라고 하며 乙木은 木의 음간이므
로 甲木의 누이라고 합니다.

庚金의 체상에 대하여서는 학자마다 견해가 다르므로 아래와 같이 소개하니 참고바랍니다.

원주에서 유백온이 해설하기를

庚金은 하늘의 태백성으로서 살기와 강건함을 지니고 있다.

굳건하지만 水를 얻으면 기가 흐르면서 맑아지고 강건하며 火를 얻으면 기가 순수하고 예리하다. 水가 있는 土는 능히 완전하게 생하여도 火가 있는 土는 능히 무르게 한다.

甲木이 비록 강하여도 충분히 자를 힘이 있으나 乙木은 비록 유약하여도 합하면 오히려 약해진다.

적천수천미에서 임철초가 해설하기를

庚金은 가을 하늘의 숙살지기이며 강건함이 최고이다. 水를 얻으면 맑다고 하는 것은 壬水가 발생하여 강건한 칠살의 성정을 이끌어내어 통관하고 담금질하여 수정처럼 맑고 빛나게 할 수 있기 때문이다.

火를 얻으면 예리하여 진다고 하는 것은 丁火는 음간으로서 유약하므로 庚金을 대적할 수는 없으나 제련하여 창칼을 만들고 넓은 화로에서 단련하면 때로 날카로운 칼날을 드러내기 때문이다.

봄과 여름에 태어나면 기세가 점차 쇠약하고 丑辰의 습토를 만나면 생함을 받지만 戌未의 조토를 만나면 무르게 된다.

甲木은 대적하여 능히 자를 힘이 있지만 乙木은 서로 합하므로 정을 느끼는 것이다. 乙木이 庚金과 완전하게 합하지 못하면 난폭하여지는 것을 돕지만 庚金이 乙木과 완전하게 합하지 못하면 오히려 약해진다.

그러므로 상세히 분별하여야 한다.

辛金

辛金軟弱 溫潤而淸 畏土之疊 樂水之盈
신 금 연 약 온 윤 이 청 외 토 지 첩 요 수 지 영

能扶社稷 能救生靈 熱則喜母 寒則喜丁
능 부 사 직 능 구 생 령 열 즉 희 모 한 즉 희 정

辛金은 연약하지만 따뜻하고 윤택하며 맑다.
土가 중첩하는 것을 두려워하고 水가 가득한 것을 좋아한다.
능히 사직을 돕고 능히 백성을 구하며
열기가 있으면 모친을 반기며 추우면 丁火를 반긴다.

辛金은 음의 속성을 가진 음간으로서 연약하다고 하는 것이며 따뜻한
火기와 윤택한 水기가 있으면 맑아진다고 합니다.

土가 중첩되면 토다금매土多金埋가 되어 辛金이 두터운 흙에 묻혀 빛을
보지 못하므로 두려워한다고 합니다.
辛金은 씨앗과 같으므로 마치 씨앗이 흙 속에 깊숙이 묻히면 발아를 하
지 못하는 것과 같습니다.

辛金은 壬癸水의 왕성한 기세로 설기하면 맑아지므로
水가 가득한 것을 좋아한다고 합니다.
마치 씨앗이 겨울에 냉동이 되지 않은 상태가 되면 씨앗은 발아를 제대
로 하지 못하고 면역력도 약해지는 것과 같습니다.
그러므로 차가운 水가 가득한 것을 좋아한다고 하는 것입니다.

사직社稷이란 군주를 말하며 생령生靈이란 백성을 말하는 것입니다.
丙火는 辛金의 정관으로서 군주이고 甲木은 辛金의 재성으로서 백성에
비유할 수 있습니다.

丙火가 壬水의 공격을 받아 위태로우면 辛金은 丙火와 丙辛합화하여
水를 생산하여 壬水를 도우면 壬水는 더 이상 丙火를 공격하지 않으므
로 丙火를 안전하게 보호할 수 있으니 군주를 돕는다고 합니다.

丙火가 치열하면 甲木을 태울 수 있으므로 丙火의 치열한 열기로 인하
여 甲木백성이 위태롭게 됩니다. 즉 丙火군주의 치열한 열기로 인하여
백성이 고난을 당하는 것과 같습니다. 이때 辛金은 丙火와 합화하여 水
로 화하면 치열한 열기를 식힐 수 있으므로 丙火의 치열한 열기로부터
위협받는 백성을 구할 수 있다고 하는 것입니다.

辛金의 모친은 인성인 土입니다. 여름에 열기가 치열하면 辛金을 능히
녹일 수 있으므로 土로써 열기를 설기하고 흡수하여 辛金을 보호하여
주는 것을 반기는 것입니다. 또한 겨울에 辛金은 냉동상태를 반기지만
丁火가 있어야 해동하여 발아를 할 수 있으므로 丁火를 반긴다고 하는
것입니다.

辛金의 체상에 대하여서는 학자마다 견해가 다르므로 아래와 같이
소개하니 참고바랍니다.

원주에서 유백온이 해설하기를
辛金은 음금이며 주옥이라고 하지 않는다. 무릇 따뜻하고 유연하며 맑
고 윤택한 것이 辛金이다.
戊己土가 많으면 매장될 수 있으므로 두려워하는 것이며 壬癸水가 많으
면 반드시 수려해지니 즐거워한다.

辛金은 丙火의 신하인데 丙火와 합하여 水로 화하면 丙火는 壬水를 신
하로서 복종하게 하므로 국가인 사직을 편안하게 돕는다.

辛金은 甲木의 군주인데 丙火와 합하여 水로 화하면 丙火는 甲木을 태우지 못하므로 백성인 생령을 구한다.
한여름에 태어나 己土를 얻으면 능히 火를 어둡게 하여 보존하며 한겨울에 태어나 丁火를 얻으면 능히 한기와 대적하고 배양한다.

그러므로 辛金이 겨울에 태어나서 丙火를 보면 남명은 귀하지 못하고 비록 귀하여도 충성심이 없으며 여명은 남편을 극하거나 화목하지 못하다. 그러나 丁火를 보면 남녀 모두 귀하고 순응한다.

적천수천미에서 임철초가 해설하기를
辛金은 인간이 사용하는 다섯 가지 金으로서 금은과 구리 철 아연 등이므로 맑고 윤택하게 보일 수 있다.
土가 중첩되면 두려워하는 것은 戊土가 너무 무거워 水가 마르고 흙에 묻혀 버리기 때문이다. 水가 가득하면 좋아하는 것은 壬水의 기세가 여유가 있으면 윤택한 土로 金을 배양하기 때문이다.

辛金은 甲木의 군주인데 丙火가 甲木을 능히 태우므로 丙辛합화하여 水로 화하면 丙火는 甲木을 태우지 못하므로 오히려 상생의 상이다.
辛金은 丙火의 신하인데 丙火가 능히 戊土를 생하지만 丙火와 합화하여 水로 화하면 丙火는 戊土를 생하지 못하므로 오히려 서로 돕는 아름다움이 있으니 어찌 사직을 돕고 백성을 구하는 것이 아니겠는가.

여름에 태어나 火가 많아도 己土가 있으면 火를 어둡게 하고 金을 생한다. 겨울에 태어나 水가 왕성하여도 丁火가 있으면 따뜻한 온수로 金을 배양한다. 이른바 뜨거우면 모친을 반기고 차가우면 丁火를 반긴다.

壬水

壬水는 마치 바다와 같이 넓다고 합니다.
그러므로 壬水는 양간이며 양수陽水이므로 壬水의 기세는 마치 넓고
넓은 바다와 같이 광활하다고 하는 것입니다.

金은 壬水의 발원지로서 壬水가 흐르는 원천이므로
金의 기세를 능히 설기할 수 있다고 하는 것입니다.

壬水는 양간으로서 강건하지만 음중의 양이므로 음의 덕도 지니고 있
는 것으로서 강건한 중에 덕이 있다고 하는 것입니다.
壬水의 강건한 기세가 하천으로 두루 흘러 바다에 도달하므로 유순한
덕을 지니며 도도하게 흐르며 막힘없이 순조롭게 흐를 수 있다고 하는
것입니다.

壬水가 지지에 통근하고 癸水도 투출하면 마치 홍수가 일어나 하천이
넘치는 것과 같으므로 이를 충천분지沖天奔地라고 합니다.
壬水는 하천이고 癸水는 빗물의 물상으로 본다면 하천에 비가 많이 와
서 홍수가 일어나는 것과 같다고 하는 것입니다.

그러므로 壬癸水가 함께 투출하고 지지에 세력이 강하다면 水의 기세가 매우 강한 것으로서 마치 홍수가 일어난 것과 같으므로 이를 제어하고 설기하는 木과 土의 기세가 감당을 하지 못하면 모든 것을 휩쓸어버리므로 큰 재앙을 초래한다고 합니다.

또한 水의 기세가 매우 강하면 남방 火운이 도래한다고 하여도 이를 감당하지 못하고 오히려 水의 기세를 거스르므로 큰 재앙을 초래할 수 있는 것입니다.

壬水는 丁火와 水火로서 대립하지 않고 丁火를 맞아들여 화합하고 木을 생산하여 기르므로 유정하다고 합니다.

또한 壬水는 양간으로서 기를 따르므로 丙火의 왕성한 기를 따르면 수화기제水火旣濟의 조화를 이루어 맑은 기세를 유지할 수 있다고 합니다.

壬水의 체상에 대하여서는 학자마다 견해가 다르므로 아래와 같이 소개하니 참고바랍니다.

원주에서 유백온이 해설하기를
壬水는 癸水의 발원지로서 곤륜산에서 흐르는 물이며 癸水는 壬水의 귀숙지인 동쪽 바다로서 나누어지고 합쳐지면서 쉬지 않고 운행하므로 소위 모든 하천인 것이며 또한 빗물과 이슬이기도 하므로 둘로 나눌 수 있는 것이 아니다.

申金은 하늘의 관문이며 은하수의 입구로서 壬水가 이곳에서 장생하므로 서방의 金기를 능히 설기 할 수 있고 두루 흐르는 성정은 막힘없이 나아가므로 강중지덕이 있다.

만약 申子辰이 완전하고 癸水가 투출하면 그 세력이 넘쳐 막을 수가 없다. 가령 동해는 본래 은하수에서 발원하여 水의 환란을 일으키며 사주에서 만나고 재관이 없다면 그 재앙을 어찌 감당할 것인가.

丁火와 합하여 木으로 화하고 또 丁火를 생하면 유정하다. 능히 丙火를 제어하고 丁火의 사랑을 빼앗지 못하므로 남편이 의롭게 되고 군주가 어진 것이다. 한여름에 태어나 巳午未 火土의 기세에 의하여 壬水가 증발되어 빗물이 되므로 모름지기 火土를 따르면서 서로 조화를 이룬다.

적천수천미에서 임철초가 해설하기를

壬水는 양수이며 통하란 은하수이다. 申金에서 장생하는데 申金은 은하수의 입구이며 또 곤坤방에 있으니 壬水가 여기서 생하며 능히 서방의 숙살지기를 설기하므로 소위 강중지덕이 있다고 하는 것이다.

모든 하천의 근원으로서 두루 흘러 막힘이 없으므로 나아가기는 쉬우나 물러나기는 어렵다. 가령 申子辰이 완전하고 癸水도 투출하면 그 기세가 범람하므로 戊己土가 있어도 그 흐름을 막을 수 없다.
만약 강제로 제어하면 오히려 충격으로 水의 우환이 일어나므로 반드시 木으로 설기하여야 하며 그 기세에 순응하면 넘치지는 않는다.

丁火와 합하여 木으로 화하면 능히 火를 생하니 꺼지지 않는 묘함으로 인하여 화하는 정이 있다고 하는 것이다.
巳午未월에 태어나 사주에 火土가 모두 왕성하고 별도로 金水의 도움이 없는데 火가 왕성하게 투간하면 火를 따르며 土가 왕성하게 투간하면 土를 따르며 조화롭고 윤택하여지므로 서로 조화로운 공이 있다고 하는 것이다.

癸水

癸水至弱 達於天津 得龍而運 功化斯神
계 수 지 약 달 어 천 진 득 룡 이 운 공 화 사 신

不畏火土 不論庚辛 合戊見火 火根乃真
불 외 화 토 불 론 경 신 합 무 견 화 화 근 내 진

癸水는 지극히 유약하지만 천진에 도달하며
용을 얻어 운행하면 공덕과 조화가 신과 같다.
火土를 두려워하지 않고 庚辛을 논하지 않으며
戊土와 합하여도 火의 뿌리가 있어야 진실하다.

천진天津은 중국 동북 해안에 있는 도시로서 4대강이 합류하여 바다로 흐르는 곳으로서 여기서는 辰土의 물상이기도 합니다.

水는 서쪽 申金에서 발원하여 북동쪽 亥子丑으로 흐르면서 최종 목적지 인 辰土에 도달하기 때문입니다.

이는 마치 중국의 서쪽에 있는 곤륜산에서 발원하여 북쪽의 4대강을 거쳐 동쪽에 있는 천진에 도달하는 것과 같으므로 이와 같이 비유하여 표현한 것입니다.

곤륜산은 申金이며 북쪽의 4대강은 亥子丑이고 천진은 辰土입니다. 그러므로 癸水는 음중의 음으로서 가장 지극한 음이므로 비록 유약하 지만 결국 辰土에 도달할 수 있다고 합니다.

득룡得龍은 용의 물상인 辰土를 얻은 것이며 癸水가 운행하여 辰土에 도달하면 辰土에는 癸水가 암장되어 만물을 생장시키는 생명수로 서의 역할을 하므로 그 공덕과 조화가 마치 신과 같다고 하는 것입니다.

비록 유약한 癸水이지만 火土가 있다고 하여도 지극한 음으로서 만물을 생하는 신과 같은 조화와 공덕이 있어 오히려 베풀면서 능히 대처할수 있으므로 두려워하지 않는다는 것이며
자체가 지극한 음으로서 존재하므로 庚辛金의 생을 받지 않아도 충분히 유지할 수 있으므로 논할 필요가 없다고 합니다.

癸水는 戊土와 합하여도 火의 뿌리가 있어야 화化하는 상이 진실하다고 합니다. 戊癸가 합하여 火로 화하려면 반드시 왕성한 火의 기세가 있어야 하므로 월령이 巳午월이거나 남방 巳午대운에서 월령이나 대운의 지지를 얻어야 비로소 火로 화化할 수 있다고 합니다.

癸水의 체상에 대하여서는 학자마다 견해가 다르므로 아래와 같이 소개하니 참고바랍니다.

원주에서 유백온이 해설하기를

癸水는 순수한 음으로서 지극히 약하며 동쪽 바다에 있는 약한 물이다. 천진에 이르러 하늘을 따라 운행하고 용을 얻어 구름과 비를 만들면 능히 만물을 윤택하게 하므로 공덕과 조화가 마치 신과 같다.

무릇 사주에 甲乙 寅卯가 있으면 능히 水의 기세를 운행하여 木을 생하고 火를 제어하며 土를 윤택하게 하고 金을 배양하므로 반드시 귀격으로 정하여지며 火土가 많아도 두려워하지 않으며 庚金의 생에 의지하지 않고 金이 많아도 꺼리지 않는다.

戊土와 합하여 火로 어떻게 화하는가. 戊土는 寅에서 생하고 癸水는 卯에서 생하니 모두 동방에 속하므로 능히 火를 생한다고 주장하지만 동남방의 지지는 戊土가 극을 받는 곳이고 癸水는 힘이 소진된 곳이다.

다만 태양이 떠오르는 방위이므로 火로 화한다는 것을 알지 못하는 것이다. 무릇 戊癸는 丙丁火가 모두 투출하면 쇠왕을 논하지 않고 가을과 겨울에도 능히 火로 화하므로 가장 진실한 것이다.

적천수천미에서 임철초가 해설하기를

癸水를 비와 이슬이라고 하면 안 된다. 다만 순수한 음의 水로서 발원하는 곳이 비록 길고 그 성질이 극히 약하고 그 기세는 가장 고요하여도 능히 土를 윤택하게 하고 金을 배양하며 만물을 발육하고 용을 득하여 운행하므로 변화를 예측하기 어려운 것이다.

소위 용을 만나 화한다고 하는 것은 용은 辰土로서 진짜 용이 아니어도 능히 화하며 辰土를 얻어 화한다는 것은 화하는 辰土의 원신이 드러난 것이다. 무릇 십간은 辰土를 만나면 반드시 천간에 투출하여 화신이 되는데 이것은 바뀌어지지 않는 이치로서 정하여진 것이다.

火土를 염려하지 않는다는 것은 지극히 약한 성정이 火土를 많이 보면 종화從化하기 때문이다.
庚辛金을 논하지 않는다고 하는 것은 약한 水의 기세로 金의 기세를 설기하지 못하기 때문이다. 소위 金이 많으면 오히려 탁하여진다고 하는 것은 癸水를 보고 하는 말이다.

戊土와 합하려면 火를 본다는 것은 음이 극에 이르면 양을 생하는 것이며 戊土는 건조하고 두터우므로 사주에 丙火가 투출하면 화신化神을 끌어내는 것이 진실하다는 것이다.
만약 가을과 겨울에 金水가 왕성한데 설사 지지에 辰土를 만나고
丙丁火가 투출하여도 역시 종화從化하기 어려운 것이니 상세히 살펴야 한다.

2. 지지론

1) 지지의 음양

> 陽支動且强 速達顯災祥 陰支靜且專 否泰每經年
> 양 지 동 차 강 속 달 현 재 상 음 지 정 차 전 비 태 매 경 년
> 양지는 동적이며 강하므로 길흉이 빠르게 나타나며
> 음지는 정적이며 전일하므로 행불행이 매년 연도를 경과한다.

양지는 양의 동적인 특성으로서 기세가 강건하며
움직임이 가볍고 빠르므로 길흉이 바로 나타난다고 하며
음지는 음의 정적인 특성으로서 무겁고 느리므로 행불행이 바로
나타나지 않고 해를 넘겨 다음 연도에 나타난다고 합니다.

60갑자에서는 甲丙戊庚壬이 타고 있는 子寅辰午申戌이 양지이고
乙丁己辛癸가 타고 있는 丑卯巳未酉亥를 음지라고 합니다.
이것은 체로 논한 것이며 실제 통변에서는 다르게 활용합니다.

실제 통변에서는 寅申巳亥는 생지로서 지장간의 정기가 양간이므로
양지와 같은 역할을 하며
子午卯酉는 패지로서 지장간의 정기가 음간이므로 음지와 같은 역할을
합니다. 그러므로 子午는 음지로서 작용하고 巳亥는 양지로서 작용하는
것입니다.

지지의 음양에 대하여서는 학자마다 견해가 다르므로 아래와 같이
소개하니 참고바랍니다.

원주에서 유백온이 해설하기를

子寅辰午申戌은 양으로서 그 성정은 동적이고 그 기세가 강하므로 길흉이 신속하게 발하여 나타난다. 丑卯巳未酉亥는 음으로서 그 성질은 고요하고 그 기는 전일하므로 무겁고 신속하게 발하지 못하여 행불행이 매년 해를 넘긴 후에 나타난다.

적천수천미에서 임철초가 해설하기를

지지는 子에서 巳까지를 양이라고 하며 午에서 亥까지를 음이라고 하는데 이것은 동지에서 양이 발생하고 하지에서 음이 발생하는 이치에 의하여 논한 것이다.

寅에서 未까지를 양이라 하고 申에서 丑까지를 음이라고 하는 것은 木火를 양이고 金水는 음에 의하여 구분한 것이다.

명리에서는 子寅辰午申戌을 양이라 하고 丑卯巳未酉亥를 음이라 한다. 子는 癸水를 따르고 午는 丁火을 따르는 것은 체가 양이고 용이 음이기 때문이며 巳가 丙火를 따르고 亥가 壬水를 따르는 것은 체가 음이고 용이 양이기 때문이므로 분별하여 사용한다.

지지도 역시 강유하고 굳건하고 유순한 이치는 천간과 다르지 않으며 단지 생극제화의 이치가 복잡한 것은 대개 하나의 지지에는 두 개나 세 개의 지장간이 암장되었기 때문이다. 그러나 본기를 위주로 하는데 寅은 甲木이 우선이고 丙火가 나중이며 申은 庚金이 우선이고 壬水가 나중이며 나머지 지지도 그러하다.

양의 지지는 성정이 동적이고 강하므로 길흉을 빠르게 경험하고 음의 지지는 성정이 정적이고 약하므로 행불행이 비교적 늦게 반응하는 것이다. 사주에 있거나 운에 있거나 이러한 의미는 균등하게 작용한다.

2) 생왕묘

生方怕動庫宜開 敗地逢沖仔細裁
생 방 파 동 고 의 개　패 지 봉 충 자 세 재
생방은 동하는 것이 두렵고 고는 마땅히 열어야 한다.
패지가 충을 만나면 자세히 분별한다.

생방은 寅申巳亥로서 새로운 시작을 하는 생지生支이며 양지이므로
강건한 기세를 가지고 있습니다.
그러나 충이 오면 상대와 대적하여야 하므로 강건한 기세가 움직이며
부딪쳐 쌍방의 피해가 불가피하므로 동動하는 것을 두려워하지만 충의
기세가 비슷하면 오히려 충으로 인하여 발전하는 경우도 많습니다.

고庫란 辰戌丑未로서 마치 창고나 묘지墓地와 같아 할 일을 마치거나
할 일을 대기하는 지장간을 저장하고 있으므로 묘고지墓庫支라고 합니다.
그러므로 마땅히 문을 열어야 지장간이 일을 하러 나온다고 하는 것입니
다. 여기서 문을 열어야 한다는 것은 일반적으로 형충 등으로 문을 연
다고 하지만 형충이 없어도 지장간이 천간에 투출하면 문을 열고 나온
것으로 이해하면 될 것입니다.

패지敗地란 子午卯酉로서 일반적으로 왕지旺支의 역할을 하므로 왕성
한 기세를 가지고 있지만 음지로서 무겁고 느린 특성도 함께 가지고 있
으므로 자세히 분별하라고 하는 것입니다.
일반적으로 형충파해는 생방이나 고지나 패지나 모두 기세의 왕쇠강약
에 의하여 승패가 결정되는 상황으로 희기와 길흉을 판단합니다.

생왕묘에 대하여서는 학자마다 견해가 다르므로 아래와 같이 소개하니
참고바랍니다.

원주에서 유백온이 해설하기를

寅申巳亥는 생방生方으로서 충동을 기피한다. 辰戌丑未는 사고지로서 마땅히 충으로 열어야 한다. 子午卯酉는 사패지이다.

합을 만나면 충을 반기는 것과 생지를 충을 하면 안 된다고 하는 것은 다르다. 충을 만나면 합을 반긴다는 것과 고지는 반드시 열어주어야 한다는 것도 다르므로 모름지기 자세히 살펴야 한다.

적천수천미에서 임철초가 해설하기를

옛말에 金水는 능히 木火를 충하지만 木火는 金水를 충하지 못한다고 하지만 천간에서는 가능하지만 지지에서는 불가하다. 대개 지지의 기세는 하나가 아니며 다른 기세와 함께 저장되어 있기 때문이다.

모름지기 다른 기세가 당권하면 木火가 金水를 어찌 충을 하지 못한다고 할 것인가. 생방이 충을 두려워하는 것은 양쪽 모두 패하여 상하기 때문이다. 가령 寅申충이면 申中 庚金이 寅中 甲木을 극한다고 寅中 丙火가 申中 庚金을 극하지 않는 것이 아니며
申中 壬水가 寅中 丙火를 극한다고 寅中 戊土가 申中 壬水를
극하지 않는 것은 아니므로 극하는 싸움이 고요하지 않은 것이다.

고는 마땅히 열어야 한다는 것은 마땅하기도 하지만 마땅하지 않기도 하므로 잡기편에서 상세히 논할 것이다.
패지가 충을 만나면 자세히 살피라고 하는 것은 子午卯酉는 전일한 기세이기 때문이다. 金水를 쓰면 충을 할 수 있고 木火를 쓰면 충을 할 수 없다고 하여도 모름지기 잘 살피고 한 가지에 집착하면 안 된다. 가령 봄과 여름에는 金水의 기세는 휴수되고 木火의 기세는 왕상하므로 金水가 어찌 상하지 않겠는가.

적천수천미의 명조를 원문의 취지에 알맞게 필자가 해설하였습니다.

시 일 월 년
癸 癸 壬 甲
亥 巳 申 寅
庚 己 戊 丁 丙 乙 甲 癸
辰 卯 寅 丑 子 亥 戌 酉

申월에 水木의 기세가 강한 명조로서
북방 水대운에 巳亥충으로 인하여 巳火가 패하므로 네 명의 처와 자식
을 잃었으며
동방 木대운에는 寅申충이 있었지만 申金에 壬癸水비겁의 뿌리가 깊어
충을 감당할 수 있으므로 약간은 편안하였고
庚辰대운 酉년에는 甲木상관의 기세를 거스르므로 죽었습니다.

시 일 월 년
壬 甲 癸 癸
申 寅 亥 巳
乙 丙 丁 戊 己 庚 辛 壬
卯 辰 巳 午 未 申 酉 戌

亥월에 水木의 기세가 강한 명조로서
辛酉 庚申대운에 庚辛金관살이 기세가 왕성하므로 힘들게 다녀도 인연
을 만나지 못하였으나
己未 戊午대운에는 火의 기세가 왕성하므로 巳亥충으로 인하여 발전하
므로 오히려 큰 돈을 벌고 첩을 얻어 네 명의 자식도 얻었습니다.

3) 충형해

支神只以冲爲重 刑與害兮動不動
지 신 지 이 충 위 중 형 여 해 혜 동 부 동
지지는 오직 충이 중요하며 형과 해는 동하거나 동하지 않는다.

지지의 충沖은 양과 양의 대립과 음과 음의 대립으로서 충돌이 불가피하게 발생하는 것이며 기세의 왕쇠강약에 의하여 승패가 결정되는 상황으로 희기와 길흉을 판단합니다.

지지의 형刑은 기세의 증폭으로 인하여 폭발적인 기세가 나타나면서 심하게 동하여 에너지의 불안정한 상황을 야기하므로 흉한 재앙을 가져온다고 하는 신살의 일종입니다.

지지의 해害는 천穿이라고도 하며 천穿은 뚫는다는 개념으로서 상대를 뚫어 지지의 합을 방해하므로 해롭다고 하는 것이며 역시 형과 마찬가지로 신살의 일종입니다.

형충의 작용은 승패에 따라 길흉이 결정되지만 형충으로 인하여 에너지가 증폭하여 크게 발전하는 경우도 있습니다.
그러나 해害의 작용은 형충과 달라 승패에 의한 길흉과 에너지 증폭으로 인한 발전이 나타나지 않고 단지 신살적 해법에 의하여 흉한 작용으로만 판단하는 경우가 많습니다.

특히 형의 경우에는 寅巳申삼형과 丑戌未삼형은 에너지 증폭의 작용이 매우 크게 나타난다고 하여 길흉을 매우 조심스럽게 판단하며
午午자형 辰辰자형 亥亥자형 酉酉자형 등의 경우에는 에너지의 고립으로 인한 길흉이 크게 나타난다고 합니다.

子卯형의 경우에는 생으로 인한 에너지의 이동이므로 큰 작용이 일어나지 않는다고 합니다.

형충해의 작용은 에너지의 작용을 살피면서 길흉을 판단하고
충은 기세의 왕쇠강약에 의하여 길흉을 판단하며
형해刑害는 기세의 왕쇠강약과 생극에 의하여 희기와 길흉을 판단합니다.

충형해에 대하여서는 학자마다 견해가 다르므로 아래와 같이 소개하니 참고바랍니다.

원주에서 유백온이 해설하기를
충은 상극하는 것이며 더불어 사고四庫는 형제의 충으로서 동한다.
형과 천은 서로 상생하고 상합하는 것이 있으며 동하는 것과 동하지 않는 것이 다르다.

적천수천미에서 임철초가 해설하기를
지지의 충은 천간의 상극과 같으니 모름지기 그 강약과 희기를 보고 논하며 심지어 사고의 충은 역시 마땅하기도 하고 마땅하지 않기도 하다. 가령 辰월에 乙木이 사령하고 戌과 충을 하면 戌중의 辛金이 乙木을 능히 상하게 한다. 未월에 丁火가 사령하고 丑과 충을 하면 丑중 癸水가 丁火를 능히 상하게 한다. 辰월의 乙木과 未월의 丁火는 비록 퇴기이지만 사령하면 용신으로 쓸 수 있지만 충으로 상하면 쓰지 못한다.

묘고墓庫는 충을 만나야 발전한다고 말하지만 후세 사람들의 잘못된 이론이다. 묘墓는 무덤이라는 뜻이고 고庫는 木火金水를 수렴하고 저장하며 뿌리가 묻혀 있는 땅이다.

비유하면 기세를 얻은 무덤을 열어서 움직여야 발복하는 것이 아니다. 가령 천간에 있는 木火金水가 지지에 寅卯 巳午 申酉 亥子의 녹왕이 없고 오로지 辰戌丑未의 고에 통근하는데 충을 만나면 약한 뿌리가 모조리 뽑힌다. 그러므로 충동으로 강하고 왕성한 것이 아니다. 만일 사령한 것을 쓰지 않고 土가 희신이면 충을 하여도 유익하며 손해는 없으므로 대개 土가 동하여 발전한다.

형刑을 취하는 이치는 없다. 亥亥 辰辰 酉酉 午午를 자형이라고 하는데 같은 지지끼리 만나서 같은 기세인데 어찌 서로 형을 한다는 것인가. 子가 卯를 형을 하고 卯가 子를 형을 하는 것은 상생하는 것인데 어찌 서로 형을 한다는 것인가.

丑戌未는 모두 같은 土이므로 형을 하는 것은 더욱 부당하다. 寅이 巳를 형을 하는 것도 역시 상생이며 寅申형은 이미 충인데 어찌 또 형을 한다는 것인가. 또 말하기를 子卯는 일형이고 寅巳申은 이형이며 丑戌未는 삼형이라고 하는데 삼형이니 자형이니 하는 것들은 모두 잘못된 것이므로 버려야 한다.

천穿은 해害이며 육해는 육합에서 유래된 것으로서 나와 합하는 신을 충을 하므로 해롭다고 하는 것이다. 가령 子와 丑이 합하는데 未가 충을 하거나 丑과 子가 합하는데 午가 충을 하는 것 등이다. 子未해는 상극이고 丑午와 寅亥는 상생인데 어찌 해롭다고 하겠는가.

형은 이미 근거가 부족하며 해의 의미도 억지로 끌어 붙인 것에 불과하다. 그러므로 모두 생극으로 논하는 것이 옳다. 심지어 파破의 의미는 해나 형도 아니고 어디에도 속하지 않으니 없애야 할 것이다.

적천수천미의 명조를 원문의 취지에 알맞게 필자가 해설하였습니다.

시 일 월 년
癸 壬 辛 丙
卯 子 卯 子
己 戊 丁 丙 乙 甲 癸 壬
亥 戌 酉 申 未 午 巳 辰

卯월에 子卯형이 두 개 있는 명조로서
甲午대운에 甲木식신은 비록 쇠약한 기세이지만 卯木에 통근하여 기세
가 강하고 癸水겁재가 도우므로 오히려 子卯형으로 인하여 과갑에
연달아 급제하였으며 관서장인 군수에 올라 벼슬길이 평탄하였습니다.

시 일 월 년
丁 庚 乙 辛
丑 辰 未 丑
丁 戊 己 庚 辛 壬 癸 甲
亥 子 丑 寅 卯 辰 巳 午

未월에 土의 기세가 강한 명조로서
甲午대운에 丁火정관의 기세가 왕성하고 甲乙木재성이 도우므로 조상
의 음덕이 풍부하였으나
癸巳대운에 火土의 왕성한 기세로 庚辛金비겁의 기세를 도와 쟁재하므
로 처자와 가업을 모두 잃고 스님이 되었습니다.

4) 암충암회

暗沖暗會尤爲喜 彼沖我兮皆沖起
암충암회우위희 피충아혜개충기
암충과 암회는 더욱 반가운 것이며
상대가 나를 충하면 모두 충이 일어난다.

운에서 사주팔자에 작용하는 충과 회합을 암충 암회라고 합니다.
사주팔자는 체로서 정적이므로 스스로 동하지 못하지만 운은 용으로서
동적이므로 스스로 동할 수 있다고 합니다.
그러므로 사주팔자의 지지가 작용하기 위하여서는 운에서 작용하는 충
과 회합을 매우 반긴다고 합니다.

충기沖起란 운의 간지가 사주팔자의 간지를 충하는 것으로서 사주팔자
가 내가 되는 것이고 운이 상대가 되는 것입니다.
그러므로 운이 충하면 모두 충이 일어난다고 하는 것입니다.

암충암회에 대하여서는 학자마다 견해가 다르므로 아래와 같이 소개하
니 참고바랍니다.

원주에서 유백온이 해설하기를
사주에서 결함된 국이 없어도 많이 취하는 것이 암충과 암회이다.
암신暗神이 충기하거나 회합하여 오면 명충明沖이나 명회明會에 비하
여 더욱 좋다.

子가 와서 午를 충하거나 寅과 戌이 午와 회국하는 경우이다.
일주가 나라면 월령이 상대이고 월령이 나라면 년시가 상대이며
사주가 나라면 대운이 상대이고 대운이 나라면 세운이 상대이다.

내가 寅이고 상대가 申이면 申은 능히 寅을 극하므로 상대가 나를 충하는 것이다. 내가 子이고 상대가 午이면 子는 午를 극하므로 이는 내가 상대를 충하는 것이다. 이것을 모두 충기沖起라고 한다.

적천수천미에서 임철초가 해설하기를

지지에 충이 있는 것은 좋은 것이 아니다. 그러나 팔자에는 결함이 많은 자가 많고 균형을 이룬 자는 적다. 木火가 왕성하면 金水는 반드시 부족하게 마련이고 金水가 왕성하면 木火가 반드시 부족하기 마련이다. 만약 왕성하여 남는 것이 있으면 충하여 제거하고 쇠약하여 부족한 것이 있으면 도와야 좋은 것이다.

가령 사주에 충회沖會의 육신이 없으면 운에서 암암리에 오면서 충회하면 더욱 반가운 것이다. 대개 병이 있으면 약을 얻어야 사는 것과 같으므로 충은 피아의 구분이 있는 것이고 회국은 가고 오는 이치가 있는 것이다.

피아彼我란 년시가 상대이고 일월을 나라고만 하지 않는다.
사주가 나이며 운을 상대라고만 하지 않는다. 총체적으로 희신이 나이면 기신을 상대라고 할 수 있다. 가령 희신이 午인데 子의 충을 만나면 상대가 나를 충을 한 것이며 희신과 寅戌이 회국하면 길하다.
희신이 子인데 午의 충을 만나면 내가 상대를 충을 한 것이며 기신과 寅戌과 회국하면 흉하다. 희신이 子인데 申이 있고 辰을 득하여 회국하고 오면 길한 것이며 희신이 亥인데 未가 있고 卯를 득하여 회국하고 가면 흉한 것이다.

내가 가서 상대를 충하면 좋아도 상대가 나를 충하여 오면 좋지 않다.
내가 가서 상대를 충하는 것을 이른바 충기沖起라고 하며 상대가 와서 나를 충하는 것은 이른바 불기不起라고 한다.

적천수천미의 명조를 원문의 취지에 알맞게 필자가 해설하였습니다.

시	일	월	년
庚	甲	乙	庚
午	寅	酉	戌

癸 壬 辛 庚 己 戊 丁 丙
巳 辰 卯 寅 丑 子 亥 戌

酉월에 木金의 기세가 대립하는 명조로서
戊子대운에 午火를 암충하고 戊土편재가 투출하여
庚金칠살을 도와 기세의 흐름을 맑게 하므로 장원급제하였습니다.

시	일	월	년
丙	丁	癸	丁
午	卯	丑	巳

乙 丙 丁 戊 己 庚 辛 壬
巳 午 未 申 酉 戌 亥 子

丑월에 丙丁火비겁의 기세가 강한 명조로서
북방 水대운에 癸水칠살의 기세가 왕성하여 丙丁火비겁의 강한 기세와
수화기제의 조화를 이루므로 조상의 음덕이 넉넉하였고
庚戌대운에는 午火를 암회하여 丙丁火비겁의 기세를 도우므로
쟁재로 인한 고통이 심하였고
己酉대운에 巳火를 암회하고 己土식신이 투출하여 도우므로 큰 부자가
되었습니다.

5) 충의 쇠왕

旺者沖衰衰者拔 衰者沖旺旺神發
왕 자 충 쇠 쇠 자 발　쇠 자 충 왕 왕 신 발
왕성한 자가 쇠약한 자를 충하면 쇠약한 자는 뿌리가 뽑히고
쇠약한 자가 왕성한 신을 충하면 왕성한 신은 발전한다.

기세가 왕성한 지지가 기세가 쇠약한 지지를 충하면 기세가 쇠약한
지지는 뿌리가 뽑힌다는 것이며
기세가 쇠약한 지지가 기세가 왕성한 지지를 충하면 기세가 왕성한
지지는 오히려 발전한다고 합니다.

지지의 충은 기세의 싸움으로서 상대적이므로 기세가 왕성하면 이기고
기세가 쇠약하면 지는 게임이라고 할 수 있으며
희신과 기신의 작용에 따라 길흉의 정도가 확연하게 발현하는 특징이
있습니다.

가령 사주팔자에서 午火의 기세가 쇠약한데 운에서 오는 子水의
왕성한 기세로 午火를 암충하면 午火의 뿌리가 뽑혀 나가지만
반대로 사주팔자에서 午火의 기세가 왕성한데 운에서 오는 子水의
쇠약한 기세가 午火를 암충하면 午火는 오히려 크게 발전한다고 합니다.

午火가 희신이고 子水가 기신인데 암충으로 午火희신이 뿌리째 뽑히면
흉한 것이며 午火희신이 발전하면 크게 길하다고 하며
반대로 암충으로 子水기신이 뿌리째 뽑히면 길하다고 하며
子水기신이 발전하면 크게 흉하다고 합니다.

그러므로 운에 의하여 암충이 일어나면 어느 육신의 기세가 왕성하고 어느 육신의 기세가 쇠약한지를 살피면서 희신과 기신을 구분하면 충으로 인하여 발생하는 길흉을 판단할 수 있으며 아울러 어느 육신이 발전하고 어느 육신이 실패하는지를 알 수 있는 것입니다.

충의 쇠왕에 대하여서는 학자마다 견해가 다르므로 아래와 같이 소개하니 참고바랍니다.

원주에서 유백온이 해설하기를
子가 왕성하고 午가 쇠약한데 충을 하면 午는 뿌리가 뽑혀 일어나지 못한다. 子가 쇠약하고 午가 왕성한데 충을 하면 午는 오히려 발전하여 복이 된다. 나머지 충도 모두 이와 같다.

적천수천미에서 임철초가 해설하기를
십이지지가 서로 충하면 각 지지에 있는 지장간도 서로 충극을 한다. 사주에 있는 것을 명충이라고 하며 운에 있는 것을 암충이라고 한다. 득령한 것이 충하면 쇠약한 것이 뿌리가 뽑히며 실령한 것이 충하면 왕성한 것은 상하지 않는다.

충하는 것이 유력하면 능히 제거할 수 있으며 흉신을 제거하면 이롭고 길신을 제거하면 불리하다. 충하는 것이 무력하면 오히려 격렬해지는데 흉신이 격렬해지면 재앙이 있고 길신이 격렬해지면 비록 재앙이 없어도 복이 되지도 않는다.

가령 일주가 午이거나 午가 희신인데 지지에 寅卯巳未戌 등이 있고 子의 충을 만나면 쇠신이 왕신을 충하므로 상하지 않는다

일주가 午이거나 희신이 午인데 지지에 申酉亥子丑辰 등이 있고
子가 와서 충하면 왕자가 쇠자를 충하므로 뿌리가 뽑힌다.
나머지도 이와 같다.

子午卯酉와 寅申巳亥의 충은 무겁고 辰戌丑未의 충은 비교적 가볍다.
가령 子午충은 子중의 癸水가 午중의 丁火를 극하는 것인데 午가 득령
하여 왕성하며 사주에 金이 없고 木이 있으면 午는 능히 子를 충한다.

卯酉충은 酉중 辛金이 卯중 乙木을 극하는 것인데 卯가 득령하여 왕성
하며 사주에 火가 있고 土가 없으면 卯는 능히 酉를 충한다.

寅申충은 寅중의 甲木과 丙火가 申중의 庚金과 壬水에게 극을 당하는
것인데 寅이 득령하고 사주에 火가 있으면 寅은 능히 申을 충한다.

巳亥충은 巳중의 丙火와 戊土가 亥중의 壬水와 甲木에게 극을 당하는
것인데 巳가 득령하고 사주에 木이 있으면 巳는 능히 亥를 충한다.

반드시 먼저 쇠왕을 살피고 사주에서 해소할 것을 구할 수 있는가에
대한 유무와 충을 억제하거나 충을 돕는 것을 살피고 사주의 대세를
관찰하여 희기를 연구하면 길흉은 저절로 드러난다.

사고는 형제의 충으로서 축장된 지장간과 사주의 간지에서 인출의
유무를 살핀다. 가령 사주의 간지에서 인출된 것이 없거나 사령의 육신
과 끊어지지 않았다면 비록 충이 되어도 해롭지 않으며 합을 득하여
쓸모가 있으면 반가운 것이다. 사주와 운도 모두 이와 같이 논한다.

적천수천미의 명조를 원문의 취지에 알맞게 필자가 해설하였습니다.

시　일　월　년
癸　丙　辛　戊
巳　午　酉　辰
己 戊 丁 丙 乙 甲 癸 壬
巳 辰 卯 寅 丑 子 亥 戌

甲子대운에 癸水정관의 기세가 왕성한데
巳火가 酉金을 돕고 午火를 돕지 않으므로 子水의 왕성한 기세로
기세가 쇠약한 午火를 암충하여 丙火일간의 뿌리가 뽑히므로
크게 흉하여 가문이 파산되고 죽었습니다.

시　일　월　년
癸　丁　壬　庚
卯　卯　午　寅
庚 己 戊 丁 丙 乙 甲 癸
寅 丑 子 亥 戌 酉 申 未

년월에서 寅午반합으로 양인국의 형상을 이룬 명조로서
甲申 乙酉대운에 庚金정재의 기세가 왕성하고
甲乙木인성의 기세가 쇠약하지만 양인국의 기세와
인성의 기세가 강하여 기세의 조화를 이루므로 스스로 창업하여
큰 부자가 되고 장수하였습니다.

3. 간지론

1) 음양의 순역

> 陽順陰逆 其理固殊 陽生陰死 其論勿執
> 양 순 음 역 기 리 고 수 양 생 음 사 기 론 물 집
> 양순음역의 이치는 정하여진 것이며
> 양생음사의 이론에 집착하여서는 안 된다.

양순음역陽順陰逆이란 양은 순행하고 음은 역행하는 것으로서
하도와 낙서에 의하여 정하여진 음양의 이치입니다.
하도河圖에서는 木火土金水의 오행이 상생相生하면서 순행하며
낙서洛書에서는 금화교역金火交易으로 인하여 火와 金의 위치가
바뀌고 이로 인하여 오행이 상극相剋하고 역행합니다.

양생음사陽生陰死는 십이운성으로 천간의 기세의 왕쇠를 나타내는
이론으로서 이허중명서와 연해자평에서 취하며 양간의 십이운성은
순행하고 음간의 십이운성은 역행한다는 것이며 이는 천간을
기와 질로 구분하여 양간과 음간을 대대관계로 설정한 것입니다.

적천수에서는 음양은 하나의 기이며 시간의 흐름에 따른 음양의 소식
消息에 의하므로 음양간이 동생동사同生同死하는 이론을 채용하며
천간의 기세의 왕쇠를 음양간으로 구분하지 않고 있습니다.

가령 이허중명서에서는 甲木은 양목陽木으로서 기氣이므로
십이운성이 순행하지만 乙木은 음목陰木으로서 질質이므로
십이운성이 역행한다는 논리로서 양생음사의 이론을 제시하였지만

적천수에서는 甲木이나 乙木이나 모두 천간으로서 동일 오행의 기이므로 음양의 소식의 이치에 의하여 운행한다고 하는 것입니다.

그러므로 양간과 음간의 십이운성十二運星에 의하여 양간이 생하는 지지에서 음간이 죽고 음간이 생하는 지지에서 양간이 죽는다는 양생음사의 이론은 양순음역의 이치에 부합되지 않는다고 합니다.

십이운성에서 양생음사의 이론은 가령 甲木은 양간으로서 생기에 해당하므로 亥水에서 생기가 생하고 순행하다가 午火에서 생기가 모두 소멸되며 죽는다고 하는 것이며
乙木은 음간으로서 형질에 해당하므로 甲木의 생기가 죽는 午火에서
乙木의 형질이 생하고 역행하다가 亥水에서 소멸된다고 합니다.

마치 봄에 甲木의 생기로 나무가 생장하면서 乙木의 가지와 잎이 번성하지만 열매를 숙성하기 위하여 甲木의 생기는 점차 소멸되고
乙木의 잎은 가을에 낙엽이 되어 떨어지는 것과 마찬가지라고 합니다.
그러나 이와 같은 양생음사의 이론을 비록 자연의 물상적 이치에 대입하여 설명하였지만 음양의 양순음역의 이치와는 전혀 다르므로 부합되지 않는다고 하는 것입니다.

음양의 순역에 대하여서는 학자마다 견해가 다르므로 아래와 같이
소개하니 참고바랍니다.

원주에서 유백온이 해설하기를
음생양사와 양생음사의 이론은 낙서에서 나온 것으로서 오행이 유행하는 용법이므로 믿을 만하다.

그런데 甲木이 午에서 죽는 것은 午는 설기하는 지지이므로 그 이치가 확고하지만 乙木이 亥에서 죽는 것은 亥중 壬水가 인성인데 어찌 죽는다고 하는 것인가.

일반적으로 이 모든 것은 간지경중干支輕重의 작용과 모자가 서로 의존하는 세력과 음양소식陰陽消息의 이치로서 길흉을 논해야 한다. 만약 생사패절生死敗絶의 학설에만 집착하여 추단하면 오류가 많다.

적천수천미에서 임철초가 해설하기를

음양순역의 학설은 그 이치가 낙서에서 유행한 용법에 불과하며
양은 모이는 것을 주관하므로 나아가고 물러나는 것이며
음은 흩어지는 것을 주관하므로 물러나고 나아가는 것이다.

만약 명리를 논하면서 오로지 순역에만 매달리면 안 된다.
모름지기 일주의 쇠왕과 태어난 계절의 얕고 깊음을 관찰하고 사주의 용신으로 길흉을 논하여야 확실하다.

장생 목욕 등의 이름은 표현하기 위하여 빌린 용어일 뿐이다.
장생長生이란 마치 사람이 처음 태어난 것과 같다.
목욕沐浴이란 마치 사람이 처음 태어나 더러운 것을 씻는 것과 같다.
관대冠帶란 형상과 기세가 성장한 것으로서 마치 사람이 장성하여 의관을 갖추는 것과 같다.

임관臨官이란 성장하여 왕성한 것으로서 마치 사람이 벼슬길에 나가는 것과 같다.
제왕帝王이란 장성함이 극에 이르러 마치 사람이 황제를 보필하여 큰 일을 하는 것과 같다.
쇠衰란 왕성한 기세가 쇠약하며 처음으로 변화하는 것이다.

병病이란 쇠약함이 심한 것이다.

사死란 기가 다하여 남은 것이 없는 것이다.

묘墓란 조화로 수장되는 것으로서 사람이 묘지에 묻히는 것과 같다.

절絕이란 앞의 기는 끊어지며 후손으로 장차 이어지는 것이다.

태胎란 후손의 기가 이어지며 잉태하는 것이다.

양養이란 사람이 모친의 뱃속에서 자라는 것이며 다시 장생으로 돌아가 끝없이 순환한다.

사람의 일주가 녹왕을 만나지 않고 월령이 휴수되어도 년일시에서 장생이나 녹왕을 얻으면 약하지 않다. 고庫를 만나면 역시 뿌리가 있는 것이다. 시중에서 말하기를 묘墓는 반드시 충하여야 한다는 것은 속서의 오류이다. 고법에서는 단지 네 개의 장생이 있을 뿐이며 子午卯酉가 음의 장생이라는 학설은 없다.

水가 木을 생하는데 申은 천관天關이며 亥는 천문天門이라고 한다.

하늘이 먼저 水를 끊임없이 생하므로 木은 모두 亥에서 생하는 것이다. 木은 午에서 죽는다고 하는 것은 午는 火가 왕성한 지지로서 木이 설기되어 이미 기세가 다하므로 木이 모두 午에서 죽는다고 하는 것이다. 木으로 유추하였으며 나머지도 이와 같다.

무릇 오양은 생방生方에서 자라고 본방本方에서 왕성하며 설방洩方에서 기울고 극방剋方에서 기세가 다하는 것이 순리이다.

오음은 설방에서 생하고 생방에서 죽는다고 하는 것은 이치에 맞지 않는 왜곡된 학설이다. 子午의 지지에서 金과 木을 생산하는 도리가 없고 寅亥의 지지에서 火와 木이 소멸하는 도리도 없다.

고인들이 격을 취하면서 丁이 酉를 만나면 재성으로 논하였고 乙이 午를 만나고 己가 酉를 만나고 辛이 子를 만나고 癸가 卯를 만나면 식신으로 설기하는 것으로 논하였지 생으로 논하지 않았다.

乙이 亥를 만나고 癸가 申을 만나면 인성으로 논하였지 사死로 논하지는 않았다. 己가 寅운에 丙火를 만나고 辛이 巳에 암장된 戊土를 만나면 역시 인성으로 논하였지 사死로 논하지 않았다.

이와 같은 관점으로 인하여 음양은 함께 살고 죽는 것을 알 수 있다.
만약 음양순역을 고집하면서 양생음사 음생양사로 명을 논하면 큰 잘못이다. 그러므로 지명知命장에서 순역의 작용을 깨달아야 한다는 것이 바로 이것이다.

적천수천미의 명조를 원문의 취지에 알맞게 필자가 해설하였습니다.

시	일	월	년
丙	乙	己	丙
子	亥	亥	子

丁 丙 乙 甲 癸 壬 辛 庚
未 午 巳 辰 卯 寅 丑 子

亥월에 水의 기세가 강한 명조로서 동방 木대운에 木火의 기세가 왕성하
여도 水의 기세가 태과하므로 뜻을 실현하지 못하고 재산도 모으지 못하
였습니다. 만약에 이를 십이운성의 양생음사의 이론을 대입한다면
壬寅대운에 乙木일간이 왕지를 만나고 丙火상관은 생지를 만나므로
재산을 모으고 癸卯대운에는 丙火상관이 욕지를 만나 재산을 마구
소모하였다고 그릇되게 해석할 것이라고 합니다.

시	일	월	년
癸	癸	乙	戊
亥	卯	卯	午

癸 壬 辛 庚 己 戊 丁 丙
亥 戌 酉 申 未 午 巳 辰

卯월에 乙木식신의 기세가 강한 명조로서
戊午대운에 戊土정관이 癸水비견을 탐합하므로 乙木식신의 기세가
고사되어 죽었습니다. 만약에 이를 십이운성의 양생음사의 이론을
대입한다면 癸水일간이 卯木생지와 亥水왕지가 있고 乙木식신이
록지에 있으니 장수하고 처자식도 많다고 그릇된 해석을 할 것입니다.

2) 천전일기 지전삼물

天全一氣 不可使地道莫之載 地全三物 不可使天道莫之覆
천 전 일 기 불 가 사 지 도 막 지 재 지 전 삼 물 불 가 사 천 도 막 지 부
천간은 하나의 기가 완전하여도 지도로 싣지 않으면 안 된다.
지지는 세 개의 물건이 완전하여도 천도로 덮지 않으면 안 된다.

천간을 지도로 싣는 것과 지지를 천도로 덮는다고 하는 것은 천간과
지지가 결합하는 간지결합을 말하는 것입니다.
천간은 지지에 통근하고 지지에 있는 지장간은 천간에 투출하여야
비로소 간지결합이 되는 것이며 천간은 지지를 이끌어주고 지지는
천간을 도와주어야 각각의 기세를 발휘할 수 있는 것입니다.

천전일기란 사주팔자 천간에 하나의 기가 완전하다고 하는 것으로서
비록 하나의 기가 완전하여도 지지와 간지결합을 하지 않으면 지지에
서 덕으로 받쳐주지 못하므로 천간으로서 역할을 하기 어렵다고 하는
것입니다.

가령 천간에 甲木으로만 구성되어 하나의 기가 완전하여도 통근할 수
있는 지지가 없으면 간지결합을 하지 못하여 기세가 허약하므로 천간
으로서 역할을 제대로 하지 못하는 것입니다. 그러므로 지지에 甲木이
통근할 수 있는 寅卯辰亥未 등의 지지가 있어야 비로소 간지결합을 하
고 강한 기세로 역할을 할 수 있다고 하는 것입니다.

지전삼물이란 사주팔자 지지에 방합이나 삼합 등 세 개의 지지가 완전
하여도 천간에서 간지결합을 하여 이들을 이끌어주지 않으면 방합이나
삼합의 기세가 비록 강하다고 하여도 이를 제대로 쓰기 어렵다고 하는
것입니다.

가령 지지에 寅卯辰 방합이나 亥卯未 삼합이 완전하게 구성되어 강한 기세를 가진다고 하여도 천간에서 이들을 이끌어주는 甲乙木이 없다면 방합이나 삼합은 기세를 제대로 활용하지 못합니다.

천전일기와 지전삼물에 대하여서는 학자마다 견해가 다르므로 아래와 같이 소개하니 참고바랍니다.

원주에서 유백온이 해설하기를

천간에 4甲이거나 4乙이어도 지지가 寅申卯酉이라면 지지가 받쳐주지 않는 것이다. 寅卯辰 亥卯未가 甲庚乙辛을 만나면 천간이 감싸주지 않는 것이다.

천전일기와 지전삼물 뿐만 아니라 모두 천간이 감싸주고 지지에서 받쳐주어야 마땅하다. 뿌리의 유무를 논하지 말고 모두 기세의 질서를 따라 순환하고 간지가 반목하거나 거스르지 않아야 묘하다.

적천수천미에서 임철초가 해설하기를

천전일기란 천간에 4甲 4乙 4丙 4丁 4戊 4己 4庚 4辛 4壬 4癸 등을 말한다. 지지에서 받쳐주지 않는다고 하는 것은 지지와 천간이 생화하는 것이 없는 것이다. 4甲 4乙이 지지에서 申酉寅卯를 만나는 것만 받쳐주지 않는 것이 아니다.

천간이 전부 지지에서 극을 받거나 오히려 천간이 지지를 극하거나 천간이 지지를 돌보지 않거나 지지가 천간을 돌보지 않으면 모두 받쳐주지 않는 것이다.
가령 乙酉만 네 개이면 천간이 모두 지지의 극을 받는 것이며 辛卯만 네 개이면 오히려 천간이 모두 지지를 극하는 것이다.

모름지기 지지의 기세는 상승하고 천간의 기세는 하강하며 유통하고 생화되어야 편고하지 않은 것이며 또 안정된 운을 얻으면 부자가 아니면 귀하게 된다. 만약 상승하고 하강하는 정이 없고 오히려 충극의 세력만 있다면 모두 편고하여 빈천하므로 자세히 살펴야 한다.

지전삼물이란 寅卯辰 巳午未 申酉戌 亥子丑 등의 방합이다.
가령 寅卯辰이 있고 일주가 木이면 천간에 火가 많아야 하며 일주가 火이면 천간에 金이 왕성하여야 하고 일주가 金이면 천간에 土가 많아야 한다.

대체로 지전삼물은 그 기세가 왕성하다. 가령 왕신이 월령에 있으면 천간은 반드시 그 기세에 순응하며 따르고 설기하는 것이 좋다.
만약 왕신이 다른 지지에 있으면 천간을 제어하는 힘이 있으므로 제복하는 것이 좋다.

어찌하여 왕신이 월령에 있으면 설기하는 것이 마땅하다고 하며 제복하는 것은 마땅치 않다고 하는가. 무릇 왕신이 월령에 있으면 반드시 제어하는 육신의 절지이기 때문이다. 만약 강제로 제어하면 그 성정을 얻지 못하고 격렬하여지고 방자하게 날뛴다.

왕신은 木방의 월령이 寅卯를 득한 것이고 제어하는 육신은 庚辛으로서 寅卯는 庚辛의 절지이다. 만약 월령에 辰이 있고 사주의 간지에 庚辛을 돕는 것이 있으면 비로소 제어할 수 있다.

이를 일러 질서에 따라 순환한다고 하는 것이며 조화를 득하는 것이 마땅하면 온전히 아름다운 것이다. 木방이 이와 같으니 나머지도 마찬가지로 유추한다.

적천수천미의 명조를 원문의 취지에 알맞게 필자가 해설하였습니다.

시 일 월 년
甲 甲 甲 甲
戌 寅 戌 申
壬 辛 庚 己 戊 丁 丙 乙
午 巳 辰 卯 寅 丑 子 亥

천전일기의 甲木이 일지 寅木에 통근하여 간지결합을 하는 명조로서
북동방 水木대운에 甲木의 왕성한 기세로 인하여 의식이 풍족하였지만
庚辰대운에는 庚金칠살의 기세로 인하여 충극되므로 아들 네 명을 잃
고 가문이 파산되었으며 자신도 죽었습니다.

시 일 월 년
戊 戊 戊 戊
午 戌 午 子
丙 乙 甲 癸 壬 辛 庚 己
寅 丑 子 亥 戌 酉 申 未

천전일기의 戊土가 午戌반합에 통근하여 기세가 강한 명조로서
己未대운에 기세의 흐름이 정체되므로 고생이 많았으나
庚申 辛酉대운에 기세의 흐름이 원활하므로 좋은 기회를 만나
사업에 성공하여 가문도 세우고
壬戌대운에 壬水편재가 戊土의 기세를 감당하지 못하므로 화재를 만나
가족이 모두 죽었습니다.

시 일 월 년

丙 甲 庚 辛

寅 辰 寅 卯

壬 癸 甲 乙 丙 丁 戊 己

午 未 申 酉 戌 亥 子 丑

지지에 寅卯辰방합으로 지전삼물이 있고 甲木일간이 원신으로 투출한 명조로서

북방 水대운에 기세의 흐름이 정체되어 고생을 하고

丙戌대운에 기세의 조화를 이루므로 군에서 공을 세우고 관서장으로서 지현으로 승진하였으며

乙酉대운에 관살혼잡의 왕성한 기세로 甲木의 기세를 거스르므로 군에서 죽었습니다.

시 일 월 년

丁 甲 庚 庚

卯 寅 辰 寅

戊 丁 丙 乙 甲 癸 壬 辛

子 亥 戌 酉 申 未 午 巳

지지에 寅卯辰방합으로 지전삼물이 있고

甲木일간이 원신으로 투출한 명조로서

甲申대운에 庚金칠살의 기세가 왕성하므로 과거급제하고 관서장으로서 군수의 벼슬을 하였으나

丙戌대운에 庚金칠살의 기세가 물러나므로 낙향하여 농사를 지었습니다.

3) 양위음위

陽乘陽位陽氣昌 最要行程安頓 陰乘陰位陰氣盛 還須道路光亨
양 승 양 위 양 기 창　최 요 행 정 안 돈　음 승 음 위 음 기 성　환 수 도 로 광 형

양이 양의 자리를 타면 양의 기세가 번창하므로
행운에서 안정을 취하는 것이 가장 필요하다.
음이 음의 자리를 타면 음의 기세가 번성하므로
모름지기 빛나고 형통한 운로로 돌아가야 한다.

양승양위는 양의 천간이 양의 지지에 앉아 있는 것으로서 양의 기세가
왕성하여 번창하는 것이 지나치므로 행운에서 음지로 흐르며 안정하는
것이 가장 필요하다고 하며
음승음위는 음의 천간이 음의 지지에 앉아 있는 것으로서 음의 기세가
왕성하므로 행운에서 양지로 흘러야 발전할 수 있다고 합니다.

양승양위는 木火의 간지로서 양의 기세가 왕성하여 번창하는 기세이므
로 서북방 金水운으로 흘러야 안정된다고 하며 음승음위는 金水의 간지
로서 음의 기세가 번성하므로 동남방 木火운의 빛나고 형통한 운으로
돌아가야 발전한다고 합니다.

양승양위 음승음위에 대하여서는 학자마다 견해가 다르므로 아래와 같
이 소개하니 참고바랍니다.

원주에서 유백온이 해설하기를

여섯 개의 양지에서 오직 子寅辰만이 순수한 양지이다. 다섯 개의 양간
이 있는 자리가 왕신이면 음지운으로 흘러야 안정된다. 여섯 개의 음지
에서 오직 酉丑亥만이 순수한 음지이다. 다섯 개의 음간이 있는 자리가
왕신이면 양지운으로 흘러야 빛나고 형통하다.

적천수천미에서 임철초가 해설하기를

여섯 개의 양지는 모두 양이므로 子寅辰만 순수한 양지가 아니다. 모름지기 차가운 양한陽寒과 따뜻한 양난陽暖으로 구분하여 논한다. 서북은 차갑고 동남은 따뜻하다.

만약 申戌子가 모두 있으면 서북의 양한陽寒이므로 행운은 卯巳未 동남의 따뜻한 음지가 가장 좋은 것이다. 만약 寅辰午가 모두 있으면 동남의 양난陽暖이므로 행운은 酉亥丑 서북의 차가운 음지로 흘러야 가장 좋은 것이다. 이것은 크게 논한 것이다.

만약 일주의 용신과 희신이 木火土로서 동남의 양난陽暖이면 운에서 서북의 음水 음木 음火와 배합하여야 비로소 능히 희신과 용신을 도우므로 기뻐하며 즐거워한다. 만약 운에서 서북방의 양水 양木 양火를 만나면 양은 고립되어 생하지 못하며 희신을 생조하여도 역시 어려우므로 단지 기구함을 면하는 것에 불과하고 평탄하기만 바랄 뿐이다.

양난陽暖의 국이 이와 같으므로 양한陽寒의 국도 역시 이와 같이 논한다. 이른바 양기가 왕성하고 빛나며 창성하면 강건한 세력이 되므로 오로지 음이 왕성하게 포함된 유순한 지지와 배합한다고 하는 것이 이것이다. 만약 마음속 깊이 확실하게 연구하지 않으면 어찌 정밀하게 탐구하며 요결을 얻을 수 있겠는가.

여섯 개의 음지는 모두 음으로서 酉亥丑만이 음으로 왕성한 것은 아니다. 모름지기 차가운 음한陰寒과 따뜻한 음난陰暖으로 구분해서 논하여야 한다. 윗글에서 서북은 차갑고 동남은 따뜻하다고 하였다.

가령 酉亥丑은 모두 서북의 음한이므로 운에서 동남 寅辰午의 양난陽暖을 만나야 가장 좋다. 만약 卯巳未가 모두 있으면 동남의 음난陰暖이므로 운에서 申戌子를 만나야 가장 좋다.

만약 일주의 용신과 희신이 金水土로서 서북의 음한陰寒이면 운에서 동남의 양金 양火 양土와 배합하여야 비로소 능히 희신과 용신을 도우므로 복력이 증가한다. 만약 운에서 동남방의 음金 음火 음土를 만나면 순음은 발육하지 못하므로 두터운 복을 얻기 어렵고 단지 화평하고 재앙이 없기를 바랄 뿐이다. 음한陰寒의 국이 이와 같으므로 음난陰暖의 국도 역시 이와 같다.

소위 음이 왕성함을 포함한 유순한 기라면 모름지기 양이 왕성하고 빛나며 창성하고 강건한 지지와 배합한다고 하는 것은 이것을 말하는 것이다.

적천수천미의 명조를 원문의 취지에 알맞게 필자가 해설하였습니다.

시　일　월　년

庚　丙　丙　癸

寅　午　辰　巳

戊 己 庚 辛 壬 癸 甲 乙

申 酉 戌 亥 子 丑 寅 卯

지지가 모두 양위로 되어있고 丙火가 투출하여 양의 기세가 강한 명조로서 동방 木대운에 丙火의 기세가 지나치므로 고통이 심하였으나 癸丑대운에 金水재관의 기세가 왕성하므로 외지에서 커다란 기회를 만나 갑자기 큰 재물을 얻었습니다.

시　일　월　년

壬　乙　己　丙

午　酉　亥　子

丁 丙 乙 甲 癸 壬 辛 庚

未 午 巳 辰 卯 寅 丑 子

년월일의 지지가 음위로 되어있고 壬水정인이 투출하여
음의 기세가 강한 명조로서
동남방 木火대운으로 음의 강한 기세가 흐르며 번성하고 발전하면서
조화를 이루므로 일찍이 과거급제하고 관서장으로서 봉강의 벼슬에
올랐습니다.

시　일　월　년

壬　乙　丙　己

午　丑　子　亥

戊 己 庚 辛 壬 癸 甲 乙

辰 巳 午 未 申 酉 戌 亥

년월일의 지지가 음위로 되어있고 壬水정인이 투출하여
음의 기세가 강한 명조로서
서방 金대운에 음의 기세가 발전하지 못하므로 가난하여 공부도 하지
못하고 처자식도 모두 잃었으며
壬申대운에 水의 강한 기세를 감당하지 못하고 죽었습니다.

4) 지생천 천합지

地生天者 天衰怕沖 天合地者 地旺宜靜
지 생 천 자 천 쇠 파 충 천 합 지 자 지 왕 의 정
지지가 천간을 생하는데 천간이 쇠약하면 충을 두려워한다.
천간이 지지와 합하면 지지는 왕성하고 마땅히 안정하여야 한다.

지생천과 천합지는 천간과 지지가 간지결합을 하는 것으로서
지지에서 지장간이 천간을 생하면 지생천이라고 하며
천간이 지장간에 통근하여 간지결합하면 천합지라고 합니다.

가령 亥子丑 寅卯辰의 지지가 甲木을 도우면 지생천이라고 하며
천간의 甲木이 亥寅卯辰未의 지지에 통근하면 천합지라고 합니다.

지생천을 하고 있는데 천간의 기세가 쇠약하면 간지결합의 기세도
쇠약하기 마련이므로 왕성한 기세의 운에서 암충을 하면 지지의 뿌리
가 제거되므로 두려워하는 것입니다.

천합지를 하고 있으면 지지의 기세가 왕성하여야 간지결합의 기세도
왕성할 수 있는 것이며 이때는 왕성한 기세가 안정된 운으로 흐르면서
안정을 취하여야 한다고 합니다.

지생천 천합지에 대하여서는 학자마다 견해가 다르므로 아래와 같이
소개하니 참고바랍니다.

원주에서 유백온이 해설하기를
가령 丙寅 戊寅 丁酉 壬申 癸卯 己酉는 모두 장생長生 일주이며 甲子
乙亥 丙寅 丁卯 己巳는 모두 자생自生 일주이다.

만약 일주가 쇠약한데 충을 만나면 뿌리가 뽑히므로 재앙이 매우 심하다. 가령 丁亥 戊子 甲午 己亥 辛巳 壬午 癸巳 등은 모두 지장간과 천간이 서로 합하는 것이다.

이것은 앉아 있는 것이 재관의 지지로서 재관이 왕성하고 마땅히 안정되어야 하므로 마땅히 충이 없어야 한다.

적천수천미에서 임철초가 해설하기를

지생천이란 甲子 丙寅 丁卯 己巳 戊午 壬申 癸酉 乙亥 庚辰 辛丑 등을 말한다. 일주가 생하여도 월령을 득하지 못하거나 사주에서 돕는 것이 적거나 인수가 용신인데 충으로 뿌리가 뽑히면 생기가 끊어지므로 재앙이 위중하다.

만약 일주가 득령하거나 년시에 록왕을 만나거나 천간에 비겁이 중첩되거나 관성이 쇠약하면 오히려 인수의 설기를 꺼리며 충파를 두려워하지 않는다.

총체적으로 일주의 기세를 살펴서 왕상하면 충을 반기고 휴수하면 충을 두려워한다. 비록 일주로 논하였지만 운에서 충을 하여도 역시 마찬가지다.

십간의 합이란 음양이 서로 짝을 맺는 것이며 오양은 오음의 재성과 합하고 오음은 오양의 관성과 합한다.

반드시 합을 한다고 하여도 음이 왕성하면 양을 따르지 않고 양이 왕성하면 음을 따르지 않으므로 비록 합을 해도 화하지 않는다.

오히려 쟁합이나 투합을 구분하여 합을 분별한다. 만약 투출한 천간이 지지에 암장된 지장간과 합한다면 사주마다 합하지 않는 것이 없으며 쟁합이나 투합을 구분하여 꺼리지 않는 것도 없다.

이 구절은 본래 지극한 이치가 있으나 단지 원주의 설명이 부족할 따름이다. 천합지라고 하는 이 세 글자는 모름지기 활용하기도 하고 가볍게 볼 수도 있으나 중요한 것은 지왕희정地旺喜靜 네 자이다. 무릇 지지가 왕성하면 천간은 반드시 쇠약하다.

희정喜靜이란 네 지지를 충극하는 것이 없고 생조하는 것이 있는 것을 말한다. 천간이 쇠약한데 돕는 것이 없고 지지가 왕성한데 생하는 것이 있다면 천간은 은근히 합할 뜻을 품는다.

만약 지지의 원신이 투출하면 천간과 지지가 상하로 서로 연결되므로 상승하고 하강하는 정이 있어 이 합은 종하는 뜻과 같다.
재성과 합하면 종재와 같고 관성과 합하면 종관과 같으니 이것은 십간이 합화하는 이치와는 다르다. 그러므로 고요하면 편안한 것이니 오히려 보호하며 지키는 것이며 움직이면 위험하므로 유지하기 어렵다.

그러나 합이라고 말할 수 있는 것은 단지 戊子 辛巳 丁亥 壬午일 네 개일 뿐이다. 만약 甲午일은 午중에 먼저 丁火가 있고 己土가 있는데
己土가 어찌 능히 전권으로 甲木과 합한다는 것인가.
己亥일은 亥중에 먼저 壬水가 있고 다음에 甲木이 있는데
甲木이 어찌 능히 투출하여 합한다는 것인가.
癸巳일은 巳중에 먼저 丙火가 있고 다음에 戊土가 있는데
戊土가 어찌 능히 초월하여 癸水와 합한다는 것인가.

그러므로 이 세 개는 논하지 않는다. 십간은 합에 응하여 화하면 화격化格이라고 하며 별도의 작용이 있으므로 화격장에서 해설한다.

적천수천미의 명조를 원문의 취지에 알맞게 필자가 해설하였습니다.

시 일 월 년
丙 丙 戊 甲
申 寅 辰 寅
丙 乙 甲 癸 壬 辛 庚 己
子 亥 戌 酉 申 未 午 巳

辰월에 甲木편인의 기세가 강한 명조로서
庚午 辛未대운에 丙火비견의 왕성한 기세로 인하여
庚辛金재성을 지생천 하지만 기세가 고립되므로 어려움이 있었고
壬申 癸酉대운에 壬癸水관살을 지생천으로 도우므로 창업을 하여 가업
이 흥성하였습니다.

시 일 월 년
乙 壬 辛 己
巳 午 未 巳
癸 甲 乙 丙 丁 戊 己 庚
亥 子 丑 寅 卯 辰 巳 午

未월에 火土의 기세가 강한 명조로서
己巳 戊辰대운에 戊己土관살이 천합지하여 기세가 강하지만
강한 기세가 흐르지 못하여 탁하므로 고통이 있었으나
丁卯 丙寅대운에 乙木상관과 丙丁火재성을 지생천하여 기세가 왕성하
므로 사업이 번창하고 큰 재물을 벌었습니다.

5) 살인상생

甲申戊寅 是爲煞印相生 庚寅癸丑 亦是煞印兩旺
갑신무인 시위살인상생 경인계축 역시살인양왕
甲申과 戊寅은 살인상생이라고 하며
庚寅과 癸丑도 칠살과 인성이 모두 왕성하다.

살인상생煞印相生이란 인성과 칠살의 기세가 서로 도우며 상생하는
것입니다.
살인양왕煞印兩旺이란 칠살과 인성의 기세가 모두 왕성하다고 하는
것입니다.

甲申에서 甲木은 비록 申金에 통근하지 못하였지만
申중에 있는 庚金칠살과 壬水편인의 기세가 서로 상생하며
천간의 甲木의 기세를 도우므로 살인상생이라고 하는 것입니다.

戊寅에서 戊土는 비록 寅木의 여기에 통근하였지만
寅중에 있는 甲木칠살과 丙火편인의 기세가 서로 상생하며
천간의 戊土의 기세를 도우므로 살인상생이라고 하는 것입니다.

庚寅에서 庚金은 비록 寅木에 통근하지 못하였지만
寅중에 있는 丙火칠살과 戊土편인이 모두 왕성한 기세로 천간의 庚金의
기세를 도우므로 칠살과 인성의 기세가 모두 왕성하다고 하는 것입니다.

癸丑에서 癸水는 비록 丑土의 여기에 통근하였지만
丑중에 있는 己土칠살과 辛金편인이 모두 왕성한 기세로 천간의 癸水의
기세를 도우므로 칠살과 인성의 기세가 모두 왕성하다고 하는 것입니다.

살인상생에 대하여서는 학자마다 견해가 다르므로 아래와 같이
소개하니 참고바랍니다.

원주에서 유백온이 해설하기를

양신이란 칠살과 인성이다. 庚金이 寅중 火土를 보아도 역시 甲木이 많
으면 재성으로 논한다. 癸水가 丑중 土金을 보아도 역시 癸水가 많으면
자신을 돕는 것이다. 그러나 甲木이 申중 壬水와 庚金을 보는 것은 戊土
가 寅중 甲木과 丙火를 보는 것보다는 진실하지 못하다.

적천수천미에서 임철초가 해설하기를

지지에 칠살과 인성이 네 개의 일주에만 있는 것이 아니다. 가령 乙丑
辛未 壬戌 등도 역시 두 개의 육신이 있다.

癸丑에 비견이 많으면 戊寅에는 어찌 비견이 없겠는가. 庚寅에 재성이
많으면 甲申에는 어찌 재성이 없겠는가. 비단 庚寅과 癸丑만 진실하지
않을 뿐만 아니라 甲申과 戊寅도 역시 근거를 대기 어렵다.

만약 일주 하나로만 격을 논하면 년월시에서는 어찌할 것인가. 이것은
단지 몇 개의 일주만 제시한 것에 불과하며 칠살이 용신이면 도와주고
용신이 아니면 억제하는 것이니 모름지기 사주의 기세와 일주의 쇠왕
으로 분별하여야 한다. 가령 신강하고 칠살이 허약하면 재성으로 칠살
을 도와야 한다. 일주와 칠살이 모두 왕성하면 식신으로 칠살을 제압한
다. 신약하고 칠살이 강하면 인수로 화살化煞한다.

사주에서 칠살이 무거운데 신약하면 빈곤하지 않으면 요절하고 제살이
태과하면 비록 공부하여도 이루지 못한다. 행운에서 칠살이 왕성한데
또 칠살운이면 흉한 재난을 만나고 제살하는데 또 제살하는 운을 만나
면 반드시 궁핍하다. 고서에서 격국으로 추명하면 칠살이 중요하고 또
한 칠살이 있으면 단지 칠살로 논하고 칠살이 없으면 비로소 용신으로
논하라고 하였으니 어찌 칠살을 소홀히 하겠는가.

적천수천미의 명조를 원문의 취지에 알맞게 필자가 해설하였습니다.

시　일　월　년
甲　甲　己　壬
子　申　酉　午
丁 丙 乙 甲 癸 壬 辛 庚
巳 辰 卯 寅 丑 子 亥 戌

酉월에 甲木이 통근하지 못하여 허약하지만 申子반합으로서
甲木을 돕는 살인상생의 명조로서
북방 水대운에 壬癸水인성의 기세가 왕성하므로 과거급제하고 관찰사
가 되었으며 甲寅대운에 寅午반합으로 수화기제를 이루므로 관서장으
로서 봉강의 지위에 올랐습니다.

시　일　월　년
甲　甲　己　壬
子　申　酉　辰
丁 丙 乙 甲 癸 壬 辛 庚
巳 辰 卯 寅 丑 子 亥 戌

앞의 사주와 단지 년지만 바뀐 명조로서
辛亥대운에 辛金정관과 壬水편인이 상생하므로 벼슬을 하고
壬子대운에 壬水편인의 왕성한 기세로 인하여 승진하였으나
癸丑대운에 土의 왕성한 기세로 인하여 壬水편인이 고립되므로 벼슬길
이 막히고 甲寅대운에 金水의 강한 기세를 거스르므로 목숨부지하기
어려웠다고 합니다.

6) 정협지동

上下貴乎情協 左右貴乎志同
상 하 귀 호 정 협 좌 우 귀 호 지 동
상하가 귀하려면 유정하고 화합하여야 하며
좌우가 귀하려면 뜻이 같아야 한다.

사주팔자에서는 연월일시 네 개의 간지와 대운 세운의 간지가 상하와 좌우로 서로 간지결합하면서 형상과 기세를 만들고 기세의 조화로서 희기와 길흉을 만드는 것입니다.

그러므로 간지는 상하좌우가 서로 유정하고 화합하여야 하며 서로 뜻이 같아야 귀하지만 만약에 서로 거스르면서 뜻이 같지 아니하면 무정한 것으로서 길보다 흉이 많으므로 귀하지 않다고 합니다.

정협지동에 대하여서는 학자마다 견해가 다르므로 아래와 같이 소개하니 참고바랍니다.

원주에서 유백온이 해설하기를
천간과 지지가 비록 상생하지 않아도 마땅히 유정하고 배반하지 않아야 한다. 상하좌우가 비록 온전한 하나의 기로 된 것이 아니어도 반드시 생화하여야 하며 어긋나고 복잡하지 않아야 한다.

적천수천미에서 임철초가 해설하기를
상하정협이란 서로 보호하며 간지가 배반하지 않는 것이다.
가령 관성이 쇠약한데 상관이 왕성하여 재성을 득한 경우. 관성이 왕성한데 재성이 많아 비겁을 득한 경우. 칠살이 무겁고 인수가 용신이면 재성을 꺼리는데 재성이 비겁운에 있는 경우. 신강하고 칠살이 허약하면 재성을 반기는데 재성이 식상운에 있는 경우. 재성이 가볍고 비겁이 무거운데 관성이 있어 관성이 비겁을 극제하거나 관성이 없어도 식상이 비겁을 화하는 경우 등은 모두 유정하다.

관성이 쇠약한데 상관을 만나고 재성이 나타나지 않는 경우. 관성이 왕성하고 인수가 없는데 재성을 득한 경우. 칠살이 무거워 인수가 용신이면 재성을 꺼리는데 재성이 식상운에 있는 경우. 신왕하고 칠살이 가벼우면 재성을 반기는데 재성이 비겁운에 있는 경우. 재성이 가볍고 비겁이 무거운데 식상이 없고 관성이 실령하거나 식상이 있어도 인성이 당권하는 경우 등은 모두 협조하지 않는 것이다.

좌우지동란 제화를 마땅히 득하고 좌우를 생하고 도우며 난잡하지 않은 것이다. 가령 칠살이 왕성하고 신약한데 양인으로 합살하거나 인수로 화살하는 경우. 신왕하고 칠살이 약한데 재성이 생하거나 관성이 돕는 경우. 일주와 칠살이 모두 왕성한데 식신이 제살하거나 상관이 대적하는 경우 등을 지동이라고 한다. 만약 신약한데 재성이 칠살을 도우면 재성이 누를 끼치는 것이며 신왕한데 겁재가 관성을 합하면 관성이 자신의 할 일을 망각하는 것이다.

총론하면 일주의 희신은 반드시 일주의 옆에 투출하여야 한다. 칠살이 희신이면 칠살이 재성과 친하고 칠살이 기신이면 칠살이 식신의 제살을 만나야 한다. 인수가 희신이면 인수는 관성 뒤에 있어야 하며 인성이 기신이면 인수는 재성에게 앞자리를 양보해야 한다. 재성이 희신이면 식상을 만나야 하고 재성이 기신이면 비겁을 만나야 한다. 일주는 희신이 한신과 서로 돕고 서로 싸우거나 질투하지 않고 기신이 한신을 제복하고 방자하게 날뛰지 못하게 하여야 한다.
이것을 지동이라고 하며 마땅히 자세히 연구하여야 한다.

적천수천미의 명조를 원문의 취지에 알맞게 필자가 해설하였습니다.

시 일 월 년

庚 丙 癸 己

寅 寅 酉 巳

乙 丙 丁 戊 己 庚 辛 壬

丑 寅 卯 辰 巳 午 未 申

巳酉반합하여 재성국을 이루고 癸水정관을 도우므로 상하좌우가 서로 뜻이 같고 돕는 명조로서
남동방 火木대운에 기세의 흐름이 원활하므로 평생 흉한 일이 없었고 부귀가 완전하였습니다.

시 일 월 년

甲 丙 癸 癸

午 辰 亥 亥

乙 丙 丁 戊 己 庚 辛 壬

卯 辰 巳 午 未 申 酉 戌

亥월에 癸水정관의 기세가 강한 명조로서
甲木편인이 辰亥에 통근하고 癸水정관을 인화하여 丙火일간을 도우며 상하좌우가 협력하고 간지배합이 조화로우므로 자수성가하여 큰 부자 가 되었습니다.

시 일 월 년
壬 乙 己 乙
午 亥 卯 丑
辛 壬 癸 甲 乙 丙 丁 戊
未 申 酉 戌 亥 子 丑 寅

卯월에 亥卯반합하여 양인국을 이루고 乙木비견이 원신으로 투출한 명조로서
戊寅대운에 乙木비견의 기세가 왕성하므로 유산이 풍부하였고
丙子대운에 壬水정인의 왕성한 기세로 丙火상관을 제거하므로 간지배합이 무정하여 파산하고 처자를 모두 잃고 스님이 되었으나 동사하였습니다.

시 일 월 년
庚 庚 丙 壬
辰 午 午 申
甲 癸 壬 辛 庚 己 戊 丁
寅 丑 子 亥 戌 酉 申 未

午월에 丙火칠살의 기세가 강한 명조로서
서북방 金水대운에 金水의 왕성한 기세로 壬水식신의 기세를 도와 수화기제를 이루므로 벼슬길이 순조로웠으며 관서장으로서 봉강의 지위에 올랐습니다.

7) 시종

始其所始 終其所終 富貴福壽 永乎無窮
시 기 소 시   종 기 소 종   부 귀 복 수   영 호 무 궁
시작할 곳에서 시작하고 마칠 곳에서 마치면
부귀와 수명이 영원토록 무궁하다.

시종始終이란 시작할 곳에서 시작하고 마칠 곳에서 마치는 것으로서
물이 샘물에서 나와 바다로 흐르듯이 간지의 기세가 처음에서 시작하
여 끝까지 순조롭게 흐르면 기세가 맑아지므로 부귀와 수복이 영원하
다고 합니다.

그러나 기세가 흐르지 못하고 막히거나 정체되면 마치 물이 흐르지 못
하고 고이며 물이 썩듯이 기세가 탁하게 되므로
매사에 일이 지체되고 성사되는 일이 없으며 부귀하고는 거리가 멀게
되고 건강도 나빠지므로 요절하게 된다고 합니다.

일반적으로 기세는 처음에 높고 강한 곳에서 시작하여 아래로 흐르며
마치는 곳까지 원활하게 흐르면 기세가 맑아진다고 합니다.

시종에 대하여서는 학자마다 견해가 다르므로 아래와 같이 소개하니
참고바랍니다.

원주에서 유백온이 해설하기를
년월에서 시작하면 일시에서 배반하지 않고 일시에서 마치면 년월에서
질투하거나 싫어하지 않아야 한다.
무릇 사주에서 희신이 시지에 돌아오면 시종을 얻는 것이며 부귀와 수
복이 영원하다.

적천수천미에서 임철초가 해설하기를

시종의 이치는 간지가 유통되어야 하며 사주의 생화가 멈추지 않는 것을 말한다. 반드시 구슬을 꿰듯 연속적으로 이어지고 오행을 모두 갖추어야 한다. 결핍이 많거나 합화의 정이 있어 서로 보호하고 지켜주면 순수하다고 볼 수 있다.

희신은 생조하는 운을 만나고 기신은 극하고 뿌리가 없어야 하며 한신은 기신과 무리 짓지 않고 기신을 합화하는 공이 있으면 사주 간지에서 버릴 것이 하나도 없다. 비록 상관 효신 겁재 양인이 있어도 역시 격국을 보조하고 용신을 돕고 희용신이 유정하고 일주가 득기하면 부귀와 수복이 없는 것이 아니다.

적천수천미의 명조를 원문의 취지에 알맞게 필자가 해설하였습니다.

시	일	월	년
己	丁	甲	壬
酉	亥	辰	寅

壬 辛 庚 己 戊 丁 丙 乙
子 亥 戌 酉 申 未 午 巳

辰월에 水木의 기세가 강한 명조로서
남서방 火金대운으로 水木의 기세가 처음부터 끝까지 원활하게 흐르며 맑으므로 이품의 벼슬을 하고 큰 부자가 되었으며 자손이 모두 잘 되었고 수명이 팔순에 이르렀습니다.

```
시  일  월  년
乙  癸  庚  戊
卯  亥  申  戌
戊 丁 丙 乙 甲 癸 壬 辛
辰 卯 寅 丑 子 亥 戌 酉
```

년월의 간지가 모두 강건하며 년주에서 시주까지 기세가 원활하게
흐르므로 시종의 기세가 시작할 곳에서 시작하고 마칠 곳에서 마치는
명조로서
북동방 水木대운에 기세의 흐름이 맑으므로 향방출신으로서 황당의
벼슬을 하고 일처이첩과 열세 명의 자손을 두고 부귀하였으며 수명이
구십 세가 넘었습니다.

```
시  일  월  년
辛  己  丙  甲
未  巳  寅  子
甲 癸 壬 辛 庚 己 戊 丁
戌 酉 申 未 午 巳 辰 卯
```

寅월에 지지에서 천간을 지생천하며 년지 子水에서 시작하여
시간 辛金식신으로 기세가 원활하게 흐르고 마치는 명조로서
남서방 火金대운으로 기세가 맑게 흐르므로 과거급제하고 벼슬이 극품
이 이르렀으며 부부가 화합하고 자손이 모두 과갑에 급제하였으며
수명이 구십 세에 이르렀습니다.

| 제 3 장 |

형상론
形象論

1. 형상

1) 형상의 기

> 兩氣合而成象 象不可破也 五氣聚而成形 形不可害也
> 양 기 합 이 성 상　상 불 가 파 야　오 기 취 이 성 형　형 불 가 해 야
> 두 가지 기가 모여서 상을 이루는데 상을 파괴하면 안 되며
> 다섯 가지 기가 모여서 형을 이루는데 형을 방해하면 안 된다.

양기兩氣는 음양의 두 가지 기로서 상象을 이루고
오기五氣는 오행의 다섯 가지 기로서 형形을 이룬다고 합니다.
상象은 음양의 기세의 쇠왕으로 이루며 무형적인 의미가 있으며
형形은 오행의 기세의 강약으로 이루며 유형적인 의미가 있습니다.

마치 사람에게 있어서 상象은 기상이 맑고 탁한 것으로서 마음과 같다
고 할 수 있으며 형形은 몸의 생김새와 같다고 할 수 있습니다.
그러므로 사주팔자의 형상을 형상기국形象氣局이라고 하며
음양의 기상氣象과 오행의 형국形局으로 이루어진 것입니다.

음양의 기상은 격국의 기상이므로 파괴하여서는 안 된다고 하며
오행의 형국은 격국의 형국이므로 격국의 성립을 방해하면 안 된다고
합니다.

월령에서 선택한 용사지신은 격국의 기상으로서 사주팔자가 나아가고
자 하는 의지이며 뜻이고 이를 실현하기 위하여 오행의 형국으로서
격국이 성립되므로 격국의 기상을 파괴하거나 형국의 성립을 방해하면
사주팔자의 형상을 만들 수 없기 때문입니다.

형상의 기에 대하여서는 학자마다 견해가 다르므로 아래와 같이
소개하니 참고바랍니다.

원주에서 유백온이 해설하기를

천간은 木에 속하고 지지는 火에 속하거나 천간이 火에 속하고 지지가
木에 속하는 것은 그 상이 하나이며 만약 金水를 보면 파괴되며 나머지
도 이와 같다. 木은 반드시 水를 득하여 생하고 火로써 나아가며 土로
써 배양하고 金으로써 이루며 요긴한 곳에서 형체를 이루는데 지나치
거나 모자라면 방해를 하는 것이다. 나머지도 이와 같다.

적천수천미에서 임철초가 해설하기를

두 가지의 기가 모두 맑은 것은 비단 木火 두 가지 형상만이 아니다.
가령 土金 金水 水木 木火 火土는 상생하는 오국五局이다. 상극하는
오국은 가령 木土 土水 水火 火金 金木으로서 대적하는 관계이다.

상생은 내가 생하는 것으로서 우수한 기세가 흐르고 상극은 내가 극하
는 것으로서 일주가 상하지 않는다. 상생은 반드시 공평하게 나누고
조금이라도 많거나 적으면 안 된다. 상극은 모름지기 적과 균등하고
한 쪽이 무겁거나 가벼우면 절대로 안 된다.
만약 金水가 용신인데 火土가 섞이면 마땅하지 않고 水木이 용신이면
火金으로 다투면 안 된다.
木火로 상을 이루면 金水로 파국하는 것이 가장 두렵고
수화기제水火旣濟를 이루면 土로 水를 막는 것을 더욱 꺼린다.

격이 이와 같으면 운에서도 역시 이처럼 행한다. 하나의 운로가 맑으면
반드시 지위가 높고 복록이 무거우며 중도에 혼란하면 벼슬이 사라지
고 가세가 기우는 것이 두렵다.

그러므로 격이 완전하기는 가장 어려우므로 정밀하게 살펴야 한다.
만약 생하고 또 생하면서 유통하는 오묘함이 있고 극하는 것을 화하면
역시 화합하는 정이 있다. 두 가지로 논하였으므로 좁다고 할지 몰라도
격이 열 가지가 있으니 힘써 매진하면서 자세히 살펴야 한다.

木으로 형을 이루면 식상으로 설기하고 水로써 생하며 관살이 섞이면
火로써 행하고 인수가 중첩되면 土로써 배양하고 재성이 가볍고 비겁
이 무거우면 金으로써 이룬다. 형을 이루고 용신운을 득하면 편고한 병
이 없어지므로 어찌 부귀가 따르지 않는 것을 근심하겠는가.

木으로 논하였지만 오행이 형을 이루는 것은 모두 이처럼 추론한다.
만약 사주에서 이루지 못하면 운에서 이루어야 하는데 그러지 못하
면 평생 고생하고 흉은 많고 길은 적으며 뜻이 있어도 펼치기 어렵다.

적천수천미의 명조를 원문의 취지에 알맞게 필자가 해설하였습니다.

시	일	월	년
丁	甲	丁	甲
卯	午	卯	午

乙 甲 癸 壬 辛 庚 己 戊
亥 戌 酉 申 未 午 巳 辰

木火의 두 가지 형상으로 이루어진 명조로서
己巳대운에 丁火상관의 기세가 왕성하고 己土정재의 기세로 설기하므
로 한림원 학자가 되었으나 庚午대운에 庚金칠살의 기세가 허약하므로
지현으로 강등되었습니다.

시　일　월　년
辛　戊　辛　戊
酉　戌　酉　戌
己戊丁丙乙甲癸壬
巳辰卯寅丑子亥戌

土金의 두 가지 형상으로 이루어진 명조로서
북방 水대운에 辛金상관의 기세를 설기하여 기세의 흐름이 맑으므로
소년에 과거급제하고 관서장으로서 황당의 벼슬에 이르렀으나
丙寅대운에 土金의 기세를 거스르며 형상을 파괴하므로 죽었습니다.

시　일　월　년
戊　甲　壬　壬
辰　子　子　戌
庚己戊丁丙乙甲癸
申未午巳辰卯寅丑

子월에 壬水편인의 기세가 강한 형상을 이루는 명조로서
남방 火대운에 戊土편재의 기세를 돕고 壬水편인의 강한 기세를 제어
하므로 큰 부자가 되었으며 벼슬을 사고 부귀를 모두 이루었습니다.

시 일 월 년
辛 甲 乙 戊
未 辰 卯 寅

癸 壬 辛 庚 己 戊 丁 丙
亥 戌 酉 申 未 午 巳 辰

卯월에 寅卯辰 방합을 이루고 甲乙木이 원신으로 투출하여 기세가 강한
명조로서
남방 火대운에 강한 木의 기세를 설기하고 戊己土재성의 기세가 왕성
하므로 풍족하게 지냈으며
서방 金대운에 辛金정관의 기세가 왕성하므로 벼슬을 사고 관서장으로
서 주목의 벼슬을 하였으나
癸亥대운에 戊癸합으로 형상을 파괴하므로 죽었습니다.

시 일 월 년
乙 甲 乙 癸
亥 戌 卯 未

丁 戊 己 庚 辛 壬 癸 甲
未 申 酉 戌 亥 子 丑 寅

卯월에 卯未반합으로 양인국의 형상을 이루고 甲乙木비겁이 원신으로
투출한 명조로서
북방 水대운에 癸水정인의 기세가 왕성하지만 木의 기세를 설기하지
못하여 형상의 기세가 흐르지 못하고 정체되므로 물려받은 재산이
점차 줄어들며 처를 잃고 자식도 없다고 합니다.

2) 독상

獨象喜行化地 而化神要昌
독 상 희 행 화 지 이 화 신 요 창
독상은 화하는 운을 반기며 화신은 창성해야 한다.

독상獨象이란 사주팔자의 대부분을 한 가지 오행의 기세로
형상을 이룬 것입니다.
독상의 기세는 매우 강하므로 독상의 기세를 설기하는 식상운을 반기
며 이를 설기하는 식상의 화신化神의 기세가 왕성하여야 발전할 수 있
다고 합니다.
가령 木의 기세가 독상이면 이를 설기하는 火식상의 기세가
화신化神입니다.

木의 기세가 독상이면 곡직격曲直格이라고 하며
火의 기세가 독상이면 염상격炎上格이라고 하며
土의 기세가 독상이면 가색격稼穡格이라고 하며
金의 기세가 독상이면 종혁격從革格이라고 하며
水의 기세가 독상이면 윤하격潤下格이라고 합니다.

독상의 기세는 매우 강하므로 기세에 순응하여야 하며
대운에서 화신으로 설기하면서 흘러야 비로소 독상의 기세에 순응한다
고 하는 것이며 독상의 기세를 설기하면서 기세가 원활하게 흐르면 기
세가 맑아질 수 있는 것입니다.

이때 독상의 기세를 설기하는 화신의 기세가 왕성하여야 독상의 강한
기세를 설기할 수 있는 것이며 화신의 기세가 쇠약하면 독상의 기세를
설기하지 못하므로 독상의 기세는 흐르지 못하여 탁하게 됩니다.

만약에 독상의 기세에 순응하지 않고 독상의 기세를 거스른다면 독상의 기세가 반발하여 큰 재앙을 초래하기도 합니다.
독상의 기세를 거스른다고 하는 것은 독상의 기세에 순응하지 않고 거역하는 것을 말합니다.

가령 木의 기세가 왕성한 곡직격인데 서방 金대운으로 흐른다면 金의 왕성한 기세로 인하여 木의 기세에 순응하지 못하고 거스르므로 재앙이 발생하는 것입니다.

독상에 대하여서는 학자마다 견해가 다르므로 아래와 같이 소개하니 참고바랍니다.

원주에서 유백온이 해설하기를

한 가지로 이루어진 것을 독상이라고 하며 곡직曲直 염상炎上 등을 말한다. 생하는 것을 화신化神이라고 하며 화신은 마땅히 왕성한 기세가 흘러서 재관운으로 운행하여야 비로소 좋다.

적천수천미에서 임철초가 해설하기를

권력이 한 사람에 있으면 곡직 염상 등이며 화신이란 식상을 말한다.
사주에서 화신이 창성하고 화신운으로 행하면 부귀가 모두 따르고 팔자가 오행을 모두 갖추면 마땅한 것이며 독상이 권력을 장악하면 주로 형통하다.

木일주가 방합이나 삼합국이 완전하고 金이 섞이지 않으면 곡직이다.
火일주가 방합이나 삼합국이 완전하고 水가 섞이지 않으면 염상이다.
土일주가 사고四庫가 모두 완전하고 木이 섞이지 않으면 가색이다.
金일주가 방합이나 삼합국이 완전하고 火가 섞이지 않으면 종혁이다.

水일주가 방합이나 삼합국이 완전하고 土가 섞이지 않으면 윤하로서
모두 하나의 우수한 기를 따르는 것이므로 여섯 개의 격국과는 다르다.

반드시 당령하여야 하고 왕성함을 만나거나 생을 만나야 한다.
단지 체질이 지나치게 강하므로 모름지기 이끌어 유통하여야 좋다.
기세는 반드시 소관이 있으니 모름지기 세심하게 관찰하여야 한다.

가령 木국이 土운을 만나면 비록 재성을 도와도 먼저 사주에 식상이 있
어야 분쟁의 우려가 없다.
火운을 만나면 영화롭고 우수하게 발전하지만 반드시 사주에 재성이
있고 인성이 없어야 반극反克하는 재앙을 면하고 부귀가 따른다.
金운을 만나면 국이 파괴되어 흉이 많고 길함이 적으며 水운을 만나고
사주에 火가 없으면 강한 신을 생조하므로 형통한다.

옛말에 종강격은 다시 생왕한 인성운으로 행하여도 좋지만 만약에
사주에 식상이 먼저 있으면 반드시 재앙이 닥친다고 하였다.
만약에 사주에서 파괴하는 육신을 제복하기 어려우면 반드시 운에서
합충해야 좋다.

만약 일주가 실령하고 국을 득하면 생왕한 운을 만나야 작은 공명이라
도 있다. 행운에서 극을 하면 독상은 재앙을 당하지만 만약 사주에
식상이 있어 오히려 극하면 비로소 큰 해로움은 없다.

총체적으로 천간은 우두머리로서 양기는 강하고 음기는 약하며 지지에
서 회격會格이 되면 방합은 비교적 무겁고 삼합은 비교적 가볍다.
독상이 비록 좋아도 단지 운에서 파국하는 것이 두렵고 합하는 상이
비록 복잡해도 제화가 이루어지기를 바란다.

적천수천미의 명조를 원문의 취지에 알맞게 필자가 해설하였습니다.

시　일　월　년
丙　甲　丁　甲
寅　辰　卯　寅
乙甲癸壬辛庚己戊
亥戌酉申未午巳辰

지지에 寅卯辰방합으로 강한 기세를 이루고 甲木이 원신으로 투출한 곡직격의 형상으로서 독상인 명조입니다.
남방 火대운에 丙丁火식상이 화신으로서 왕성한 기세로 독상의 기세를 설기하므로 소년에 과거급제하고 벼슬을 하였으며
서방 金대운에는 壬癸水인성으로 丙丁火식상을 제어하고 독상의 기세를 거스르므로 벼슬에서 물러나고 낙향하여 죽었습니다.

시　일　월　년
己　戊　丁　己
未　子　丑　未
己庚辛壬癸甲乙丙
巳午未申酉戌亥子

丑월에 土의 기세가 왕성하고 강한 가색격의 형상으로서 독상인 명조입니다.
서방 金대운에 독상의 기세를 화하여 壬癸水재성을 도우므로 부귀하였으나 단지 庚辛金식상이 투출하지 못하여 후손이 없었다고 합니다.

```
시   일   월   년
乙   丙   甲   丙
未   戌   午   寅
壬 辛 庚 己 戊 丁 丙 乙
寅 丑 子 亥 戌 酉 申 未
```

午월에 지지에 寅午戌삼합으로 양인국을 이루고 丙火가 원신으로 투출하여 염상격의 형상으로서 독상인 명조입니다.

서방 金대운에 염상격의 기세를 설기하면서 순응하므로 무과에 급제하고 장군의 지위에 올랐으며 己亥대운에는 己土상관의 기세가 甲木편인에 의하여 기반되므로 지위가 약간 떨어졌으며

庚子대운에는 염상격의 기세를 거스르므로 군에서 죽었습니다.


```
시   일   월   년
庚   庚   乙   庚
辰   戌   酉   申
癸 壬 辛 庚 己 戊 丁 丙
巳 辰 卯 寅 丑 子 亥 戌
```

지지에 申酉戌 방합으로 강한 기세를 이루고 庚金이 원신으로 투출하여 종혁격의 형상으로서 독상인 명조입니다.

戊子 己丑대운에 종혁격의 기세를 설기하며 순응하므로 사병출신으로 장군의 벼슬에 올랐으나 庚寅대운에 종혁격의 기세를 거스르므로 전사하였습니다.

3) 전상

全象喜行財地 而財神要旺
전 상 희 행 재 지 이 재 신 요 왕
전상은 재운을 반기고 재신이 왕성해야한다.

독상이 하나의 오행의 기세가 사주팔자의 전체적인 기세를 장악하며
독립적인 형상을 이룬 것이라면
전상은 오행의 기세가 서로 균형과 조화를 이루면서 완전한 형상을
이룬 것을 말합니다.

사주팔자에서 격국의 형상을 이루는데 격국을 좌우에서 보필하는 육신
의 기세와 조화되면 완전한 전상의 형상을 이룰 수 있는 것입니다.

가령 식상격으로서 식상을 생하는 비겁과 식상을 설기하는 재성이 식
상격을 보좌하며 격국을 형성하고 완전한 형상을 이루면 이를 전상이
라고 합니다. 이때 전상의 형상은 재운을 반기게 되며 재성이 왕성하여
야 합니다.

또한 재격으로서 식상과 관성이 좌우에서 재격을 보좌하며 격국을 형
성하고 완전한 형상을 이루면 역시 전상이라고 하며 이때는 전상의 형
상이 관성운을 반기게 되며 관성이 왕성하여야 합니다.

나머지도 이와 같이 격이나 국을 중심으로 좌우에서 보필하는 보좌신
의 기세와 함께 조화된 완전한 형상의 격국을 이루고 대운에서 전상의
형상을 이룬 격국의 기세가 원활하게 흐르면 기세가 맑아지며 격국의
질이 높아지는 것입니다.

전상에 대하여서는 학자마다 견해가 다르므로 아래와 같이 소개하니 참고바랍니다.

원주에서 유백온이 해설하기를

삼자가 하나로 된 것으로서 상관이 있고 또 재성이 있는 것이다.

일주가 왕성하고 재성이 왕성한 것을 반기며 관살운으로 행하지 않아야 비로소 좋다.

적천수천미에서 임철초가 해설하기를

삼자가 완전한 것은 비단 상관과 재성만을 논하는 것이 아니다.

상관생재가 완전하면 관인상생이나 재관을 함께 보아도 어찌 완전하지 않겠는가.

상관생재에서 일주가 왕상하면 재성운이 마땅하지만 사주에 비겁이 많이 나타나 재성을 겁탈하면 관운이 반드시 좋고 상관운은 더욱 좋으므로 모름지기 사주의 의향을 살펴야 한다.

신왕한데 상관이 가볍고 인수가 있으면 재성을 반기며 관성은 반기지 않는다. 신왕한데 재성이 가볍고 비겁이 있으면 관성을 반기고 재성을 반기지 않는다.

재관이 함께 있는데 신왕하면 재성을 반기고 관성을 반기지 않는다.

관인상생에서 일주가 휴수하면 인수를 반기고 비겁을 반기지 않는다.

대체로 명을 논하면서 사주의 의향을 살펴야 하며 일주의 희기에 알맞아야 한다.

적천수천미의 명조를 원문의 취지에 알맞게 필자가 해설하였습니다.

시　일　월　년
甲　丁　丙　戊
辰　卯　辰　申
甲　癸　壬　辛　庚　己　戊　丁
子　亥　戌　酉　申　未　午　巳

辰월에 戊土상관을 중심으로 전상의 형상을 이루는 명조로서
남방 火대운에 丙丁火비겁의 기세가 왕성하여 기세의 흐름이 원활하지
않으므로 공부하지 못하였고
庚申 辛酉대운에 金재성의 기세가 왕성하여 기세가 원활하게 흐르므로
스스로 창업하고 큰 부자가 되었습니다.

시　일　월　년
丁　丙　辛　己
酉　午　未　巳
癸　甲　乙　丙　丁　戊　己　庚
亥　子　丑　寅　卯　辰　巳　午

未월에 己土상관을 중심으로 전상의 형상을 이루는 명조로서
남동방 火木대운에 전상의 기세가 흐르지 못하고 기세가 정체되어
탁하므로 극심한 고생을 하고 60세까지 이룬 것이 없었으나
북방 水대운에 전상의 기세와 수화기제를 이루어 기세가 맑아지므로
비로소 좋은 기회를 만나 큰 재물을 모았고 칠순에 첩과 아들을 얻었으
며 90세까지 살았습니다.

4) 형전 형결

形全者宜損其有餘 形缺者宜補其不足
형 전 자 의 손 기 유 여 형 결 자 의 보 기 부 족
형이 완전하면 남아있는 것을 마땅히 덜어야 하며
형이 결여되면 부족한 것을 마땅히 보충해주어야 한다.

형전形全이란 형상을 완전하게 이룬 것으로서 형상을 이루고 남은 기세가 있으면 마땅히 덜어야 기세가 맑아진다고 합니다.

형결形缺이란 형상을 완전하게 이루지 못한 것으로서 형상을 이루는데 부족한 기세는 마땅히 보충해주어야 한다고 합니다.

가령 寅월에서 甲木이 투출하여 기세가 왕성하여 이를 설기하는 丙火식신이 보좌하여 형상을 완전하게 이루었는데 丙火식신의 기세가 강하면 이를 土재성으로 설기하여야 형상이 맑아집니다.

이때 보좌하는 丙火식신의 기세가 허약하여 설기를 제대로 하지 못하면 형상을 완전하게 이루지 못하므로 마땅히 丙火식신의 기세를 보충하여야 비로소 형상을 완전하게 이룰 수 있는 것입니다.

형전과 형결에 대하여서는 학자마다 견해가 다르므로 아래와 같이 소개하니 참고바랍니다.

원주에서 유백온이 해설하기를
가령 甲木이 寅卯辰월생이거나 丙火가 巳午未월생이면 모두 형전이라고 한다. 戊土가 寅卯辰월생이거나 庚金이 巳午未월생이면 형결이라고 하며 나머지도 이와 같다.

적천수천미에서 임철초가 해설하기를

형전은 마땅히 덜어내고 형결은 마땅히 돕는다는 학설은 자평에서는
왕성한 것은 마땅히 설기하거나 손상하고 쇠약한 것은 마땅히 방조幇
助하여 도와주는 것을 반기는 것이라고 한다.

만권의 명리서적이 있어도 모두 이 두 문구에서 벗어나지 못한다.
읽으면 통쾌하고 명백하게 드러나므로 누구나 쉽게 알 수 있으며 연구
하면 심오하고 예사롭지 않으며 그 중에 지극한 이치가 작용한다.
보통사람들은 단지 왕성하면 설기하거나 손상하고 쇠약하면 방조하는
것이 용신인줄 알고 길흉을 뒤바뀌게 판단하여 희기가 뒤범벅이 된다.
이같이 논하면 모름지기 설상방조洩傷幇助의 네 글자를 구분하여야
한다는 것이며 통변의 묘리는 마땅하다는 의宜자에 있다.

마땅히 설洩하여야 할 것은 설洩하는 것이 좋고 마땅히 상傷하여야 할
것은 상傷하여야 공이 있다. 설洩이란 식상이고 상傷이란 관살이다. 모
두 왕성한데 설洩이 해로우면 상傷이 유리하고 설洩이 유리하면 상傷
이 해로운 것이니 소위 상설傷洩 두 글자를 마땅히 분별하여 써야한다.

마땅히 방幇할 것은 방幇하는 것이 절실하며 마땅히 조助할 것은
조助하는 것이 좋다. 방幇이란 비겁이며 조助란 인수이다.
모두 쇠약한데 방幇이 흉하면 조助가 길하고 방幇이 길하면 조助가
흉하므로 소위 방조幇助 두 글자를 마땅히 분별하여 써야한다.

가령 일주가 왕상하고 재관의 기세가 없는데 설洩하면 관성이 손상되
지만 상傷하면 비겁의 남은 것을 제거하여 관성의 부족함을 돕는 것이
니 소위 상傷이 유리하고 설洩이 해롭다고 한다.
일주가 왕상하며 사주에 재관이 보이지 않고 비겁이 가득한데 상傷하

면 격렬해지므로 해롭지만 설洩하면 기세가 순조롭게 흐르는 것이니 소위 상傷이 해롭고 설洩이 유리하다고 한다.

일주가 쇠약하고 사주에 재성이 중첩되었는데 인수로 조助하면 오히려 파괴되지만 방幇하면 재성의 남은 것을 제거하고 일주의 부족함을 돕는 것이니 소위 방幇이 길하고 조助가 흉하다고 한다.
일주가 쇠약하고 관살혼잡으로 살기가 가득한데 방幇하면 오히려 극하는 무정함을 두려워하지만 조助하면 관살혼잡의 강포함을 화하는 것이니 소위 방幇이 흉하고 조助가 길하다고 한다.

이것은 모두 사람들이 미처 발견하지 못한 것을 내가 보충한 것이다.
木이 寅卯辰월생이고 火가 巳午未월생이면 형전이라고 하는 것은 역시 편견된 논리이다. 가령 木이 寅卯辰월생이고 천간에 庚辛과 지지에 申酉가 있는데 설마 형전이 되었으니 덜어낸다고 할 것인가.

火가 巳午未월생이고 천간에 壬癸와 지지에 亥子가 있는데 설마 형전이 되었으니 덜어낸다고 할 것인가.
土가 寅卯辰월생이면 형결이므로 천간에 丙丁과 지지에 巳午가 있어도 설마 형결이 되었으니 보補한다고 할 것인가.
金이 巳午未월생이고 천간에 戊己와 지지 申酉가 있어도 설마 형결이 되었으니 보補한다고 할 것인가.

모름지기 사주에서 왕성한 가운데 약하게 변하고 약한 가운데 왕성하게 변하는 이치를 탐구하여야 하며 한 가지 논리에만 집착하지 말아야 한다. 실제로 덜어내는 것이 당연한 것 같아도 덜어내는 것이 해로운 경우가 있고 실제로 보補하는 것이 당연한 것 같아도 보補하는 것이 오히려 공로가 없는 경우가 있으니 잘 살펴야 한다.

적천수천미의 명조를 원문의 취지에 알맞게 필자가 해설하였습니다.

시　일　월　년
甲　庚　庚　丁
申　子　戌　丑
壬 癸 甲 乙 丙 丁 戊 己
寅 卯 辰 巳 午 未 申 酉

戌월에 金水의 기세가 강한 명조로서
서방 金대운에 戊己土인성의 기세로 丁火정관의 기세를 어둡게 하여
형결이 되므로 재산손실과 온갖 고통이 심하였으나
남방 火대운에 丙丁火관살의 왕성한 기세로 수화기제를 이루어 형전이
되므로 가업이 흥성하고 여유로운 세월을 보냈습니다.

시　일　월　년
乙　庚　壬　戊
酉　申　戌　申
庚 己 戊 丁 丙 乙 甲 癸
午 巳 辰 卯 寅 丑 子 亥

戌월에 庚金일간의 기세가 강한 명조로서
북방 水대운에 壬水식신의 왕성한 기세로 庚金의 기세를 설기하여
형전이 되므로 부유하였으나
丙寅대운에 丙火칠살이 庚金일간의 강한 기세를 거스르며 형결이 되므
로 재산을 모두 잃고 목을 매어 자살하였습니다.

시 일 월 년

乙 丙 辛 庚

未 辰 巳 申

己 戊 丁 丙 乙 甲 癸 壬
丑 子 亥 戌 酉 申 未 午

巳월에 火土의 기세가 강한 명조로서

甲申 乙酉대운에 庚辛金재성의 기세가 왕성하지만 이를 설기하지 못하여 형결이 되므로 재산손실과 고통이 심하였으며

丙戌 丁亥대운에는 火土의 기세로 庚辛金재성의 기세를 도와 형전이 되어 기세의 흐름이 맑으므로 가문을 다시 일으켜 세웠습니다.

시 일 월 년

壬 丙 癸 壬

辰 午 丑 子

辛 庚 己 戊 丁 丙 乙 甲
酉 申 未 午 巳 辰 卯 寅

丑월에 壬癸水관살의 기세가 강한 명조로서

甲寅 乙卯대운에 甲乙木이 투출하여 壬癸水관살의 기세를 설기하여 형전이 되므로 공부하였지만

丙辰대운에는 水관살의 강한 기세를 거스르고 형결이 되므로 처자식과 가업을 잃고 申년에 水국을 이루어 모든 것을 휩쓸어버리니 죽었습니다.

2. 방국

1) 방국의 혼잡

方是方兮局是局 方要得方莫混局
방 시 방 혜 국 시 국　방 요 득 방 막 혼 국

局混方兮有純疵 行運喜南或喜北
국 혼 방 혜 유 순 자　행 운 희 남 혹 희 북

방은 방이고 국은 국이므로 방과 국이 섞여서는 안 된다.
국에 방이 섞이면 순수함에 결함이 있는 것이며 행운은 남방을 반기거
나 북방을 반긴다.

월령은 방方으로서 계절의 환경을 이루는 것이며
월령이 중심이 되어 삼합을 이루면 국局의 형상을 이루는 것입니다.
그러므로 방은 방이고 국은 국이라고 하는 것입니다.

방과 국이 섞여서는 안 된다고 하는 것은
월령의 계절과 삼합으로 이룬 국의 형상과 오행이 일치하지 않으므로
국에 방이 섞이면 오행의 순수함이 훼손되기 때문입니다.

가령 寅월은 봄으로서 木방의 기세가 왕성한 것인데
寅午戌삼합으로 火국을 이루면 木방과 火국이 섞이므로 방과 국의
오행이 섞인 것으로서 삼합국의 순수함이 훼손된 것입니다.

또한 戌월은 가을로서 土방의 기세가 왕성한 것인데
寅午戌삼합으로 火국을 이루면 역시 土방과 火국이 섞이므로 방과 국의
오행이 섞인 것으로서 삼합국의 순수함이 훼손된 것입니다.
나머지도 이와 같습니다.

그러므로 월령이 삼합으로 국의 형상을 성립하려면 반드시 월지가
子午卯酉의 왕지이어야 비로소 방과 국의 오행이 일치하는 것입니다.
가령 월령의 월지가 午火이고 년일의 지지에 寅木과 戌土가 있으면
寅午戌이 연합하여 삼합으로 火국을 이루므로 火방과 火국의 오행이
일치하여 삼합국이 비로소 순수해지는 것입니다.

월령이 왕지로서 중심이 되어 삼합국을 이루면 기세가 왕성하고 강한
것이며 국의 형상에는 생지나 묘지가 포함되어 있으므로 행운은 남방
이나 북방을 모두 반긴다고 하는 것입니다.
가령 午월에 寅午戌삼합으로 火국의 형상을 이루면 순행하여 남방 火대
운으로 흘러 기세를 설기하므로 좋은 것이며 역행하여 북방 水대운으로
흘러도 寅木생지를 도와 火국을 도우므로 모두 반긴다고 하는 것입니다.

그러므로 卯월에 亥卯未삼합으로 木국의 형상을 이루어도 역시
북방 水대운이나 남방 火대운으로 흐르는 것을 반기는 것입니다.
酉월에 巳酉丑삼합으로 金국의 형상을 이루어도 북방 水대운이나 남방
火대운으로 흐르는 것을 반기게 되며
子월에 申子辰삼합으로 水국의 형상을 이루어도 역시 북방 水대운이나
남방 火대운으로 흐르는 것을 반기는 것은 마찬가지입니다.

유백온이나 임철초는 방을 방합으로 여기고 국을 삼합으로 여기면서
해설하고 있으나 이는 원문의 취지와 맞지 않으며 방국의 이해에 오히
려 혼란을 초래하고 있습니다.
그러므로 방국이 혼잡하였다고 하여 방합과 삼합이 섞인 것으로 해석
한다면 원문에서 행운을 남방이나 북방을 모두 반긴다고 하는 것을 설
명할 수 없을 뿐만 아니라 방국의 원신 내용도 설명할 수 없습니다.

방국의 혼잡에 대하여서는 학자마다 견해가 다르므로 아래와 같이 소개하니 참고바랍니다.

원주에서 유백온이 해설하기를

寅卯辰은 동방이다. 만약 亥卯未 중에 하나라도 섞이면 태과하므로 어찌 국이 혼잡되었다고 하지 않겠는가. 亥卯未 木국에 寅이나 辰이 혼합되면 매우 강하다. 행운이 남과 북으로 흐르면 순수함에 결함이 있어 모두 이로울 수 없다.

적천수천미에서 임철초가 해설하기를

십이지지에서 寅卯辰동방 巳午未남방 申酉戌서방 亥子丑북방은 무릇 세 자가 모두 있어야 방을 이룬다. 가령 寅卯辰이 완전하면 그 역량이 亥卯未 木국과 비교하여 뛰어나다.

戊일주가 寅월에 세 자를 보면 칠살로 논하며 卯월에 세 자가 모두 있으면 정관으로 논한다. 己일주는 이와 반대로 논한다. 辰월에는 寅卯의 기세를 살펴서 역량의 경중을 비교하여 관살을 구분하며 나머지도 이와 같다. 만약 단지 두 자만 있으면 방으로 취하지 않는다.

방국이 섞이면 안 된다고 하는 이치는 내가 볼 때는 그렇지 않다. 가령 木이 亥를 보면 생왕한 신이고 未를 보면 내가 극하는 재성이며 또한 木의 뿌리가 되는데 어찌 안 된다고 하는 것이며 삼합 木국을 이루는데 어찌 손해가 된다고 하는 것인가.

작용으로도 국의 쓰임은 많고 방의 쓰임은 좁으니 방을 논하면서 별도로 억지로 만들면 안 된다.

지지에서 세 개가 모여 서로 합을 하고 국을 이루는 것으로 亥卯未 木국 寅午戌 火국 巳酉丑 金국 申子辰 水국이 있으며 모두 생왕묘生旺墓로서 하나의 기가 시작하고 끝난다.

사주에서 세 개의 지지가 세력을 합하면 길흉이 비교적 크며 두 개의 지지를 취하기도 하지만 왕지가 위주로서 亥卯나 卯未는 가능하지만 亥未는 그렇지 않다.

무릇 국은 충을 꺼린다. 가령 亥卯未 木국은 酉丑이 하나라도 섞이거나 가까이에서 충을 하면 국이 깨어진다. 비록 충을 하는 지지가 섞여 있어도 가까이 있지 않거나 충을 하는 지지가 밖에 붙어있으면 회국과 국의 손상을 함께 논한다.

두 개의 지지가 회국하면 서로 붙어있어야 좋으며 충을 만나면 파괴된다. 다른 글자가 끼어 있거나 멀리 떨어져 있으면 무력하므로 모름지기 천간에서 이끌어주어야 쓸모가 있다.

국에 방이 섞이면 순수함에 결함이 있다고 하는 학설은 방을 이루면 국과 섞이지 말아야 한다는 이치와 같은 것으로서 그 이치를 연구하면 역시 아무런 해가 없다. 寅은 같은 기운이고 辰은 여기로서 동방 습토는 木을 능히 생조하는데 어찌 손상이 된다고 하는가.

행운을 남북으로 구분하는 것은 반드시 국의 의향을 살펴야 한다. 가령 木국에 일주가 甲乙이며 사주가 순수한 木으로서 다른 자가 섞이지 않았는데 행운이 남방이면 우수한 기가 흐르므로 순수하다고 하며 행운이 북방이면 강한 신을 생조하므로 결함이 없다.

혹 간지에 火가 있어 우수한 기를 내뿜는데 행운이 남방이면 부귀로 여유롭지만 행운이 북방이면 재앙이 발생한다. 木이 이와 같으며 다른 것도 마찬가지이다.

적천수천미의 명조를 원문의 취지에 알맞게 필자가 해설하였습니다.

시 일 월 년
丁 乙 丁 甲
亥 未 卯 寅
乙 甲 癸 壬 辛 庚 己 戊
亥 戌 酉 申 未 午 巳 辰

卯월에 亥卯未삼합으로 양인국의 형상을 순수하게 이루고
乙木일간이 원신으로 투출한 명조로서
남방 火대운에 양인국의 강한 기세를 설기하므로 과갑에 급제하고
벼슬길이 평탄하였으나
壬申대운에는 양인국의 기세를 거스르므로 전사하였습니다.

시 일 월 년
癸 乙 乙 甲
未 卯 亥 寅
癸 壬 辛 庚 己 戊 丁 丙
未 午 巳 辰 卯 寅 丑 子

亥월에 비록 亥卯未삼합을 이루었으나 방국이 섞인 명조로서
丁丑대운에 丁火식신으로 木의 강한 기세를 설기하므로 과거급제하였
으나 庚辰 辛巳대운에 木의 강한 기세를 거스르므로 벼슬길이 순탄하
지 못하고 고통이 심하였으며
壬午 癸未대운에 이르러 壬癸水가 투출하여 木의 기세를 도우므로 현령
을 거쳐 황당에 오르고 관찰사에 이르렀습니다.

2) 방국의 원신

若然方局一齊來　須是干頭無反覆
약 연 방 국 일 제 래　수 시 간 두 무 반 복
成方干透一元神　生地庫地皆非福
성 방 간 투 일 원 신　생 지 고 지 개 비 복
成局干透一官星　左邊右邊空碌碌
성 국 간 투 일 관 성　좌 변 우 변 공 록 록

만약 방국이 일제히 오면 모름지기 천간에서 배반하며 거스르는 것이 없어야 한다. 방을 이루고 천간에 하나의 원신이 투출하면 생지와 고지는 모두 복이 되지 않는다. 국을 이루고 천간에 하나의 관성이 투출하고 좌우가 공허하면 쓸모가 없다.

방국이 일제히 온다는 것은 월령의 방이 중심이 되어 삼합국을 이룬 것으로서 이때 천간에서 국의 형상을 배반하며 거스르는 천간이 없어야 한다고 합니다.

가령 午월에 寅午戌삼합으로 火국의 형상을 이루면 火방과 火국의 방국이 일제히 온 것이며 천간에 丙丁火가 투출하면 火국의 원신이 투출한 것이라고 합니다.

그러나 천간에 壬癸水가 있으면 火국의 형상을 배반하며 거스르므로 火국이 반발하여 재앙을 초래할 수 있습니다. 그러므로 국의 형상을 배반하며 거스르는 천간이 없어야 한다고 합니다. 이때는 戊己土가 함께 있어야 壬癸水를 제어하므로 재앙을 피할 수 있습니다.

월령이 왕지가 아닌 생지나 고지로서 삼합을 이루면 삼합국은 형성되지 않으며 단지 방으로서의 역할밖에 하지 못합니다.

그러므로 방에서 원신이 투출하여도 생지나 고지는 모두 복이 되지 않는다고 합니다.

가령 寅월은 木방으로서 甲木이 천간에 투출하면 木방의 원신이 투출한 것이며 이때 사주팔자에 亥水생지나 未土고지가 있다고 하여도 이는 木국이 형성되지 않은 것으로서 모두 복이 되지 않는다고 하는 것입니다.

월령이 삼합국의 형상을 이루었는데 천간에 하나의 관성이 투출하고 좌우에 관성의 뿌리가 전혀 없으면 관성이 쓸모없다고 합니다.

가령 甲木일간이 午월에 寅午戌삼합으로 火국의 형상을 이루었는데 壬癸水관살이 투출하고 관살이 통근할 수 있는 지지가 전혀 없으면 관살은 기세가 허약하여 쓸모가 없기 때문입니다.

방국의 원신에 대하여서는 학자마다 견해가 다르므로 아래와 같이 소개하니 참고바랍니다.

원주에서 유백온이 해설하기를

木국과 木방이 완전하면 모름지기 천간이 전적으로 순응하여야 질서를 얻는 것이며 행운에서 배반하지 않아야 좋다.

寅卯辰이 완전하고 일주가 甲乙木이면 원신이 투출한 것이며 또한 亥水생지와 未土고지를 만나면 결코 발복하지 못하므로 오직 순수하게 火운으로 흐르는 것이 좋다.

甲乙일주가 亥卯未가 완전하고 庚辛관성이 있는데 좌우에 辰이나 寅이 있으면 부귀를 이룰 수 없다. 甲乙일주가 단 하나의 庚이나 辛을 만나도 역시 이룰 수 없다.

적천수천미에서 임철초가 해설하기를

방국이 일제히 오는 것은 앞에서 방에 국이 섞이거나 국에 방이 섞인 것을 말한다.

가령 寅卯辰에 亥나 未가 있는 경우. 亥卯未에 寅이나 辰이 있는 경우. 巳午未에 寅이나 戌이 있는 경우. 寅午戌에 巳나 未가 있는 경우. 申酉戌에 巳나 丑이 있는 경우. 巳酉丑에 申이나 戌이 있는 경우. 亥子丑에 申이나 辰이 있는 경우. 申子辰에 丑이나 亥가 있는 경우 등을 말한다.

천간에서 거스르지 않아야 하는 것은 방국이 일제히 오면 그 기세가 왕성하므로 천간은 그 기세에 순응하여야 좋기 때문이다.

만약 지지에 寅卯辰이 있는 木일주인데 亥생지나 未고지가 있거나 지지에 亥卯未가 있는 木일주인데 寅록지나 辰여기를 만나면 극히 왕성하여지므로 金으로 木을 극하면 안 된다.

모름지기 천간에서 火로 설기하여야 우수하며 천간에 金水가 없어야 거스르지 않는 것이다. 이후에 土운으로 흐르면 전적으로 순응하면 질서를 얻으므로 거스르는 것이 아니다. 만약 천간에 火가 없고 水가 있으면 종강從強이라고 하며 水운으로 행하면 왕신에 순응하므로 가장 좋은 것이며 金운으로 행하여도 금생수 수생목으로 흉함이 해소된다.

다만 火가 있는데 水를 보거나 火가 없는데 金을 본다면 이것은 천간이 거스르는 것이다. 만약 행운에서 편안하게 흐르는데 土를 만나면 거역하는 水를 막고 火를 만나서 미약한 金을 제거하면 잃는 것이 없으므로 길하다.

가령 일간이 土인데 다른 천간에 火가 있으면 상생하므로 역시 거스르는 것이 아니다. 金을 만나면 적은 것으로 많은 것을 대적하고 水를 보면 강한 것을 생조하므로 오히려 거스르는 것이다.

그러므로 왕성한 것을 억제하는 것은 덕으로 화하는 것만 못하므로 그 흐름에 전적으로 순응하는 것이다. 나머지도 이와 같다.

방을 이루고 원신이 투출하면 일주가 곧 방의 기다. 가령 木방에 일주가 木이고 火방에 일주가 火이면 원신이 투출한 것이다.
생지와 고지가 모두 복이 안 된다고 하는 것은 신왕한데 다시 돕는 것은 마땅하지 않기 때문이다. 그러나 그 기세를 살펴야 하며 한 가지로 유추하면 안 된다.

방을 이루고 원신이 투출하면 왕성하다는 것을 알 수 있다. 따라서 다시 생지나 고지로 행하면서 방을 돕는 것은 마땅하지 않다.
가령 년월시의 천간에 재관이 섞이지 않고 비겁과 인성이 있으면 종강이라고 하는데 생지 고지에도 능히 발복 할 수 있다.
만약에 순수한 火운을 만나면 우수한 기가 진실로 흐르므로 부귀가 따른다. 만약에 년월시의 천간에 재관이 허약하고 다시 생지운이나 고지운으로 흐르면 발복을 못할 뿐만 아니라 또한 고통이 많게 된다. 이는 누차에 걸쳐 시험하며 경험한 것을 기록한 것이다.

지지에 木국을 이루고 일주가 원신으로 투출하였는데 다른 천간에 辛정관이나 庚칠살이 있으면 허탈하고 기세가 없는 것이며 다른 천간에 土가 있어도 土역시 휴수되어 金을 생하기 어렵다.
모름지기 지지에 申酉丑이 하나라도 있어야 좋다. 만약 申酉丑이 없고 寅辰이 있으면 木의 기세가 더욱 왕성하여지고 金의 기세는 더욱 쇠약하여진다. 그러므로 보잘것없는 일생을 보내고 부귀를 이룰 수 없는 것이다.
만약 운에서 관성을 제거하면 역시 발달할 수 있는데 반드시 사주에서 식상이 먼저 나타나야 한다. 그런 후에 운에서 관살의 뿌리를 제거하여 깨끗이 하면 부귀가 따른다. 나머지 국도 이같이 논한다.

적천수천미의 명조를 원문의 취지에 알맞게 필자가 해설하였습니다.

시　일　월　년
癸　乙　丁　甲
未　亥　卯　寅
乙甲癸壬辛庚己戊
亥戌酉申未午巳辰

卯월에 亥卯未삼합으로 양인국의 형상을 이루고 乙木일간이 원신으로
투출한 명조로서
남방 火대운에 丁火식신의 기세가 왕성한데 庚辛金관살은 허약하여 쓸
모가 없으므로 벼슬도 못하여 빈곤하며 자식도 없었습니다.

시　일　월　년
戊　乙　辛　辛
寅　未　卯　未
癸甲乙丙丁戊己庚
未申酉戌亥子丑寅

卯월에 卯未반합으로 양인국의 형상을 이루고 乙木일간이 원신으로 투
출한 명조로서
己丑대운에 己土편재의 기세가 왕성하므로 가업이 부유하여 공부하였
으나
丁亥대운에 亥卯未 木국의 완전한 기세를 辛金칠살의 기세가 허약하여
감당하지 못하므로 처와 많은 재산을 잃고 죄를 지어 이름조차 바꾸며
우울하게 지내다가 죽었습니다.

3. 격국

1) 격국

財官印綬分偏正 兼論食傷格局定
재 관 인 수 분 편 정　겸 론 식 상 격 국 정
影響遙繫旣爲虛 雜氣財官不可拘
영 향 요 계 기 위 허　잡 기 재 관 불 가 구
재관인수를 편정으로 구분하고 식상을 겸하여 격국을 정한다.
영향요계는 허황된 것이며 잡기재관에 구애받지 말아야 한다.

적천수의 격국은 재관인수를 편정으로 나누고 식상을 겸하면 편재偏財
정재正財 편관偏官 정관正官 편인偏印 정인正印 식신食神 상관傷官 등
의 이름으로 격국을 정한다고 합니다.
영향요계와 잡기재관은 삼명학에서 유래된 고법의 격국으로서 합록격
형합격 정란격 조양격 공귀격 서귀격 등이 있습니다.

영향影響은 그림자와 메아리이며 요계遙繫는 멀리서 끌어와 연결하는
것으로서 사주팔자에 존재하지 않는 재관을 허공에서 끌어와 쓰는 것
이므로 허황된 것이라고 하는 것입니다.
잡기재관雜氣財官은 사주팔자에 재관이 없는 경우에 辰戌丑未에 암장
된 재관을 꺼내어 쓰는 것이므로 이에 구애받지 말라고 합니다.

적천수에서의 격국은 사주팔자의 형상과 기세를 중시하며 기세의 흐름
과 기세의 청탁과 기세의 균형으로서 조화를 이루면 마치 풍수에서 명
당자리와 같아 발복할 수 있는 팔자라고 합니다.
그러므로 삼명학에 의한 영향요계나 잡기재관 등에 의하여 없는 재관을
억지로 끌어 쓰는 허황된 격국에는 구애를 받지 말라고 하는 것입니다.

격국에 대하여서는 학자마다 견해가 다르므로 아래와 같이 소개하니 참고바랍니다.

원주에서 유백온이 해설하기를

자체의 형상과 기국 외에 격이 최선이며 격이 진실한 것은 월지의 육신이 천간에 투출한 것이다. 그러나 어지럽게 흩어져 있는 천간은 월령에 부합된 것을 찾아도 격이 아니다. 팔격 외에 곡직격 등 다섯 개의 격이 있으며 방국은 기의 형상을 정한 것으로서 격이 아니다.

다섯 개의 격 이외에 비천 합록 등의 격은 파해형충으로 논하는 것이므로 역시 격이라고 할 수 없다. 비천합록 등은 영향요계로서 격이 아니다. 辰戌丑未월생은 오직 土를 격으로 취하는 것이 당연하며 잡기재관이 아니다. 戊己土일주가 辰戌丑未월생이면 지장간에서 투출한 천간을 격으로 취하는 것이 당연하며 이를 개별적으로 잡기재관이라고 논하는 것은 불가하다.

건록이나 월겁 양인도 역시 월령 중의 지장간이 투출한 천간으로 격을 취하는 것이 당연하다. 만약에 기상과 형국에 합당하지 않으면 격이 없는 것이므로 단지 용신만 취하는데 용신을 취할 수 없으면 오직 대세를 얻은 것으로 살펴야 한다. 따라서 겉으로 드러난 것으로 길흉을 판단하는데 집착하며 격을 논하면 안 된다.

적천수천미에서 임철초가 해설하기를

팔격은 명리의 바른 이치이다. 먼저 월령이 어떠한 지지인지를 살피고 나서 천간에 어떠한 신이 투출하였는지를 살핀다.
다음으로 사령한 것의 진가眞假를 탐구한 후에 용신을 취하고 청탁을 구분하면 이것이 실제로 변하지 않는 순리에 의한 것이다.

만약에 월지가 건록이나 양인이면 격으로 취할 수 없으므로 모름지기 일주의 희기를 살피고 다른 지지에서 투출한 천간을 별도로 찾아서 용신으로 삼아야 한다.

격국에는 정격과 변격이 있으며 정격은 오행의 일반적인 법칙을 겸하여야 하며 관격 살격 재살격 식신제살격 식신생재격 상관패인격 상관생재격 등이 있다. 변격은 오행의 기세에 따라야 하며 종재격 종관살격 종식상격 종강격 종약격 종세격 일행득기격 양기성형격 등이 있다.

그 외에도 외격이 많이 있으나 여러 책을 참고하면 모두 오행의 바른 이치를 따르지 않은 것으로서 모두 잘못된 것들이다. 심지어 난대묘선 蘭臺妙選에서 정한 기이하고 이상한 모든 격국과 납음에 의한 제반 법 등은 분별하기조차 어려운 황당한 것들이다.

당송이래로 명리서적을 작성한 자들이 많이 있지만 모두 허황된 이론이고 더구나 길흉신살은 누구에게서 비롯되었는지도 알지 못하며 이와 같은 교활한 말들은 전혀 맞지 않는다. 유백온의 천금부에 의하면 길흉신살이 많지만 어찌 생극제화의 이치와 같겠는가 하였는데 이 한마디가 모든 것을 대신한다.

가령 壬辰일을 임기용배壬騎龍背라고 하며 壬寅일을 임기호배壬騎虎背라고 하면서 어찌하여 壬午 壬申 壬戌 壬子 등은 원숭이 말 개 쥐의 등에 올라탔다고 하지 않는가. 또한 여섯 개의 辛일주가 子시를 만나면 육음조양六陰朝陽이라고 하는데 무릇 다섯 개의 음간은 모두 음인데 어찌하여 辛金만 조양이고 나머지 천간은 조양이라고 하지 않는가.
또 子의 체는 양이고 용은 음이며 子중 癸水는 여섯 개의 음간 중에서도 지극한 음인데 어찌 양이라고 하는가.

또한 여섯 개의 乙일주가 子시를 만나면 서귀격鼠貴格이라고 하는데 무릇 쥐란 재물을 갉아먹는데 어찌 귀하다고 하는가.
또한 십간의 귀함은 모두 시지에 있다고 하는데 어찌하여 나머지 천간은 귀하지 않다는 것인가.

말하여도 잘못된 것을 알지 못할 뿐만 아니라 그 밖에도 잘못된 격들이 매우 많고 타당한 것이 없으므로 학자들은 마땅히 바른 이치로 오행의 격을 상세하게 살피며 잘못된 책에 현혹되면 안 된다.

영향요계는 암충과 암합격으로서 속서에서 비천록마飛天祿馬라고 한다. 가령 丙午일주가 지지에 세 개의 午가 있고 癸酉일주가 지지에 세 개의 酉가 있으면 午를 암충하는 子를 관으로 삼고 酉가 암합하는 辰을 관으로 삼는 것이다.

또한 충재沖財와 합재合財가 있다. 가령 壬子일주가 세 개의 子가 있으면 암충하는 午를 재로 삼고 乙卯일주가 세 개의 卯가 있으면 암합하는 戌을 재로 삼는다.

또한 사주에 재관이 없어야 비로소 진실한 충합이라고 말하는데 무릇 충이란 흩어지는 것이며 합이란 화하는 것으로서 어찌 일주의 용신이 될 수 있겠는가. 사주에 재관이 있으면 충합은 마땅하지 않아도 좋고 나쁨이 있는데 하물며 재관이 없어야 한다는 것인가.

잡기재관雜氣財官은 뱀을 그리면서 없는 발을 그려 넣는 것과 같다. 辰戌丑未는 모두 지장간이 세 개나 있으므로 잡기라고 하면서 寅申巳亥도 역시 세 개의 지장간이 있는데 어찌하여 잡기라고 하지 않는가. 무릇 고지의 여기는 격으로 하면서 생지生地의 신은 오히려 버린단 말인가.

또 이르기를 잡기재관은 충을 반긴다고 하는데 더욱 깊이 살피지 않은 말이다. 만약 甲木이 丑월생이면 잡기재관이므로 未의 충을 반긴다고 하지만 未중 丁火는 丑중 辛金정관을 상하게 하므로 격이 파손된다. 나머지도 모두 이와 같으니 투출한 천간으로 격을 취하는 것만 못하다.

여러 책에서 록祿을 네 가지로 구분하는데 년을 배록背祿이라고 하고 월을 건록建祿이라고 하며 일은 전록專祿이라고 하고 시를 귀록歸祿이라고 한다. 또 말하기를 건록은 관을 반기고 귀록은 관을 꺼린다고 하면서 배록과 전록에 대하여는 아무 말도 없다. 또한 일록귀시日祿歸時는 관성이 없어야 출세한다고 하는데 과연 그렇다면 丙일이나 辛일생이 癸巳나 丁酉시라면 공부를 하지 않아도 벼슬을 한다는 것인가.

일주의 왕지는 비견이 아닌 것이 없는데 이를 식록食祿이라고 하여 왕실의 녹이라고 하면 안 된다. 만약 한 글자의 록으로 격을 정하면 사주의 육신들은 모두 없애야 한다. 이미 사주에 있는 록이 좋다고 하면 어찌하여 운에서 오는 록지祿支는 오히려 록당祿堂인데도 불구하고 패가망신을 한단 말인가.

명은 오행의 이치이고 격은 오행의 바른 도리로서 명을 논하고 격을 취할 때는 모름지기 오행의 바른 이치를 그 근원부터 철저히 연구하여야 길흉과 수명이 저절로 밝혀지는 것이다.

무릇 격국이 진실하고 순수한 것은 백에 한둘이며 파괴되고 혼잡한 것은 십중팔구이니 격을 취할 수 없는 것은 매우 많고 용신을 찾을 수 없는 것도 적지 않다. 격이 바르고 용신이 진실하고 행운에서 거스르지 않으면 부귀가 뜻대로 이루어지며 격이 파괴되고 용신이 손상되면 병이 있는 것으로 근심 걱정이 많고 즐거움이 적다.

만약 행운에서 파손된 글자를 제거하거나 희용신을 도우면 마치 고질병에 걸린 사람이 약을 얻어 살 수 있는 것처럼 귀하지 않으면 부자가된다.

격이 없는 용신인 경우에는 용신을 찾는데 용신이 유력하고 행운에서 편안하면 역시 가업이 흥성하다. 격도 없고 용신도 찾을 수 없으면 단지 대세와 일주가 지향하는 바를 살피고 행운에서 희신을 돕고 기신을 제거하면 비록 보잘것 없이 살아도 배고픔과 추위는 면한다.
만약 행운에서 취할 것이 없으면 가난하지 않으면 천하게 된다. 만약 격이 바르고 용신이 진실하여도 오행이 거스르면 평생 뜻을 펼치기 어렵다.

적천수천미의 명조를 원문의 취지에 알맞게 필자가 해설하였습니다.

시	일	월	년
癸	乙	癸	庚
未	未	未	辰

辛 庚 己 戊 丁 丙 乙 甲
卯 寅 丑 子 亥 戌 酉 申

未월에 세개의 未土의 기세로 인하여 조열하지만 辰土에서 癸水편인이 투출하고 庚金정관을 생하여 조화를 이루는 재왕생관격의 명조로서 서북방 金水대운으로 기세가 원활하게 흐르면서 수화기제를 이루므로 과거에 급제하고 관서장으로서 번얼의 지위에 오르며 벼슬길이 편안하였습니다.

시 일 월 년
辛 丙 乙 癸
卯 午 卯 未

丁 戊 己 庚 辛 壬 癸 甲
未 申 酉 戌 亥 子 丑 寅

卯월에 卯未반합하여 정인국의 형상을 이루고 乙木정인이 원신으로 투출한 명조로서
북방 水대운에 癸水정관의 기세가 왕성하므로 부귀를 모두 얻었고 기세의 흐름이 맑아 벼슬길이 청고하였으며 많은 인재를 가르치며 명성을 크게 떨쳤습니다.

시 일 월 년
甲 丙 庚 己
午 午 午 巳

壬 癸 甲 乙 丙 丁 戊 己
戌 亥 子 丑 寅 卯 辰 巳

午월에 火의 기세가 강한 양인국의 명조로서
己巳 戊辰대운에 火의 강한 기세를 설기하므로 조상이 물려준 재산이 풍부하였으나
丁卯 丙寅대운에 火의 기세가 치열하므로 세 번의 화재로 처자식을 모두 잃고 가업이 파산되었으며
乙丑대운에 己土상관의 왕성한 기세로 생재하므로 경영으로 큰 돈을 벌고 첩과 아들을 얻어 가업을 다시 일으켰습니다.

시	일	월	년
丙	丁	壬	己
午	未	申	丑

甲 乙 丙 丁 戊 己 庚 辛
子 丑 寅 卯 辰 巳 午 未

申월에 재왕생관격의 명조로서
己巳 戊辰대운에 戊己土식상의 왕성한 기세를 壬水정관이 감당하지 못
하므로 가산과 처자식을 모두 잃었습니다.

시	일	월	년
甲	甲	癸	丁
戌	辰	丑	未

乙 丙 丁 戊 己 庚 辛 壬
巳 午 未 申 酉 戌 亥 子

이 명조는 속설에서 辰戌丑未가 모두 있는 잡기재관격으로서 부귀하다
고 말하지만 실제는 지지에 土재성의 기세가 강하고 천간은 지지에 겨
우 뿌리를 내려 기세가 허약한 명조입니다.

초년에는 癸水정인의 기세가 왕성하므로 조상의 물려준 재산으로 여유
가 있었지만 서방 金대운에 土재성의 기세를 감당하지 못하고 부모와
처자를 모두 잃고 가산을 탕진하고 죽었습니다.

2) 관살혼잡

官煞混雜來問我 有可有不可
관 살 혼 잡 래 문 아 유 가 유 불 가
관살혼잡을 나에게 묻는다면
가능한 경우도 있고 불가능한 경우도 있다.

관살혼잡官煞混雜이란 정관과 칠살이 함께 섞여 있는 것을 말합니다.
관살이 함께 섞이면 정관이 칠살과 작당을 하므로 일반적으로 길보다
흉함이 많다고 꺼리는 경우가 많습니다.
그러나 관살혼잡이라고 하여 모두 흉한 것이 아니며 사주팔자의 왕쇠강
약의 기세에 의하여 길하기도 하고 흉하기도 하므로 혼잡이 가능한 경
우도 있고 불가능한 경우도 있다고 합니다.

관살혼잡에 대하여서는 학자마다 견해가 다르므로 아래와 같이 소개하
니 참고바랍니다.

원주에서 유백온이 해설하기를

살이 관이 되는 경우는 흐름이 같은 무리이므로 혼잡하여도 가능하다.
관이 살이 되는 경우는 각각의 작용을 하므로 혼잡해서는 안 된다.
살이 무거워 관이 따르면 혼잡이 아니다. 관이 가벼워서 살이 도우면
혼잡이 아니다. 비견과 겁재를 모두 만나면 관에 살이 혼잡하여도 가능
하다. 하나의 관이 인수를 생하지 못하는데 살이 도우면 혼잡이 아니
다. 하나의 살이 식상을 만났는데 관이 도우면 혼잡이 아니다.

기세가 관에게 있고 뿌리도 있으면 살이 관에게 의지하는데 운에서 살
을 도우면 관과 혼잡되므로 불가하다. 기세가 살에게 있고 당권하면 관
이 살에게 의지하는데 운에서 관을 도우면 살과 혼잡되므로 불가하다.

관이 암장되고 살이 드러나 있는데 천간에서 살을 돕거나 합관류살하여 모두 살의 기세를 이루면 관과 혼잡해서는 안 된다.

살이 암장되고 관이 드러나 있는데 천간에서 관을 돕거나 합살류관하여 모두 관의 기세를 따르면 살과 혼잡해서는 안 된다.

적천수천미에서 임철초가 해설하기를

살이 관이 되는 경우는 신왕하면 살도 관이 된다. 관이 살이 되는 경우는 신약하면 관도 살이 된다. 신강하면 비록 제살하지 않아도 살에 의한 곤란은 없다. 관이 서로 혼잡하고 단지 뿌리가 없으면 살을 따른다.

살을 제거하는 것은 두 가지 방법에 불과하며 식신이나 상관이 모두 가능하다. 합살은 모두 좋은 방법이며 합하여 오는 것과 합하여 가는 것은 마땅히 맑아야 한다.

살이 단독으로 당령하면 제복이 없어도 고위직에 머무른다. 무리를 이룬 살을 제복하고 일주가 통근하면 일주가 권력을 장악한 것이다.

살이 인수를 생하고 인수가 일주를 생하면 용이 승천하듯이 높은 직위에 오른다. 일주가 재성을 신임하고 재성이 칠살을 도우면 과거에 급제한다. 칠살이 무겁고 일주가 가벼우면 가난하거나 요절한다. 칠살이 미약한데 제살이 태과하면 비록 공부하여도 성공하지 못한다.

사주에 살이 있으면 모두 제복하는 것이 마땅한데 년에 있는 것을 제복하면 안 된다고 하는 것은 틀린 말이다. 살은 하나만 있어도 권세를 취하여 귀한데 어찌하여 반드시 시에 있어야 귀하다고 하는가.

제살이 길한 것은 전부 조절하는 공덕에 의한 것이고 살을 차용하여 권세를 누리는 것은 중화의 묘한 이치이다.

단지 살이 쇠약한 일주를 만나면 결국은 가문이 기울 것이므로 사주에서 길신을 얻어서 귀하게 된다고 하면 안 된다. 고서에서 격마다 상세하게 살피되 살이 중요하다고 하였으므로 마땅히 적절함을 탐구하고 정밀하게 사용하여야 한다.

관살혼잡이 가능한 것과 불가능한 것이 있는데 가령 천간에 甲丙戊庚壬이 살이고 지지에 卯午丑未酉子는 살의 왕지로서 혼잡이 아니며 천간에 乙丁己辛癸가 관이고 지지에 寅巳辰戌申亥가 있으면 관의 왕지로서 혼잡이 아니다.

만약 甲乙과 寅이 있거나 丙丁과 巳가 있거나 戊己와 辰戌이 있거나 庚辛과 申이 있거나 壬癸가 亥가 있으면 관살이 혼잡한 경우로서 관을 마땅히 제거하는 것이 좋다. 만약 甲乙과 卯가 있거나 丙丁이 午가 있거나 戊己가 丑未와 있거나 庚辛이 酉와 있거나 壬癸가 子와 있으면 관살이 혼잡한 경우로서 살을 마땅히 제거하는 것이 좋다.

년월의 천간에 살이 하나 투출하고 년월의 지지에 재성이 있는데 시에 뿌리가 없는 정관이 있으면 이것은 정관이 살의 기세를 따르는 것이므로 혼잡이 아니다. 년월의 천간에 정관이 하나 있고 년월의 지지에 재성이 있는데 시에 뿌리 없는 살이 있으면 이것은 살이 정관의 기세를 따르는 것이므로 혼잡이 아니다.

기세가 관에 있고 관이 득록하여 살이 관에게 의지하는데 년간에서 살을 도우면 혼잡이다. 기세가 살에 있고 살이 득록하여 관이 살에게 의지하는데 년간에서 관을 도우면 혼잡이다. 겁재가 합살하거나 비견이 살과 대적하면 관과 섞여도 가능하다. 비견이 합관하고 겁재가 관을 장악하면 살과 섞여도 가능하다.

하나의 관이 인수를 거듭 만나 관을 설기하는데 살이 도우면 혼잡이 아니다. 하나의 살에 식상을 함께 보면 제살태과인데 관이 도우면 혼잡이 아니다. 만약 관살이 모두 투출하고 뿌리가 없는데 사주에서 겁재와 인수가 무거우면 혼잡을 반길 뿐만 아니라 오히려 재성으로 관살을 돕는 것이 마땅하다.

총괄적으로 일주가 왕상하면 혼잡이 가능하고 일주가 휴수되면 혼잡이 불가하다. 살격을 여섯 개로 구분하여 재자약살격財滋弱煞格 살중용인격煞重用印格 식신제살격食神制煞格 합관류살격合官留煞格 관살혼잡격官煞混雜格 제살태과격制煞太過格 등으로 제시하니 이것들은 내가 시험하여 경험한 것들이므로 상세히 살펴보고 참고하기 바란다.

관살혼잡이 되어 부귀한 사람은 매우 많다. 관살이 당령하면 반드시 인수에 앉아있어야 그 관살의 기세를 유통하고 생화하여 유정하다. 기세가 생시에 통하고 일간을 도우면 살을 대적하기 충분하다. 만약 기세가 생시에 통하지 않고 인수에도 앉아있지 않으면 가난하거나 천하다. 관살이 당령하지 않으면 이렇게 논하지 않는다.

제살태과가 관살혼잡보다 아름답지 못한 것은 무엇 때문인가. 대개 제살태과로 칠살이 이미 손상되고 다시 제살운이 오면 열에 아홉은 죽고 하나만 살 수 있다. 관살혼잡은 일주가 왕지에 앉아 있어야 하고 인수가 상하지 않고 운이 안정되면 부귀하지 않은 사람이 없다. 만약 일주가 휴수되고 재성이 인수를 파괴하면 칠살이 청순하고 정관이 하나도 섞이지 않아도 왕왕 근심이 많고 즐거움이 적으며 뜻을 펼치기 어려우므로 학자는 깊이 살펴보아야 한다.

적천수천미의 명조를 원문의 취지에 알맞게 필자가 해설하였습니다.

시 일 월 년

癸 丁 癸 癸

卯 卯 亥 亥

乙 丙 丁 戊 己 庚 辛 壬

卯 辰 巳 午 未 申 酉 戌

亥월에서 壬水정관이 투출하지 못하고 癸水칠살이 정관 대신 투출하여
관살의 기세가 혼잡한 명조로서
辛酉 庚申대운에 재성의 왕성한 기세로 재생살하여 고통을 겪었고
己未 戊午대운에 土식상의 왕성한 기세로 관살의 기세를 제어하므로
벼슬이 겹겹이 올라 관찰사에 이르고 부귀를 모두 이루었습니다.

시 일 월   년

丁 己 乙 甲

卯 巳 亥 子

癸 壬 辛 庚 己 戊 丁 丙

未 午 巳 辰 卯 寅 丑 子

亥월에서 甲乙木관살이 투출하여 관살이 혼잡하고 卯木에 통근하여 관
살의 기세가 강한 명조로서
戊寅대운에 관살의 기세가 왕성하므로 과갑에 급제하고
庚辰 辛巳대운에 관살의 강한 기세가 맑게 흐르므로 넓은 지역을 다스
리며 부귀를 누렸습니다.

```
          시   일   월   년
          壬   丙   癸   戊
          辰   午   亥   申
      辛 庚 己 戊 丁 丙 乙 甲
      未 午 巳 辰 卯 寅 丑 子
```

亥월에서 壬癸水관살이 투출하여 관살이 혼잡하고 기세가 강한 명조로
서 동남 木火대운에 관살의 강한 기세가 원활하게 흐르므로 향방출신
으로서 벼슬을 하사받고 관서장인 황당을 보좌하였습니다.


```
          시   일   월   년
          壬   丙   戊   癸
          辰   午   午   丑
      庚 辛 壬 癸 甲 乙 丙 丁
      戌 亥 子 丑 寅 卯 辰 巳
```

午월에 丙火일간의 기세가 강한 명조로서
乙卯 甲寅대운에 甲乙木인성의 기세가 왕성하므로 관살혼잡의 기세를
인화하여 벼슬이 수직상승하였으며
癸丑 壬子대운에 관살혼잡의 왕성한 기세로 수화기제를 이루므로 관서
장인 주목에서 황당의 벼슬에 오르며 부귀를 누렸습니다.

```
시   일   월   년
壬   丙   戊   癸
辰   午   午   巳
庚 辛 壬 癸 甲 乙 丙 丁
戌 亥 子 丑 寅 卯 辰 巳
```

이 명조는 적천수천미의 저자 임철초가 자신의 명조라고 소개하면서
위 명조와 단지 년지만 다르지만 천지차이의 삶을 살았다고 합니다.

위 명조는 壬癸水관살의 기세가 丑辰에 통근하여 수화기제를 이루고
고위직의 벼슬을 할 수 있었지만
임철초의 명조는 壬癸水관살이 단지 辰土에 통근하여 관살의 기세가
허약하고 또한 년지 巳火로 인하여 丙火일간의 기세가 위 명조보다 더
욱 강하므로 수화기제를 이루지 못한 것입니다.

그러므로 벼슬도 못하였으며 창업도 능력이 없어 못하므로 반평생을
떠도는 구름과 같이 지냈으며
乙卯대운에 인성운의 기세가 왕성하므로 이를 바탕으로 입에 풀칠이라
도 하려고 명리학을 공부하였다고 합니다.

3) 상관견관

傷官見官果難辨 可見不可見
상 관 견 관 과 난 변 가 견 불 가 견
상관견관은 결과를 분별하기 어려우며
가능할 수도 있고 불가할 수도 있다.

상관견관傷官見官이란 상관이 정관을 극하여 제거하므로 과거 봉건주
의 시대에는 정관이 국가이며 관직으로서 무조건 충성하고 순응하여야
하며 부귀를 결정짓는 매우 중요한 삶의 수단이었으므로 상관이 정관
을 극하는 것은 역적에 해당한다고 여겼습니다.

또한 여성의 명조에서는 정관은 남편이기 때문에 부인의 상관으로
남편인 정관을 극하는 것은 매우 흉악한 것으로 보았습니다.

그러나 상관은 비겁의 기세를 설기하여 재성을 생하는 작용을 하고
또한 칠살과 대적하면서 발전하기도 하므로 상관이 무조건 흉한 작용만
하는 것이 아닙니다.
그러므로 결과를 분별하기 어렵다고 하는 것이며 때에 따라 상관견관의
작용이 가능하기도 하고 불가하기도 하다는 것입니다.

특히 현대적인 시대상황에서는 상관은 재능의 별로서 혁신적이고 발전
적인 역할을 합니다.
상관이 재성을 보면 적극적인 경영을 하면서 부가가치가 높은 제품을
생산하고 유통하며 영역을 넓혀가는 사업가의 자질을 발휘할 수 있으며
관살을 보면 조직에서 개혁을 주도하는 재능을 발휘할 수 있고
인성을 보면 혁신을 주도하는 전문가로서의 자질을 발휘할 수 있습니다.

상관견관에 대하여서는 학자마다 견해가 다르므로 아래와 같이 소개하니 참고바랍니다.

원주에서 유백온이 해설하기를
신약하고 상관이 왕성한데 인수가 있으면 관을 보아도 가능하다. 신왕하고 상관도 왕성한데 재성이 있으면 관을 보아도 가능하다. 상관이 왕성하고 재성이 가볍고 비겁이 있으면 관을 보아도 가능하다. 신왕하고 상관이 가볍고 인수가 없으면 관을 보아도 가능하다.

상관이 왕성하고 재성이 없는데 하나의 관을 만나면 재앙이 있다. 상관이 왕성하고 신약한데 하나의 관을 보면 재앙이 있다. 상관이 약하고 재성도 가벼운데 하나의 관을 보면 재앙이 있다. 상관이 약하고 인수도 있는데 하나의 관을 보아도 재앙이 있다.

대체로 상관에게 재성이 있으면 관을 보아도 모두 가능하다. 상관에게 재성이 없는데 관을 보는 것은 모두 불가하다. 또한 신강 신약을 살펴야 하며 재관 인수 비견이 같지 않으므로 金木水火土로 구분할 필요가 없다. 또한 상관용인격에서는 재성이 없어야 하는데 재성을 보는 것은 마땅하지 않다. 상관용재격에서는 인수가 없어야 하는데 인수를 보는 것도 마땅하지 않으므로 자세히 분별하여야 한다.

적천수천미에서 임철초가 해설하기를
상관이라는 것은 일주의 원신을 빼앗으므로 좋지 않은 것이며 일주의 귀한 기운을 손상하고 난폭하며 변덕이 심하다. 그러나 선악이 일정하지 않으므로 잘 다스리면 뛰어난 재능을 발휘하고 총명하다.
관을 보는 것의 가부는 모름지기 원국의 균형과 작용에 따라 모두 다르므로 한 가지 논리에 집착하면 안 된다.

상관용인傷官用印 상관용재傷官用財 상관용겁傷官用劫 상관용상傷官用傷 상관용관 傷官用官격 등은 모두 다르다.

상관용재격에서 신왕하고 상관도 왕성하면 마땅히 재성을 쓰고 비겁이 있으면 관도 가능하며 비겁이 없고 인수가 있으면 관을 보면 안 된다. 신약하고 상관이 왕성하면 마땅히 인수를 쓰는데 관을 보아도 가능하지만 재성은 안 된다. 신약하고 상관이 왕성한데 인수가 없으면 마땅히 비겁을 쓰는데 겁재와 인수를 반기고 재관은 기피한다.

신왕하고 재관이 없으면 마땅히 상관을 쓰는데 재성과 식상을 반기며 관과 인수를 기피한다. 신왕하고 비겁도 많은데 재성이 쇠약하고 상관이 가벼우면 마땅히 관을 쓰는데 재관을 반기고 식상과 인수를 기피한다.

소위 상관견관이 되면 백 가지 재앙이 되는 것은 모두 신약하여 비겁이 돕는데 관을 보면 비겁이 극을 당하기 때문이다. 만약 사주에 인수가 있으면 관을 보아도 재앙은 없으며 오히려 복이 된다.
상관용인격은 사주에 재성이 없고 인성운이나 신왕운으로 가면 귀하지 않은 자가 없고 재성운이나 식상운으로 가면 빈천하지 않은 자가 없다.

상관용재격은 재성이 기세를 얻고 재성운이나 식상운으로 가면 부자가 아닌 자가 없고 인성운이나 신왕운으로 가면 가난하지 않은 자가 없다. 상관용겁격은 인수운을 만나면 반드시 귀하게 된다.

상관용관격은 재성운을 만나면 반드시 부자가 된다. 상관용상격은 재성운을 만나면 부자이거나 귀하게 된다. 인수를 쓰는 것과 재성을 쓰는 것은 벼슬의 높고 낮음과 재물의 많고 적은 것에 불과하므로 마땅히 자세히 살펴야 한다.

적천수천미의 명조를 원문의 취지에 알맞게 필자가 해설하였습니다.

시   일   월   년

癸   癸   戊   乙

丑   酉   寅   酉

庚 辛 壬 癸 甲 乙 丙 丁

午 未 申 酉 戌 亥 子 丑

寅월 水木상관격의 명조로서 乙亥대운에 癸水일간의 왕성한 기세를 乙木식신으로 설기하므로 향시에 급제하고

甲戌대운에 戊土정관의 기세를 甲木상관이 제어하므로 관서장으로서 현령의 벼슬을 하였으며 癸酉대운에 癸水비견이 戊土정관을 기반하므로 남의 일에 연루되어 파직되었습니다.

시   일   월   년

庚   壬   己   庚

子   辰   卯   辰

丁 丙 乙 甲 癸 壬 辛 庚

亥 戌 酉 申 未 午 巳 辰

卯월 水木상관격의 기세가 강한 명조로서 壬午대운에 己土정관의 기세가 왕성하므로 과거급제하고 甲申대운에 庚金편인의 기세가 왕성하고 水국을 이루어 기세의 흐름이 맑으므로 황당에 오르고 봉강의 벼슬에 이르렀으나 乙酉대운에 乙木상관이 庚金편인에 의하여 기반되어 남의 죄에 연루되어 파직되었습니다.

시 일 월 년

己 庚 壬 壬

卯 辰 子 戌

庚 己 戊 丁 丙 乙 甲 癸
申 未 午 巳 辰 卯 寅 丑

子월 金水상관격으로서 子辰반합하고 상관국을 이루고 壬水식신이 원
신으로 투출한 명조입니다.

甲寅 乙卯대운에 木재성의 기세가 왕성하므로 학문을 계속하지 못하였
으며 丙辰 丁巳대운에 丙丁火관살의 기세가 왕성하므로 이로출신으로
서 관서장인 주목의 벼슬을 하였으나 戊午대운에 戊土편인의 왕성한
기세로 식신국의 기세를 거스르므로 죄를 짓고 유배되었습니다.

시 일 월 년

癸 丙 己 癸

巳 午 未 酉

辛 壬 癸 甲 乙 丙 丁 戊
亥 子 丑 寅 卯 辰 巳 午

未월 火土상관격의 기세가 강한 명조로서
丁巳 丙辰대운은 火土의 기세가 정체되어 탁하므로 고통이 심하였고
乙卯 甲寅대운에는 火土의 기세를 도우므로 큰돈을 벌고 벼슬을 샀으며
癸丑 壬子대운에는 癸水정관의 기세가 왕성하므로 관서장으로서 현령
으로 승진하고 부귀하였습니다.

시	일	월	년
丁	甲	庚	己
卯	寅	午	卯

壬 癸 甲 乙 丙 丁 戊 己
戌 亥 子 丑 寅 卯 辰 巳

午월에 木火상관격으로서 寅午반합하여 상관국을 이루고 丁火상관이
원신으로 투출한 명조입니다.
丁卯 丙寅대운에 상관국을 도우므로 과거급제하고 관서장으로서 현령
의 벼슬을 하고 봉록이 풍부하였으나
乙丑대운에 乙庚합으로 庚金칠살을 기반하고 파직되었습니다.

시	일	월	년
己	戊	辛	癸
未	申	酉	亥

癸 甲 乙 丙 丁 戊 己 庚
丑 寅 卯 辰 巳 午 未 申

酉월에 土金상관격의 기세가 강한 명조로서
己未 戊午대운에 癸水정재를 탐합하므로 공부에 뜻이 없었으며 돈을 내
고 벼슬을 사서 현좌가 되었으며
丁巳 丙辰대운에는 火土의 왕성한 기세로 인하여 기세의 흐름이 원활하
여 맑으므로 관서장으로서 주목의 벼슬을 하였으며
乙卯대운에는 乙木정관의 기세가 정체되어 흐르지 못하므로 파직되어
낙향하였습니다.

4. 종화

1) 종신

從得眞者只論從 從神又有吉和凶
종 득 진 자 지 론 종　종 신 우 유 길 화 흉
眞從之象有幾人 假從亦可發其身
진 종 지 상 유 기 인　가 종 역 가 발 기 신
따르는 것이 진실하면 종신으로 논하고 종신에도 길흉이 있으며
진종의 상은 몇 사람이 안 되고 가종도 역시 발전할 수 있다.

종신從神은 사주팔자에서 기세가 매우 강한 육신을 따르는 것으로서
진종眞從은 종신을 거역하지 않고 따르는 마음이 진실한 것이며
가종假從은 종신을 어쩔 수 없이 따르지만 진실로 따르고자 하는 마음
이 없는 것으로서 기회를 엿보며 짐짓 따르는 척하는 것입니다.

진종의 사주팔자는 흔하지 않으므로 몇 사람이 안 된다고 하며
진종은 강한 기세의 종신으로 인하여 크게 발전할 수 있으나 운에서 종
신의 기세를 거스르면 오히려 종신이 반발하여 큰 재앙을 초래하기도
하므로 길하기도 하고 흉하기도 합니다.

가종은 비록 따른다고 하여도 항상 기회를 엿보므로 처세의 능력이 뛰어
난 사람이 대부분이며 운에서 기회가 오면 크게 발전할 수 있다고 합니다.

진종과 가종을 판별하는 기준은 여러가지가 있으나
대체로 진종은 사주팔자의 세력을 대부분 차지하므로
매우 강한 세력을 가지고 있습니다.

가종은 비록 강한 세력을 가지고 있지만 강한 세력을 거스르는 세력이 약하게 존재하면서 항상 기회를 엿볼 경우에 해당한다고 할 수 있습니다.

종신에 대하여서는 학자마다 견해가 다르므로 아래와 같이 소개하니 참고바랍니다.

원주에서 유백온이 해설하기를

일주가 고립되고 기세가 없는데 천지인원이 모두 끊어져 조금도 도와줄 뜻이 없고 재관이 매우 강하면 진종이다.

이미 따르고 있어 종이 되면 당연히 종신으로 논한다. 가령 종재는 재성이 위주이며 재성이 木으로서 왕성하면 火가 필요한지 土가 필요한지 金이 필요한지 의향을 살펴 운에서 득하면 길하고 득하지 못하면 흉하다. 나머지도 이같이 논하며 金이 木을 극하면 안 되는데 木을 극하면 재성이 쇠약해지기 때문이다.

신약하고 재관이 강하면 종하지 않을 수 없다. 사주에서 비겁이 암암리에 생하면 진종이 아니다. 운에서 재관이 득지하면 비록 가종이라고 하여도 부귀를 얻을 수 있다. 단지 재앙을 면하지 못하거나 심보가 단정하지 못하다.

적천수천미에서 임철초가 해설하기를

종상은 재관만을 논하지 않는다. 일주가 고립되고 기세가 없으며 사주에서 생부하는 뜻이 없는데 관성이 가득하면 종관이라고 하며 재성이 가득하면 종재라고 한다.

가령 일주가 金이면 재성이 木인데 봄에 태어나고 水가 생하면 태과하다고 하며 火로 행하는 것을 반긴다.

여름에 태어나면 왕성한 火로 설기하므로 水로 생하는 것을 반긴다.

겨울에 태어나면 水가 많아 木이 뜨므로 土로 배양하고 火로 따뜻하게 하면 길하며 반대이면 흉하므로 이른바 종신에도 길흉이 있다고 하는 것이다.

또한 종왕從旺 종강從强 종기從氣 종세從勢의 이치가 있는데

종관從官이나 종재從財보다 추산하기 어려우므로 더욱 자세히 살펴야 한다.

이 네 가지 종격은 다른 책에는 없으며 내가 만든 것으로서 시험해보면 확실하게 적중하므로 헛된 말이 아니다.

종왕이란 사주가 모두 비겁으로 되어있고 관살의 제어가 없으며 인수가 생하면 극도로 왕성하므로 왕신旺神을 따르는 것이다.

비겁운과 인수운이 길하며 사주에서 인성이 가벼우면 식상운이 좋고 관살운은 왕신을 범하여 흉화가 일어나고 재성을 만나면 군겁쟁재가 되어 구사일생 한다.

종강이란 사주에 인수가 무겁고 비겁도 중첩하였는데 일주가 당령하고 재성과 관살은 기세가 전혀 없으면 이인동심으로 극도로 강해지므로 순종하고 거역하면 안 된다.

비겁운이 길하고 인수운도 좋으며 식상운은 인수가 충극하므로 흉하고 재관운은 왕신이 격노하므로 크게 흉하다.

종기란 재관 인수 식상 등 어느 것을 불문하고 기세가 木火에 있으면 木火운으로 행하여야 하며 金水에 있으면 金水운으로 행하여야 하며 이와 반대이면 반드시 흉하다.

종세란 일주의 뿌리가 없고 사주에 재관 식상이 모두 왕성하여 강약이 구분되지 않은데 비겁과 인성이 일주를 생부하지 않거나 하나의 종신을 따를 수 없으면 오직 화해하는 것만이 가능하다.

재관이나 식상 중에 특히 왕성한 세력에 종하며 만약 삼자의 강약이 구분되지 않으면 재성운에서 식상의 기세를 인화하여 재관의 기세를 도우면 길하다. 관살운은 그 다음이고 식상운도 그 다음이다.
만약 비겁운이나 인수운으로 가면 반드시 흉한 것은 틀림없으며 매번 시험해보니 모두 적중하였다.

가종이란 마치 사람의 근기가 얕고 힘이 약하여 자립하지 못하는 것과 같다. 사주에 비록 비겁이나 인성이 있어도 스스로 돌볼 겨를이 없고 일주가 의지할 곳이 없으니 오직 다른 사람을 따를 수밖에 없는 것으로서 그 형상이 하나가 아니므로 재관만으로 논하지 않을 뿐이지 진종과 대동소이하다.

사주에 재관이 당령하고 일주가 허약한데 비록 비겁과 인성이 생부하여도 사주에서 식신생재하는데 재성이 인성을 파괴하거나 관성이 비겁을 제어하면 일주는 의지할 곳이 없다. 오직 재관의 기세에 의지하는데 재성의 기세가 왕성하면 종재하고 관성의 기세가 왕성하면 종관한다. 종재하여 식상운과 재성운으로 행하고 종관하여 재관운으로 행하면 역시 발전하므로 그 의향을 살펴 행운을 배합한다.
그러나 가종하는 형상이 오직 편안한 운으로 행하고 가종이 진실한 운으로 행하면 역시 부귀를 취할 수 있다.

무엇을 진실한 운이라고 하는가. 가령 종재하는데 비겁이 분쟁하면 관살운으로 행하여야 귀하고 식상운으로 행하여야 부자가 된다.

인수가 암암리에 생하면 재운으로 행하여야 하고 관살이 설기하면 식상운으로 행하여야 한다. 가령 종관살에서 비겁이 일주를 돕는데 관운을 만나면 명예가 높아지고 식상이 관성을 파괴하는데 재운으로 행하면 재물이 많아지며 인수가 관성을 설기하면 재성운에서 인성을 파괴하여야 한다.

이를 가종이 진실한 운으로 행하는 것이라고 하며 귀하지 않으면 부자가 되고 이와 반대이면 흉하며 세력에 아첨하고 의리를 버리고 심보가 단정하지 못하다. 만약 운에서 거스르지 않고 가짜를 억제하고 진실을 도우면 비록 출신은 미천하고 가난하여도 능히 가문을 일으켜 세우므로 바르다고 한다. 이것이 원천은 탁하여도 흐름이 맑다고 하는 형상으로서 마땅히 깊이 연구하여야 한다.

적천수천미의 명조를 원문의 취지에 알맞게 필자가 해설하였습니다.

시　일　월　년

丙　乙　丙　戊

戌　未　辰　戌

甲癸壬辛庚己戊丁
子亥戌酉申未午巳

辰月에 戊土정재의 기세가 강하고 乙木일간과 丙火상관의 기세가 허약하므로 戊土정재의 기세에 진종하는 명조로서
戊午대운에 戊土정재의 기세를 도우므로 장원급제하였으며 서방 金대운에 庚辛金관살의 왕성한 기세로 戊土정재의 강한 기세를 설기하며 기세가 원활하게 흐르므로 부귀하였습니다.

시	일	월	년
乙	壬	庚	丙
巳	午	寅	寅

戊 丁 丙 乙 甲 癸 壬 辛
戌 酉 申 未 午 巳 辰 卯

寅월에 木火의 기세가 강하고 金水의 기세가 허약하므로 木火의 기세를
따르는 진종의 명조로서
남방 火대운에 丙火편재의 기세가 왕성하므로 일찍이 등과하여 벼슬이
황제를 보좌하는 시랑에 이르렀습니다.

시	일	월	년
癸	己	乙	癸
酉	亥	卯	巳

丁 戊 己 庚 辛 壬 癸 甲
未 申 酉 戌 亥 子 丑 寅

卯월에 亥卯반합으로 칠살국을 이루고 乙木칠살이 원신으로 투출하여
기세가 강하지만 巳酉의 지지가 金의 기세를 도우므로
乙木칠살국에 가종하는 명조로서
壬子대운에 칠살국을 인화하므로 과거에 연달아 급제하고 관서장으로
서 황당을 거쳐 관찰의 벼슬에 올랐으며
辛亥대운에 辛金식신이 투출하였으나 癸水편재의 기세로 오히려
칠살국을 도우므로 벼슬길이 평탄하였습니다.

시	일	월	년
丁	己	乙	癸
卯	未	卯	亥

丁 戊 己 庚 辛 壬 癸 甲
未 申 酉 戌 亥 子 丑 寅

卯월에 亥卯未삼합으로 칠살국을 이루고 乙木칠살이 원신으로 투출하여 기세가 강하지만 己土일간의 기세가 강건하므로 칠살국의 기세에 가종하는 명조로서

북방 水대운에 癸水편재의 왕성한 기세로 칠살국을 도우므로 과거급제하고 관서장으로서 관찰사의 벼슬에 올랐습니다.

2) 화신

化得眞者只論化 化神還有幾般話
화 득 진 자 지 론 화 화 신 환 유 기 반 화

假化之人亦可貴 孤兒異姓能出類
가 화 지 인 역 가 귀 고 아 이 성 능 출 류

화하는 것이 진실하면 단지 화하는 것으로 논하고 화신에도 몇 가지
설이 있다. 가화도 귀하게 될 수 있으며 성이 다른 고아라도 능히 출세
한다.

화신化神이란 천간이 합화合化하여 생산한 오행입니다.
가령 甲己가 천간합을 하여 土로 화化하면 土가 화신이 되는 것이며
乙庚이 천간합을 하여 金으로 화하면 金이 화신이 되는 것입니다.

화신에도 몇 가지 설이 있다고 하는 것은 화신이 되려면 몇 가지 조건에
부합되어야 한다는 설이 있기 때문입니다.
첫째로 화신이 되려면 화신의 오행이 월령과 같은 오행이어야 하며
둘째로 화신의 오행이 대운의 지지와 같은 오행이어야 합니다.
이외에도 고법에서는 辰土가 있으면 화할 수 있다고 하지만 일반적으로
월령과 대운의 지지가 화신과 같은 오행이면 화할 수 있다고 합니다.

진화眞化는 진종과 같은 것으로서 화신의 기세가 강하여 다른 오행이
화신의 기세를 진정으로 따르는 것이며
가화假化는 가종과 같은 것으로서 화신의 기세가 강하지만 다른 오행의
기세도 어느 정도 있으므로 화신의 기세를 따르는 척하며 기회를 엿보
는 것입니다.

가령 甲己합화하여 土의 화신을 생산하고 土의 기세가 매우 강하면 다른
오행의 기세가 진정으로 따르는 진화가 됩니다.

그러나 土의 기세이외에 다른 기세가 어느정도 있으면
화신의 기세를 따르는 척하며 기회를 엿보는 가화가 됩니다.

가화는 가종과 마찬가지로서 세력을 활용하는 능력으로 처세술이 뛰어난
사람이 많아 능히 출세할 수 있어 귀하게 될 수 있다고 하는 것입니다.

성이 다른 고아라고 하는 것은 가령 甲木이 己土와 합화하면
木의 성을 포기하고 土의 성을 따르는 것으로서
진화의 경우에는 土의 세력으로 화하여 출세할 수 있으며
가화의 경우에는 土의 세력을 활용하는 능력이 뛰어나므로 능히 출세할
수 있기 때문입니다.

일반적으로 진화나 가화는 일간의 합화에만 국한하는 경우가 대부분이
지만 이는 일간을 위주로 하는 신강신약의 이론에 의한 것이며
년월의 천간합으로 인한 합화도 진화나 가화할 수 있다고 합니다.

화신에 대하여서는 학자마다 견해가 다르므로 아래와 같이 소개하니 참
고바랍니다.

원주에서 유백온이 해설하기를
甲일주가 辰戌丑未월에 태어나고 하나의 己土가 월시에 있어 합하고 壬
癸甲乙戊를 만나지 않고 辰이 하나 있으면 진실한 화신이다.

丙辛이 겨울에 태어나거나 戊癸가 여름에 태어나거나 乙庚이 가을에 태
어나거나 丁壬이 봄에 태어나면 독자적으로 합을 하고 辰운을 득하여
도 이것은 진실한 화신이며 이미 화하면 화신으로 논한다.

甲己가 土로 化하는데 土가 차가운 음이면 火기가 왕성하여야 하고 土가 태왕하면 水재성이나 木관성이나 金식상을 취하여야 하며 그 기세에 따라 운에서 희기를 논하며 甲乙을 또 보아도 쟁합이나 투합을 논하지 않는다. 대개 진화는 마치 열녀가 두 남편을 섬기지 않는 것과 같으므로 운에서 만나면 모두 한신이 된다.

일주가 외롭고 약한데 진실한 합신을 만나면 化하지 않을 수 없다. 단지 암암리에 일주를 돕거나 합신이 허약하거나 辰운을 만나지 못하면 진화가 아니다.

운에서 합신을 돕고 기신을 제복하면 비록 가화일지라도 부귀를 취할 수 있다. 비록 성이 다른 고아일지라도 출세하지만 단지 고집이 많고 편협되어 하는 일이 부진하고 형제간에 문제가 있다.

적천수천미에서 임철초가 해설하기를

합화의 근원은 옛날에 황제가 환구에서 천제를 올리니 하늘에서 십간이 내려오고 대요에게 명하여 십이지지와 배합한 것이다.

합의 유래는 천1 지2 천3 지4 천5 지6 천7 지8 천9 지10의 뜻에 의하여 추산하면 갑1 을2 병3 정4 무5 기6 경7 신8 임9 계10이 된다. 낙서에는 5가 중앙에 위치하고 1이 5를 얻어 6이 되므로 甲己가 합한다. 2가 5를 얻어 7이 되므로 乙庚이 합한다. 3이 5를 얻어 8이 되므로 丙辛이 합한다. 4가 5를 얻어 9가 되므로 丁壬이 합한다. 5가 5를 얻어 10이 되므로 戊癸가 합한다.

합하면 화하는데 화하면 반드시 5土를 득하여야 이룬다. 5土는 辰이다. 辰土는 봄이며 삼양의 시절로서 생물의 체이며 기가 열려 동하고 동하면 변하는데 변하면서 화하는 것이다. 십간의 합은 辰의 위치에서 화기의 원신이 나타난다.

甲己는 甲子에서 시작하여 다섯 번째 戊辰에서 土로 화한다.
乙庚은 丙子에서 시작하여 다섯 번째 庚辰에서 金으로 화한다.
丙辛은 戊子에서 시작하여 다섯 번째인 壬辰에서 水로 화한다.
丁壬은 庚子에서 시작하여 다섯 번째인 甲辰에서 木으로 화한다.
戊癸는 壬子에서 시작하여 다섯 번째인 丙辰에서 火로 화한다.

이같이 서로 화합하는 진실한 근원을 아는 자는 적다.
단지 辰을 만나면 화하는 것을 알아도 다섯 번째의 위치에서 화한다는 것은 모른다. 辰을 용이라고 한 것은 단지 형용하는 말일 뿐이다.
만약 辰을 진짜 용이라고 한다면 辰년생은 용이 되어 비를 내리게 할 수 있고 寅년생은 호랑이가 되어 사람을 해칠 것이다.

화신의 작용에도 역시 희기 배합의 이치가 있으므로 화신에도 여러 가지의 설이 있다고 한 것이다. 화하였다고 화한 신을 반기는 것은 아니므로 한 가지 이론에 집착하면 안 된다.

화신의 형상도 쇠왕과 허실과 희기를 살펴야 길흉이 적중하고 행불행이 확연하게 드러난다. 만약 화신이 왕성하고 넉넉하면 마땅히 화신을 설기하는 육신을 쓰고 화신이 쇠약하여 부족하면 마땅히 화신을 생조하는 육신을 써야 한다.

가령 甲己합화土가 戊未월에 태어나면 土가 건조하고 왕성한데 천간에 丙丁이 투출하고 巳午가 있으면 넉넉한 것인데 다시 火土운으로 행하면 태과하여 길하지 못하다.

그러므로 그 의향을 따라 사주에 水가 있으면 金운으로 행하고 사주에 金이 있으면 水운으로 행하여야 한다. 金水가 없고 土의 기세가 너무 왕성하면 반드시 金으로 설기하여야 한다. 火土가 지나치게 건조하면 水를 동반한 金운으로 적셔주어야 한다.

丑辰월에 태어나면 土가 습하고 약하므로 비록 火가 있어도 허약하지만 水는 본래 없어도 충실하다. 혹시 간지에 金水가 섞이면 기세가 부족하므로 역시 그 의향에 따른다.

사주에 金이 있으면 火운으로 행하고 水가 있으면 土운으로 행하며 金水가 모두 있으면 지나치게 허습한 것이므로 火를 동반한 土운으로 행하며 충실하게 하여야 화신을 도와 일으키므로 길하다.

쟁합이나 투합의 설은 잘못된 이론이다. 이미 합화한 것은 정숙한 부인이 의로운 남편과 배합하고 두 마음을 품지 않는 것과 같다.
戊己는 화신으로서 같은 오행이고 甲乙은 나와 같은 오행이므로 서로 양보하지만 합하여도 화하지 않고 강제적인 뜻이 있으면 반드시 좋지는 않다. 만약 戊己가 많으면 쟁투가 일어나며 甲乙의 무리를 만나면 강약의 성정을 살펴야 한다. 甲己합이 이와 같으니 나머지도 마찬가지이다.

가화의 국에도 그 형상이 하나가 아니다. 합신이 진실하여도 일주가 외롭고 쇠약한 경우. 화신의 기세가 넉넉하고 일주에 뿌리가 있는 경우. 합신이 진실하지 않고 일주에 뿌리가 없는 경우. 화신의 기세가 부족하고 일주의 기세가 없는 경우. 이미 합하여 화신으로 되었는데 일주가 비겁이나 인성의 도움을 받고 있는 경우. 이미 합하여 화신이 되었는데 한신이 와서 그 화한 기운을 손상시키는 경우 등이 있다.

가화의 경우에는 진화에 비해서 더욱 어려운데 가령 甲己합에서 丑戌월생이면 합신이 비록 진실하지만 일주가 외롭고 쇠약하고 도와주는 것이 없으면 화하지 않을 수 없다.

단지 가을과 겨울에는 기운이 닫혀 있고 차가우며 또 金의 기세가 암암리에 설기하므로 운에서 火를 만나 차갑고 습한 기운을 제거해 주어야 기세가 중화되어 온화하여 진다.

辰未월생이면 화신의 기세가 비록 넉넉하여도 辰은 木의 여기이고 未는 木의 고지이므로 木의 뿌리가 없는 것이 아니다. 단지 봄과 여름에는 기운이 열리므로 따뜻하며 또 水木의 뿌리가 암장되어 있으니 반드시 土金운에서 木의 뿌리를 제거하면 분쟁이 없어진다.

乙庚합에서 木일주가 여름에 태어나면 합신은 비록 진실하지 않지만 일주의 기운이 설기되고 뿌리도 없는데 土가 건조하여 金을 생하지 못하면 운에서 반드시 水를 거느린 土가 와야 능히 火를 설기하고 金을 배양할 수 있다.

겨울에 태어나면 金이 설기되어 기세가 부족하고 木은 水를 흡수하지 못하여 허약하므로 비록 土가 있어도 얼어서 金을 생하지 못하고 水를 막지 못하므로 운에서 반드시 火를 거느린 土가 와서 해동하고 기후가 온화하면 金이 생을 받아 차갑지 않게 된다.

丁壬합에서 丁일주가 봄에 태어나면 壬水는 뿌리가 없으니 반드시 丁火를 따라 합하게 된다. 木이 왕성한 계절에는 스스로 火를 생하므로 丁火는 오히려 壬水를 따라 木으로 화하지 않는다. 혹시 비겁이 도와주면 운에서 반드시 水를 만나야 火를 제어하고 木을 득할 수 있다.

丙辛합에서 火일주가 겨울에 태어나면 金水가 중첩되어 이미 합하고 화하는데 사주에 土가 있으면 암암리에 화신을 손상시키는 것을 싫어한다. 습토가 비록 水를 막지 못하지만 결국 水가 탁하여 맑지 못하게 되므로 운에서 金土를 만나야 기세가 유통되어 水를 생하고 화신 또한 스스로 진실하다.

이상의 배합들은 모두 가화가 진화를 이루므로 역시 부귀가 모두 완전하며 조상을 빛내고 후손에게 복을 준다.
총체적으로 격의 형상이 진실하지 않으면 어려서 고난을 면치 못하고 일찍이 좌절하며 그렇지 않으면 그 사람은 오만하고 고집스럽거나 의심도 많아진다. 만일 운에서 가짜를 억제해 주고 진짜를 도와주지 않으면 평생 되는 일이 없고 부귀를 이루지 못한다.

적천수천미의 명조를 원문의 취지에 알맞게 필자가 해설하였습니다.

시	일	월	년
己	甲	壬	戊
巳	辰	戌	辰

庚 己 戊 丁 丙 乙 甲 癸
午 巳 辰 卯 寅 丑 子 亥

戊월에 土의 기세가 강하고 甲木일간과 壬水편인의 기세는 허약하므로 甲木일간이 己土정재와 합화하여 土의 기세에 진화하는 명조로서 乙丑대운 丁酉년에 화신의 왕성한 기세를 설기하므로 과갑에 급제하고 戊戌년에 진사가 되었으며 관서장으로서 주목의 벼슬을 하였습니다.

시	일	월	년
癸	壬	丁	己
卯	午	卯	卯

己 庚 辛 壬 癸 甲 乙 丙
未 申 酉 戌 亥 子 丑 寅

卯월에 壬癸水비겁의 기세가 허약하므로 壬水일간은 丁火정재와
합화하여 木의 기세로 화하고자 하지만 丁火가 午火에 통근하여 진실
로 화하고자 하는 마음이 없어 가화하는 명조로서
乙丑대운에 己土정관의 기세가 왕성하므로 향시에 급제하였고
甲子대운에 壬癸水비겁의 기세가 왕성하여 화신을 따르지 않고
甲木이 己土정관을 기반하므로 벼슬에 등용되지 못하였습니다.

시	일	월	년
己	甲	甲	己
巳	子	戌	卯

丙 丁 戊 己 庚 辛 壬 癸
寅 卯 辰 巳 午 未 申 酉

戌월에 土의 기세가 강하지만 甲木비견의 기세도 지생천으로 도움을
받으므로 진실로 화하고자 하는 마음이 없는 명조로서
남방 火대운에 火土의 왕성한 기세로 庚辛金관살을 도우므로 향시에 급
제하고 관서장으로서 금당의 벼슬을 하였습니다.

시	일	월	년
辛	壬	丁	甲
亥	辰	卯	辰

乙	甲	癸	壬	辛	庚	己	戊
亥	戌	酉	申	未	午	巳	辰

卯월에 壬水일간은 辰亥에 통근하여 기세가 강하고 丁火정재도
甲木식신과 지생천의 도움을 받으므로 진실로 화하고자 하는 마음이
없는 명조로서
남방 火대운에 丁火정재의 기세가 왕성하여 재성의 역할을 하므로
학교를 다니고 가을 과거에 급제하였으나
壬申 癸酉대운에 壬癸水비겁에 의하여 丁火정재를 쟁재하므로
벼슬도 하지 못하고 상사와 재물손실이 있었습니다.

5. 형상의 변화

1) 세운

> **休咎係乎運 尤係乎歲 衝戰視其孰降 和好視其孰切**
> 휴 구 계 호 운 우 계 호 세 충 전 시 기 숙 항 화 호 시 기 숙 절
> 길흉은 대운과 관련되지만 더욱 세운과 관련이 있다.
> 충돌하여 싸우면 어느 것이 항복하는지를 살피고
> 화합하고 친한 것은 어느 것이 절실한가를 살핀다.

세운은 형상의 변화에 중요한 역할하면서 희기와 길흉을 만듭니다.
세운歲運은 대운과 세운으로서 운運은 10년마다 운행하는 대운大運이
며 세歲는 매년 찾아오는 세운歲運을 말합니다.
일반적으로 매년 찾아오는 세운을 년운年運이나 유년流年 또는 태세太
歲라고 하며 휴구休咎는 길흉으로서 복福과 화禍를 말합니다.

충전衝戰은 두 기세가 충돌하며 서로 싸우는 것이므로 어느 기세가
승리하고 어느 기세가 항복하는지를 살펴야 하며
화호和好는 화합하고 협력한다는 뜻으로서 두 기세가 서로 화합하는데
협력을 도모할 상대가 절실한가를 살피라고 합니다.

사주팔자에서 형상으로 격국을 형성하면 대운과 세운에서 격국의 기세
가 변화하고 희신과 기신을 만들어내며 격국이 기신과 충돌하여 싸워
이기면 길한 것이고 기신에게 지면 흉하다고 합니다.
그러므로 격국의 기세는 희신을 반기는 것이며 희신과 연합하여 기신과
대항하여 싸울 수 있는 기세를 보완할 수 있는 것이며
격국의 기세와 충돌하고 싸우면서 어느 것이 항복하고 어느 것이 화합
하는 것이 절실한가를 살피면 길흉을 살필 수 있다고 합니다.

세운에 대하여서는 학자마다 견해가 다르므로 아래와 같이 소개하니 참고바랍니다.

원주에서 유백온이 해설하기를

일주는 내 몸과 같고 사주에 있는 육신은 배나 말을 끄는 사람과 같다. 대운은 일하는 곳과 같으므로 지지가 중요하며 천간도 없어서는 안 된다. 세운은 만나는 사람과 같으므로 천간이 중요하며 지지도 없어서는 안 된다. 반드시 먼저 일주를 일곱 글자와 배합하고 그 기세의 경중을 살펴 어떤 대운을 반기고 어떤 대운을 기피하는지를 살핀다.

가령 甲일주는 기의 작용이 봄이고 마음은 인仁으로 보며 물상의 이치는 나무로 보는데 대체로 기의 작용으로 살피고 나머지도 그 중에 있다. 庚辛申酉의 글자를 만나면 봄이 가을로 가는 것처럼 피어나는 생기가 잘라지므로 그것이 좋은지 아닌지를 살펴서 대운에서 甲을 생하는지 甲을 잘라내는지를 살피면 길흉을 판단할 수 있다.

세운이 도달하면 길흉이 즉시 나타나므로 전충화호戰冲和好의 기세를 상세히 논하여 승부를 득하고 복종하는 작용에 의하여 길흉이 확연하게 눈앞에 펼쳐지게 된다.

무엇을 전戰이라고 하는가.

가령 丙대운에 庚년이면 대운이 세운을 공격하는 것이다. 만약 일주가 庚을 반기면 丙이 항복하여야 하므로 戊를 득하여 丙을 설기하면 길하다. 일주가 丙을 반기면 세운이 대운을 항복시키지 못하므로 戊己를 얻어 화해하면 좋다.

만약 庚이 寅午에 있으면 丙의 역량이 커서 세운이 대운에게 항복하므로 재난이 없다.

庚대운에 丙년이면 세운이 대운을 공격하는 것이며 일주가 庚을 반기면 戊己를 얻어 丙을 화해시켜야 길하다.

일주가 丙을 반기면 대운에서 세운을 공격하지 못하므로 戊己로 丙을 설기하여 庚을 도우면 안 된다. 만약 庚이 寅午에 앉아 있으면 丙의 역량이 크니 대운이 스스로 세운에게 항복하므로 재앙이 없다.

무엇을 충沖이라고 하는가.

가령 子대운에 午년은 대운이 세운을 충하는 것이며 일주가 子를 반기면 子를 도와야 하므로 천간에서 午를 제어하는 육신을 만나야 하며 午의 무리가 많거나 천간에 戊甲이 있으면 흉하다.

午대운에 子년은 세운이 대운을 충하는 것이므로 일주가 午를 반기는데 子의 무리가 많거나 천간에서 子를 도우면 흉하다. 일주가 子를 반기는데 午의 무리가 적거나 천간에서 子를 도우면 길하며 만약 午가 무겁고 子가 가벼우면 항복하지 않아도 역시 흉이 없다.

무엇을 화和라고 하는가.

가령 乙대운에 庚년이면 庚대운과 乙년은 화和하는 것이다. 일주가 金을 반기면 길하고 일주가 木을 반기면 불길하다.

子대운에 丑년이거나 丑대운에 子년에 일주가 土를 반기면 길하고 水를 반기면 불길하다.

무엇을 호好라고 하는가.

가령 庚대운에 辛년이거나 辛대운에 庚년이거나 申대운에 酉년이거나 酉대운에 申년이면 호好인 것이다.

일주가 양을 반기는데 庚이나 申이면 호好이며 음을 반기는데 辛이나 酉이면 호好이다. 일반적으로 이같이 추리한다.

적천수천미에서 임철초가 해설하기를

부귀는 비록 격국에서 정하지만 길흉은 실제로 운로와 관계된다. 소위 사주가 좋아도 대운이 좋은 것보다 못하다.

일주는 내 몸과 같고 사주에서 희신과 용신은 내가 쓰는 사람이며 대운은 내가 일하는 곳이므로 지지가 중요하고 천간이 배반하지 않으며 상생 상부하여야 좋다.

그러므로 하나의 대운은 10년이며 절대로 천간 지지를 나누어 보면 안되고 개두와 절각이 되지 않아야 한다. 만약 천간 지지를 나누어 보고 개두와 절각을 논하지 않으면 길흉은 적중하지 않는다.

가령 木대운이 좋으면 반드시 甲寅 乙卯가 필요하고 그 다음은 甲辰 乙亥 壬寅 癸卯이다. 火대운이 좋으면 반드시 丙午 丁未가 필요하고 그 다음은 丙寅 丁卯 丙戌 丁巳이다. 土대운이 좋으면 반드시 戊午 己未 戊戌 己巳가 필요하고 그 다음은 戊辰 己丑이다.

金대운이 좋으면 반드시 庚申 辛酉가 필요하고 그 다음은 戊申 己酉 庚辰 辛巳이다. 水대운이 좋으면 반드시 壬子 癸亥가 필요하고 그 다음은 壬申 癸酉 辛亥 庚子이다.

천간이 지지를 생하는 것은 좋으나 지지에서 천간을 생하는 것은 안 된다. 왜냐하면 천간이 지지를 생하면 음덕이 두터운 것이고 지지에서 천간을 생하면 기세가 설기되기 때문이다.

무엇을 개두라고 하는가. 가령 木대운을 반기는데 庚寅 辛卯를 만나거나 火대운을 반기는데 壬午와 癸巳를 만나거나 土대운을 반기는데 甲戌 甲辰 乙丑 乙未를 만나거나 金대운을 반기는데 丙申 丁酉를 만나거나 水대운을 반기는데 戊子 己亥를 만나는 것 등이다.

무엇을 절각이라고 하는가. 가령 木대운을 반기는데 甲申 乙酉 乙丑 乙巳를 만나거나 火대운을 반기는데 丙子 丁丑 丙申 丁酉 丁亥를 만나거나 土대운을 반기는데 戊寅 己卯 戊子 己酉 戊申을 만나거나 金대운을 반기는데 庚午 辛亥 庚寅 辛卯 庚子를 만나거나 水대운을 반기는데 壬寅 癸卯 壬午 癸未 壬戌 癸巳를 만나는 것 등이다.

천간이 개두하고 지지가 희신이면 대운에서는 지지를 중요시하므로 길흉이 반으로 감소된다. 천간이 희신인데 절각되면 지지에서 천간을 실어주지 못하므로 십 년이 모두 흉하다.
가령 木대운을 반기는데 庚寅 辛卯를 만나면 庚辛은 본래 흉운이지만 金이 寅卯에 절지로서 무근하므로 비록 십분의 흉함이 있어도 반으로 감소한다.

만약 사주 천간에 丙丁이 투출하면 제어할 수 있으므로 또 반으로 감소하고 세운에서 丙丁을 만나면 庚辛을 제어하므로 흉함이 사라진다. 寅卯는 본래 길운이지만 庚辛이 개두하여 극하면 비록 십분의 길함이 있어도 반으로 감소한다. 만약 사주 지지에 申酉가 있어 충하면 길함이 없어질 뿐만 아니라 오히려 흉하여진다.

또한 木대운을 반기는데 甲申 乙酉를 만나면 木은 申酉가 절지로서 실어주지 못하므로 甲乙대운에 불길하다. 만약 사주 천간에 庚辛이 투출하거나 세운에서 庚辛을 만나면 반드시 흉하고 십년동안 모두 흉하다. 만약 사주 천간에 壬癸가 투출하거나 세운에서 壬癸를 만나면 능히 金을 설기하여 木을 생하므로 화평하여 흉이 없어진다.

그러므로 대운이 길한 것을 만났는데 길하지 않거나 대운이 흉한 것을 만났는데 흉하지 않은 것은 모두 개두와 절각 때문이다.

세운은 일년의 길흉을 관장하며 마치 만나는 사람과 같으므로 천간을 위주로 하고 지지도 살피지 않으면 안 된다.

비록 다른 육신과 생극하여도 일주와 대운은 충극하면 안 되며 가장 흉한 것은 천극지충이다. 대운과 세운이 충극하는데 일주가 왕상하면 비록 흉하지 않지만 일주가 휴수하면 반드시 흉한 재난이 있다.

일주가 세운을 범하는데 일주가 왕상하면 흉함이 없으나 일주가 휴수하면 반드시 흉하며 세운이 일주를 범하여도 역시 마찬가지로 논한다. 그러므로 세운은 화평하여야 마땅하고 대운의 일부로 여겨서는 안 된다. 木대운을 만나 길한데 세운에서 木을 만나면 오히려 흉한 것은 모두 전충이 불화하기 때문이다. 이와 같이 추론하면 길흉이 적중하지 않는 것이 없다.

전戰은 극하는 것이다. 가령 丙대운에 庚년이면 대운이 세운을 극하는 것이다. 일주가 庚을 반기는데 丙이 子辰에 앉아있거나 庚이 申辰에 앉아있거나 사주에서 戊己를 득하여 丙을 설기하거나 壬癸가 丙을 극하면 길하다. 만약 丙이 午寅에 앉아있거나 사주에서 水土로 제화하지 못하면 흉하다.

庚대운 丙년이면 세운이 대운을 극하는 것이며 일주가 庚을 반기면 흉하고 丙을 반기면 길하다. 庚을 반기면 庚이 申辰에 앉아있거나 丙이 子辰에 앉아있거나 사주에서 水土를 만나 제화하면 길하고 이와 반대이면 흉하다. 丙을 반길 때도 이와 같이 추론한다.

충沖은 파괴하는 것이다. 가령 子대운 午년이면 대운이 세운을 충하는 것이다. 일주가 子를 반기는데 천간에 庚壬을 만나면 午의 천간에 甲丙을 만나도 흉함이 없다. 만약 子의 천간에 丙戊를 만나고 午의 천간에

庚壬을 만나면 흉하다. 일주가 午를 반기는데 子의 천간에 甲戊를 만나고 午의 천간에 甲丙을 만나면 길하며 子의 천간에 庚壬을 만나고 午의 천간에 甲丙을 만나면 흉하다.

午대운 子년은 세운이 대운을 충하는 것이다, 일주가 午를 반기는데 午의 천간에 丙戊를 만나고 子의 천간에 甲丙을 만나면 길하며 午의 천간에 丙戊가 있어도 子의 천간에 庚壬이 있으면 흉하다. 나머지도 이와 같이 추론한다.

화和는 합하는 것이다. 가령 乙대운 庚년에 庚대운이 乙년을 합화合化하는데 金을 반기면 길하고 합하여도 불화不化하면 오히려 기반되어 일주의 희신이 나를 돌보지 않으므로 불길하다.

庚을 반겨도 마찬가지이다. 庚을 반기면 반드시 木金이 득지하여야 하며 乙木의 뿌리가 없으면 합화合化하여야 좋다. 만약 子丑합이 화化하지 않으면 水를 극하므로 水를 반기면 반드시 불길하다.

호好는 같은 무리이다. 가령 庚대운 申년이거나 辛대운 酉년이면 진실한 호好이다. 지지가 녹왕하여 자신의 본기로 귀원한 것이므로 마치 가족과 함께 사는 것과 같다.

庚대운 辛년이나 辛대운 庚년은 천간이 돕는 것이며 마치 친구가 돕는 것과 같아 관계가 두텁지 못하므로 먼저 왕성한 대운에 통근하여 자연스럽게 의지하여야 호好인 것이다. 만약 대운에 뿌리의 기세가 없으면 그 기세가 약하여 의지하는 정이 없으므로 호好라고 하지 않는다.

적천수천미의 명조를 원문의 취지에 알맞게 필자가 해설하였습니다.

시　일　월　년

丁　庚　丁　庚

丑　辰　亥　辰

乙 甲 癸 壬 辛 庚 己 戊

未 午 巳 辰 卯 寅 丑 子

亥월에 丁火정관의 기세가 허약한 명조로서

戊子 己丑대운에 丁火정관의 기세가 쇠약하므로 뜻을 이루지 못하였으며

庚寅대운 丙午 丁未년에 丁火정관의 기세가 강하므로 과거에 급제하고

관서장으로서 지현에서 군수에 올랐으나

壬辰대운 壬申년에 壬水식신이 丁火정관을 기반하므로 죽었습니다.

시　일　월　년

丁　庚　戊　乙

丑　辰　子　未

庚 辛 壬 癸 甲 乙 丙 丁

辰 巳 午 未 申 酉 戌 亥

子월에 子辰반합하고 상관국을 이룬 명조로서

丙戌대운에 戊土편인의 기세가 왕성하므로 학교에 들어갔으나

乙酉대운 癸酉년 辛酉월에 辛金겁재의 강한 기세를

乙木정재의 허약한 기세가 감당하지 못하므로 죽었습니다.

시	일	월	년

丁　丙　乙　戊

酉　寅　卯　子

癸　壬　辛　庚　己　戊　丁　丙

亥　戌　酉　申　未　午　巳　辰

卯월에 乙木정인의 기세가 강한 명조로서

丙辰 丁巳대운에 火土의 기세가 왕성하므로 조상의 유산이 줄었으며

戊午 己未대운에 식상의 왕성한 기세로 경영을 하였으나 기세가 흐르지 못하여 결국 실패하고 외지로 도망갔으며

庚申 辛酉대운에 재성의 기세가 왕성하므로 사업에 성공하여 큰 돈을 벌었습니다.

시	일	월	년

庚　丙　甲　辛

寅　辰　午　卯

丙　丁　戊　己　庚　辛　壬　癸

戌　亥　子　丑　寅　卯　辰　巳

午월에 甲木편인의 기세가 강한 명조로서

癸巳 壬辰대운에 庚辛金재성을 생하므로 가업이 풍부하였으나

辛卯 庚寅대운에 재성의 기세가 허약하므로 재산손실이 심하고

丙寅년에 처가 죽었으며 甲午월에 火의 기세가 치열하므로 흉한 재앙이 연이어 일어나고 결국 병에 걸려 죽었습니다.

```
시  일  월  년
乙  乙  甲  辛
酉  卯  午  卯
丙 丁 戊 己 庚 辛 壬 癸
戌 亥 子 丑 寅 卯 辰 巳
```

午월에 甲乙木비겁의 기세가 강한 명조로서

癸巳 壬辰대운에 辛金칠살이 壬癸水인성을 도와 기세의 흐름이 맑으므로 편안하였으며

辛卯대운 辛酉년에 비겁과 칠살의 전충으로 인하여 재산손실을 보았고
庚寅대운 丙寅년에 甲乙木비겁의 왕성한 기세를 丙火상관이 설기하므로 학교에 들어가고 편안하였습니다.

2) 체용

명리의 도道에는 체용體用이 있다고 하며 체와 용이 각각 독립되어 있는 것이 아니고 서로 불가분의 관계이므로 체나 용 중에 어느 한 가지만으로 단정하여 논하면 안 된다고 합니다.
일반적으로 역학易學은 체體에서 형상의 변화를 읽어 길흉을 판단하는 학문이며 체를 변화시키는 것을 용用이라고 합니다.
그러므로 명리의 도에는 체용이 있다고 하는 것입니다.

격국의 체는 월령으로서 격국의 형상을 이룬 것이며
대운이 용이 되어 격국의 체가 변화하며 희기를 만들고
격국과 대운에 의하여 변화된 격국이 체가 되고
변화된 격국을 활용하는 세운이 용이 되어 길흉을 만드는 것입니다.

격국의 체를 변화시키는 용의 역할에 의하여 남는 것을 덜어내거나 부족한 것을 보충하여주는 것을 희신이라고 하고 남는 것을 더욱 보태거나 부족한 것을 더욱 덜어내는 것을 기신이라고 합니다.
그러므로 체용에 의하여 억부抑扶로써 돕거나 억제하여 마땅한 것을 득하여야 한다고 합니다. 마땅한 것이란 태과불급의 기세를 억부로 조절하여 기세의 균형을 이룬 조화를 말합니다.

체용에 대하여서는 학자마다 견해가 다르므로 아래와 같이 소개하니 참고바랍니다.

원주에서 유백온이 해설하기를

일주를 체로 하고 월령을 용으로 하는 경우에는 신왕하면 월령에 있는 식신과 재관은 모두 일주의 용이며 신약하면 월령에서 일주를 도와주거나 강한 육신을 제어하는 것은 모두 일주의 용이다.

월령을 체로 하며 희신을 용으로 하는 경우에는 일주는 월령을 용으로 쓸 수 없다. 월령의 식상과 재관이 매우 왕성하면 년월시에 있는 인성과 비겁이 희신이다. 월령의 인성과 비겁이 매우 왕성하면 년월시에 있는 식상과 재관이 희신이다. 이 두 가지가 체용의 정법이다.

사주가 체이고 암신暗神을 용으로 하는 경우에는 반드시 사주에 용이 없어야 비로소 암충 암합하는 육신을 취할 수 있다.
사주가 체이고 화신化神을 용으로 하는 경우에는 사주에 합신合神이 있어야 사주를 체로 하고 화합하는 육신에서 가용한 것을 용으로 한다.
화신化神을 체로 하고 사주를 용으로 하는 경우에는 화신이 진실하면 화신을 체로 하며 사주에서 화신과 상생 상극하는 것으로 용을 취한다.

사주를 체로 하고 운을 용으로 하는 경우도 있다.
희신을 체로 하고 희신을 도와주는 육신을 용으로 하는 경우에는 희신을 용으로 쓰지 못하면 희신을 도와주는 것을 용으로 한다.

격의 형상을 체로 하고 일주를 용으로 하는 경우에는 반드시 팔격의 기상과 암신 화신 기신 객신으로서 모두 하나의 체를 이룬다.
만약 격의 형상이 일주와 무관하거나 일주를 지나치게 극상하거나 일주를 지나치게 돕는다면 중간에서 체용을 분별하는 곳을 찾아야 하며 찾지 못하면 일주가 스스로 희신을 이끌면서 별도로 활로를 구하여 용하여야 한다.

일주를 용하는 경우에는 용이 체보다 지나친 경우인데 가령 식재를 용하는데 재관식신이 모두 숨어있거나 너무 드러나 넘치는 경우도 있는데 비록 좋아도 과한 것이다. 용이 고정되면 체가 움직이고 체가 고정되면 용이 움직이는 것이 바른 체용의 이치이다. 가령 용신이 흘러야 할 곳에서 움직이지 않고 체를 돕는 운으로 움직이면 좋지 않다.

체용이 각각 고정된 경우란 체용이 모두 왕성하여 승부를 가리지 못하거나 행운에서도 경중과 상하가 없는 것이다. 체용이 모두 정체된 경우란 가령 木火가 모두 왕성한데 金土를 만나지 못하면 모두 정체된 것으로서 하나로 단정하여서는 안 된다.
체용의 용과 용신의 용은 구별하는데 만약 체용의 용을 용신으로 정하거나 용신을 별도로 구하는 것도 안 된다. 단지 진실하고 긴요한 것을 용신으로 취하고 용신이 여러 곳에 있는 것은 좋은 구조가 아니며 모름지기 그 경중을 억부하여 남거나 부족하지 않아야 한다.

적천수천미에서 임철초가 해설하기를
체는 형상기국을 말하는 것이며 형상기국이 없으면 일주가 체이다.
용은 용신이며 체용 외에 별도로 용신이 있는 것이 아니다.
원주에서 체용을 용신과 구별하였지만 상세하게 설명하지 못하고 더욱 모호하게 마무리하였으므로 체용을 제외하고는 별도로 용신을 구할 수 없다. 본문에서 말미에 억부를 득하여야 마땅하다고 한 것은 체용의 용을 나타낸 것으로서 용신이 틀림없다.
왕성하면 억제하고 약하면 돕는 것은 비록 변하지 않는 법칙이지만 변하지 않는 중에도 변하는 것이 있으니 오로지 마땅한 것을 득하라는 득기의得其宜 세 글자를 살펴야 한다. 왕성한 것은 억제하는 것이 마땅한데 억제가 안 되면 오히려 돕는 것이 마땅하다. 약한 것을 돕는 것이 마땅한데 돕지 못하면 오히려 억제하는 것이 마땅하다.

이것이 명리의 참된 기틀이며 오행 전도顚倒의 묘한 용법이다.

대개 극도로 왕성하면 억제하는 것이 마땅하지만 억제하면 오히려 격렬하여 피해를 받으므로 강한 것을 따르며 돕는 것이 마땅하다.

극도로 약하면 돕는 것이 마땅하지만 도와주어도 공이 없다면 약한 것을 따르며 억제하는 것이 마땅하다. 그러므로 하나로 단정하여 논하면 안 된다.

만약 신왕하고 월령에 관이나 재나 식상이 있다면 모두 용할 수 있으나 신약하면 사주의 간지에서 일주를 돕는 것을 찾아 용으로 한다.

월령이 건록이나 양인이면 월령을 체로 하여 대세를 살펴 사주 간지에서 식신 재성과 관성을 찾아서 용으로 한다. 사주간지에 재살이 지나치게 왕성하면 일주가 왕성하여도 약하게 변하므로 일주를 돕거나 제화하는 재성과 칠살을 찾아서 용으로 한다.

일주를 체로 하는 경우에는 신왕하고 인수도 많으면 반드시 재성을 용으로 한다. 신왕하고 관살이 가벼워도 역시 재성을 용으로 한다.

신왕하고 비겁이 많은데 재성이 없으면 식상을 용으로 한다. 신왕하고 비겁이 많은데 재성이 가벼워도 역시 식상을 용으로 한다. 신왕하고 관성이 가볍고 인수가 무거우면 재성을 용으로 한다. 신약하고 관살이 왕성하면 인수를 용으로 한다. 신약하고 식상이 많아도 역시 인수를 용으로 한다. 신약하고 재성이 왕성하면 비겁을 용으로 한다.

일주와 관살의 기세가 같으면 식상을 용으로 한다. 일주와 재성의 기세가 같으면 인성과 비겁을 용으로 한다. 이 모두가 용신으로 적당한 것들이다.

일주의 기세가 없어 다른 천간과 합하거나 화하는 것이 진실하면 화신化神을 체로 한다. 화신의 기세가 남으면 화신을 설기하는 신을 용으로 한다. 화신의 기세가 부족하면 화신을 생조하는 신을 용으로 한다.

국과 방 그리고 곡직 등 다섯 개의 격은 일주가 원신이면 격의 형상을 체로 하고 격의 형상을 생조하는 것을 용으로 하며 혹은 식상이나 재성을 용으로 하여도 단지 관살을 용하는 것은 마땅하지 않다.

나머지는 모두 격국의 기세와 의향을 보고 용하는 것이 마땅하다.
만약 격도 없고 국도 없으며 사주에서 용신을 취할 수 없거나 취한다고 하여도 한신閑神과 합하여 머무르거나 충을 받아 손상을 입거나 기신에게 겁탈당하거나 객신이 막고 있으면 용신이 일주를 보살피지 못하고 일주도 용신을 보살피지 못한다.
만약 운에서 합하는 신을 파괴하거나 충을 하는 신을 합하거나 겁탈하는 신을 제어하거나 막힌 것을 통하게 하면 이것은 운이 안정된 것이며 운을 따라 용신으로 취하여도 길함을 잃지 않는다.

원주에서 말하기를 용신이 여러 개 있으면 좋은 명조가 아니라고 하는데 이것은 잘못된 말이다. 팔자에서 네다섯 자의 용신과 일주를 제외하면 오직 두 글자만 남는데 이런 이치는 없다. 유용하거나 무용하여도 한 개를 정하는 것은 확실히 변하지 않는 이치이다.

사주에는 단지 희용喜用이라는 두 글자가 있을 뿐이고 용신은 일주가 바라는 육신이며 처음부터 끝까지 의지하는 것이고 희신은 용신을 돕고 기신은 용신을 극해하는 신이다. 용신 희신 기신을 제외하면 모두 한신과 객신이므로 학자는 마땅히 깊이 살펴야 한다.
무릇 천간의 작용은 생은 생으로 극은 극으로 합은 합으로 충은 충으로 쉽게 적용하지만 지지의 작용은 종류마다 다르므로 천간은 간명하기 쉬워도 지지는 유추하기 어렵다.

적천수천미의 명조를 원문의 취지에 알맞게 필자가 해설하였습니다.

시 일 월 년
癸 丙 甲 丙
巳 午 午 寅
壬 辛 庚 己 戊 丁 丙 乙
寅 丑 子 亥 戌 酉 申 未

午월에서 寅午반합하여 양인국의 형상을 이루고 丙火비견이 원신으로
투출한 명조로서 丙申 丁酉대운에 丙丁火비겁이 투출하여 체의 기세를
설기하는 용의 역할이 없어 기세의 흐름이 정체되므로 고통과 재물손
실이 심하였으며
己亥대운에 癸水정관의 왕성한 기세로 체의 강한 기세를 거스르므로
죽었습니다.

시 일 월 년
丙 丙 庚 戊
申 申 申 寅
戊 丁 丙 乙 甲 癸 壬 辛
辰 卯 寅 丑 子 亥 戌 酉

申월에 庚金편재의 기세가 강한 명조로서
甲子 乙丑대운에 甲乙木인성이 투출하여 火土의 기세를 도우면서 용의
역할을 하므로 사업이 번창하였으나
丙寅대운에 丙火비견의 왕성한 기세로 체의 강한 기세를 거스르므로
고통과 재산손실이 심하였습니다.

200 / 적천수

3) 정신

人有精神 不可以一偏求也 要在損之益之得其中
인 유 정 신 불 가 이 일 편 구 야 요 재 손 지 익 지 득 기 중

격국은 정과 신이 있는데 한편으로만 구해서는 안 되며
덜어내거나 보태 주면서 중화를 득하여야 한다.

인人은 인원용사지신으로서 격국의 체體에 해당하며
정신精神이란 모으고 펼치는 것으로서 용用의 역할에 해당합니다.
정精은 기세를 모으는 것이며 신神은 기세를 펼치는 것입니다.

형상기국의 체가 변화하면서 기세를 모으기만 하면 태과하고
펼치기만 하면 쇠약하므로 한편으로만 구해서는 안 된다고 합니다.
만약에 모으기만 하여 격국의 기세가 태과하면 용用으로 태과한 기세를
덜어내야 중화를 이루고 기세가 맑아지는 것이며
격국의 기세를 펼치기만 하여 기세가 쇠약하면 용用으로 부족한 기세를
보태 주어야 중화를 이루고 기세가 맑아질 수 있는 것입니다.

정신에 대하여서는 학자마다 견해가 다르므로 아래와 같이 소개하니
참고바랍니다.

원주에서 유백온이 해설하기를
정기精氣와 신기神氣는 모두 원기로서 오행에서는 金水가 정기이며
木火는 신기이고 土는 정신을 조절하고 중개하므로 실한 것이다.
신이 충족하고 정이 보이지 않아도 정은 스스로 충족하여진다.
정이 충족하고 신이 보이지 않아도 신은 스스로 충족하여진다.
정이 결핍되고 신이 고립되면 신왕하여도 허약한 경우가 있으며
정이 결핍되고 신이 고립되어도 신약하고 고독한 경우가 있다.

신이 부족하고 정이 남는 경우가 있고 정이 부족하고 신이 남는 경우가 있다. 정신이 모두 결핍하여도 기가 왕성한 경우가 있고 정신이 모두 왕성하여도 기가 쇠약한 경우도 있다. 정이 결핍되어 신이 돕는 경우도 있고 신이 결핍되어 정으로 생하는 경우도 있다.

정이 정을 도와도 정이 오히려 설기되어 허약한 경우가 있고 신이 신을 도와도 신이 오히려 죽어서 허약한 경우도 있다. 정과 신 두 가지는 모두 기가 위주이므로 모두 한편으로만 구해서는 안 되며 손익과 진퇴가 모두 중요하고 지나치거나 부족하면 안 된다.

적천수천미에서 임철초가 해설하기를
정이란 나를 생하는 것이고 신이란 나를 극하는 것이며 기란 본기가 통하여 충족하는 것이다. 둘 중에 정이 위주이고 정이 충족하면 기가 왕성하고 기가 왕성하면 신도 왕성하므로 오직 金水만을 정기라고 하고 木火만을 신기라고 하지 않는다. 본문 말미에서 덜어내거나 더하여 보태면서 중화를 득하여야 한다는 것은 金水가 정이고 木火가 신이 아님을 나타낸 것이다.

반드시 유통하고 생화하여 손익으로 적절하게 중화를 득하여야 정기신 精氣神 세 가지가 모두 갖추어 진다. 이것을 자세히 연구하면 일주 용신 체상에만 정신이 있는 것이 아니라 오행에도 모두 있다. 남으면 덜어내고 부족하면 더해주는 것은 비록 정해진 이치이지만 역시 정해진 가운데 정해지지 않은 것이 있으니 오직 중화를 득한다는 득기중得其中이라는 세 글자를 깊이 살펴야 한다.

손損이란 극제剋制하는 것이고 익益이란 생부生扶하는 것이다.
남는 것에 대한 극제가 지나치면 설기가 마땅하고 부족한 것에 대한 생부가 지나치면 제거가 마땅하니 이것이 손익의 묘용이다.

대개 과하게 남은 것을 덜어내면 오히려 격노하므로 마땅히 순응하며 남은 것을 설기하는 것이 마땅하다. 과하게 부족한 것을 더해주어도 받아들이지 못하면 부족한 것을 제거하는 것이 마땅하므로 한편으로만 구해서는 안 된다.

총체적으로 정이 너무 충족하면 마땅히 기로 더해주어야 하며 기가 너무 왕성하면 마땅히 신을 도와주어야 하며 신이 너무 설기되면 마땅히 정을 도와주어야 생화하고 유통되어 신이 맑고 기가 굳세어진다.

만약 정이 너무 충족하면 오히려 기가 손상되고 기가 너무 왕성하면 오히려 신이 손상되고 신을 너무 설기하면 오히려 정을 억제하여 한쪽으로 치우치고 혼잡하므로 정이 막히고 신도 마른다.

水가 넘치면 木이 떠내려가므로 木의 정신이 없는 것이다. 木이 많으면 火가 꺼지므로 火의 정신이 없는 것이다. 火의 불길이 거세면 土가 갈라터지므로 土의 정신이 없는 것이다. 土가 많으면 金이 묻히므로 金의 정신이 없는 것이다. 金이 많으면 水가 탁하므로 水의 정신이 없는 것이다.

원주에서 金水를 정기라 하고 木火를 신기라고 하였는데 이것은 인체의 장부를 논하는 것에서 유래된 것이다. 폐는 金에 속하고 신장은 水에 속하는데 金水가 상생하여 안으로 저장되므로 정기라 하고 간은 木에 속하고 심장은 火에 속하는데 木火가 상생하여 겉으로 발산하므로 신기라 하고 비장은 土에 속하며 온몸에 두루 작용하면서 중개하며 조절하는 작용을 하므로 실實하다고 한다. 그러나 사주에서 표리로 정신을 논하면 金水와 木火를 정신이라고 하지 않는다.

가령 왕성하면 마땅히 설기하는데 설신洩神이 득기하면 정이 충족되며 이것을 따라 안에서 밖으로 발산하면서 신도 저절로 충족된다.

왕성한 것은 마땅히 극하는데 극신剋神이 유력하면 신이 충족되며 이것으로 인하여 밖에서 안으로 들어가면서 정도 저절로 충족된다.

가령 土가 辰戌丑未월에 태어나 사주에 土가 많고 木이 없거나 혹은 천간에 庚辛이 투출하거나 지지에 申酉가 있다면 이것은 안에서 밖으로 발산하는 것이라고 하며 정이 충족하고 신은 안정된다. 만약 土가 많고 金이 없거나 천간에 甲乙이 투출하거나 지지에 寅卯가 있다면 이것은 밖에서 안으로 들어가는 것이라고 하며 신이 충족하고 정은 안정된다.

적천수천미의 명조를 원문의 취지에 알맞게 필자가 해설하였습니다.

시	일	월	년				
戊	丙	甲	癸				
戌	寅	子	酉				
丙	丁	戊	己	庚	辛	壬	癸
辰	巳	午	未	申	酉	戌	亥

子월에 음의 기세가 양의 기세로 원활하게 흐르며 모으고 펼치는
정신의 기세가 조화로운 명조로서
서남방 金火대운으로 흐르며 정신의 중화를 득하여 기세의 흐름이
원활하여 맑아지므로 수복壽福이 모두 좋았습니다.

시 일 월 년
庚 丙 乙 癸
寅 辰 卯 未
丁 戊 己 庚 辛 壬 癸 甲
未 申 酉 戌 亥 子 丑 寅

卯월에서 卯未반합하여 정인국의 형상을 이루고 乙木정인이 원신으로
투출한 명조로서
북방 水대운에 정인국의 모으는 정의 기세는 왕성한데 펼치는 신의 기
세가 부족하므로 분주하게 돌아다녀도 부귀를 이루지 못하였습니다.

시 일 월 년
己 丙 乙 戊
丑 辰 丑 戌
丁 戊 己 庚 辛 壬 癸 甲
巳 午 未 申 酉 戌 亥 子

丑월에 戊己土식상의 기세가 강하여 모으는 정이 충족된 명조로서
壬戌대운 辛未년 戌월에 식상격의 기세는 왕성한데 이를 펼치는 신의
기세가 부족하므로 기세가 흐르지 못하고 정체되어 죽었습니다.

4) 쇠왕

能知衰旺之眞機 其於三命之奧 思過半矣
능 지 쇠 왕 지 진 기 기 어 삼 명 지 오 사 과 반 의
쇠왕의 진실한 작용을 능히 알면
삼명의 심오한 이치를 반 이상은 깨달은 것이다.

쇠왕衰旺이란 기세가 쇠약한 것과 왕성한 것을 말하며
삼명三命의 심오한 이치란 천지인天地人 삼명의 깊은 이치를 말합니다.

삼명의 깊은 이치란 사주팔자에서 월령의 용사지신이 중심이 되어 간지
의 배합으로 격국의 형상인 체를 형성하고 용으로 변화하는 격국의 쇠
왕의 기세를 조절하여 길흉을 만드는 이치를 말합니다.

격국의 형상은 대운으로 흐르면서 기세의 쇠왕에 의하여 변화하는 것이
므로 이러한 작용을 알면 길흉이 발생하는 원인을 알 수 있다고 하는 것
이며 결국 삼명의 심오한 이치란 체용의 변화라고 할 수 있고 정신의 조
화라고 할 수 있습니다.

정신의 조화는 손익과 억부의 작용에 있는 것이므로 이를 깨달으면 삼
명의 심오한 이치를 반 이상은 깨달은 것이라고 하는 것입니다.

쇠왕에 대하여서는 학자마다 견해가 다르므로 아래와 같이 소개하니 참
고바랍니다.

원주에서 유백온이 해설하기를
왕성한 것은 마땅히 설기하고 마땅히 손상하며 쇠약한 것은 돕고 생조
하는 것을 반기는 것이 자평의 이치이다.

그러나 왕성한 것 중에도 쇠약한 것이 있으니 이를 손상하면 안 되고 쇠약한 것 중에도 왕성한 것이 있으니 이를 더해주면 안 된다.

극도로 왕성한 것을 손상하면 안 된다고 하는 것은 그 중에 손상된 것이 이미 있기 때문이며 극도로 쇠약한 것을 보태면 안 된다고 하는 것은 그 중에 보탠 것이 이미 있기 때문이다.

그러므로 실제로 마땅히 손상할 것을 손상하면 오히려 흉하고 실제로 마땅히 보태야 할 것을 보태면 오히려 해롭다. 이와 같은 진실한 작용을 모두 능히 알게 되면 삼명의 미묘하고 오묘한 뜻을 살피는데 어찌 곤란하겠는가.

적천수천미에서 임철초가 해설하기를
득령하면 왕성하고 실령하면 쇠약하다고 하는 것은 비록 지극한 이치이지만 역시 죽은 법이다. 무릇 오행의 기세는 사계절에 흐르므로 비록 일간이 당령하여도 병존하는 것이 있다.

가령 봄에 木이 사령하면 甲乙이 비록 왕성하여도 이 시기에 휴수한 戊己가 천지에 끊어진 것이 아니며 겨울에 水가 사령하면 壬癸가 비록 왕성하여도 이 시기에 휴수한 丙丁이 천지에 끊어진 것이 아니다.
다만 자신의 계절이 아니므로 물러난 것으로서 앞에 나서지 않을 뿐이다. 실제로 봄의 土라고 어찌 만물을 생하지 못할 것이며 겨울의 火라고 어찌 세상을 밝게 비추지 못하겠는가.

하물며 팔자에서 비록 월령이 중요하지만 왕상휴수에 따라 년일시에도 손익의 권리가 있으므로 생월에 당령하지 못하여도 역시 년과 일과 시에서 각각 힘이 될 수 있으니 어찌 한 가지 논리만 고집하겠는가.

가령 춘목이 비록 강하여도 金이 매우 무거우면 木이 위험하고 庚辛이 지지에 申酉가 있는데 火가 제어하지 않으면 부유하지 못하고 土를 만나 생하면 반드시 요절한다. 이것이 득령하여도 왕성하지 않은 것이다.

추목이 비록 약하여도 木의 뿌리가 깊으면 木이 역시 강한 것이며 甲乙이 지지에 寅卯가 있으면 관성이 투출하여도 능히 수용하며 水를 만나면 태과한 것이다. 이것이 실령하여도 약하지 않은 것이다.
그러므로 일간은 월령의 휴수로 논하면 안 되며 사주에 뿌리가 있으면 능히 재관과 식신을 수용하고 상관과 칠살을 감당할 수 있다.

장생과 록왕은 뿌리가 무겁고 묘고의 여기는 뿌리가 가볍다. 천간에 하나의 비견을 얻어도 지지에 여기나 묘고를 하나 얻는 것보다 못하다. 묘고란 甲乙이 未를 만나고 丙丁이 戌을 만나고 庚辛이 丑을 만나고 壬癸가 辰을 만난 것이다. 여기란 甲乙이 辰을 만나고 丙丁이 未를 만나고 庚辛이 戌을 만나고 壬癸가 丑을 만난 것이다.

두 개의 비견을 얻는 것은 지지에서 장생록왕을 얻는 것보다 못하다. 가령 甲乙이 亥寅 등을 만나는 것 등이다. 대개 비견은 친구가 서로 돕는 것과 같고 통근은 집에 의탁하는 것과 같으므로 천간이 많아도 뿌리가 무거운 것보다 못하다고 하는 것은 확고하고 당연한 이치다.

요즈음 사람들은 이러한 이치를 모르고 봄土 여름水 가을木 겨울火를 보면 뿌리가 있거나 없거나 불문하고 모두 약하다고 말하며 봄木 여름火 가을金 겨울水를 보면 극의 경중은 따지지 않고 모두 왕성하다고 말한다.
또한 壬癸가 辰을 만나고 丙丁이 戌을 만나고 甲乙이 未를 만나고 庚辛이 丑을 만나는 것 등은 일간의 고지에 통근하였다고 하지 않고 심지어 형충으로 열어 구하여야 한다고 말한다.

이러한 것들은 형충을 하면 오히려 나의 근본 뿌리의 기세가 상하는 것을 생각하지 않는 잘못된 논리이므로 청소하여 없애야 할 것이다.

이 모든 것은 쇠왕을 바르게 논한 것으로서 이것이 역易이다.

또한 전도顚倒의 이치가 열 가지 존재한다.

木의 기세가 매우 왕성하면 金과 같으므로 火의 제련을 반기고 木의 기세가 극도로 왕성하면 火와 같으므로 水의 극을 반긴다.

火가 매우 왕성하면 水와 같아 土의 제지를 반기고 火가 극도로 왕성하면 土와 같아 木의 극을 반긴다.

土가 매우 왕성하면 木과 같아 金의 극을 반기고 土가 극도로 왕성하면 金과 같아 火의 제련을 반긴다.

金이 매우 왕성하면 火와 같아 水의 조화를 반기고 金이 극도로 왕성하면 水와 같아 土의 제지를 반긴다.

水가 매우 왕성하면 土와 같아 木의 제어를 반기고 水가 극도로 왕성하면 木과 같아 金의 극을 반긴다.

木의 기세가 매우 쇠약하면 水와 같아 마땅히 金으로 생하고 木의 기세가 극도로 쇠약하면 土와 같아 마땅히 火로 생한다.

火가 매우 쇠약하면 木과 같아 마땅히 水로 생하고 火가 극도로 쇠약하면 金과 같아 마땅히 土로 생한다.

土가 매우 쇠약하면 火와 같아 마땅히 木으로 생하고 土가 극도로 쇠약하면 水와 같아 마땅히 金으로 생한다.

金이 매우 쇠약하면 土와 같아 마땅히 火로 생하고 金이 극도로 쇠약하면 木과 같아 마땅히 水로 생한다.

水가 매우 쇠약하면 金과 같아 마땅히 土로 생하고 水가 극도로 쇠약하면 火와 같아 마땅히 木으로 생한다.

이것이 오행전도의 참된 작용이니 학자는 마땅히 근본을 상세히 알아야 좋다.

적천수천미의 명조를 원문의 취지에 알맞게 필자가 해설하였습니다.

시　일　월　년
戊　甲　丁　甲
辰　子　卯　辰
乙甲癸壬辛庚己戊
亥戌酉申未午巳辰

卯월에 木의 기세가 강한 명조로서 己巳대운에 丁火상관과 戊土편재의
기세가 왕성하여 기세의 흐름이 맑으므로 과거급제하고
庚午대운에는 丁火상관의 기세는 왕성한데 庚金칠살의 기세가 쇠약하
므로 승진시험에 낙방하였고 癸酉대운에는 癸水정인이 투출하였으나
戊土편재가 기반되므로 처자식과 재산을 모두 잃고 죽었습니다.

시　일　월　년
辛　丁　丁　辛
丑　酉　酉　巳
己庚辛壬癸甲乙丙
丑寅卯辰巳午未申

酉월에 巳酉丑삼합으로 편재국의 형상을 이루고 辛金편재가 원신으로
투출한 명조로서
乙未 甲午대운에 丁火비견의 기세가 왕성하여 편재국의 기세를 거스르
므로 가족이 모두 흩어졌으며
癸巳 壬辰대운에 편재국을 도우므로 큰 재물을 벌었습니다.

```
시  일  월  년
己  丙  壬  辛
亥  申  辰  亥
甲 乙 丙 丁 戊 己 庚 辛
申 酉 戌 亥 子 丑 寅 卯
```

辰월에 壬水칠살의 기세가 강한 명조로서 辛卯 庚寅대운에 재성의 기세
가 쇠약하므로 부모와 재산을 모두 잃었으며
己丑대운에는 己土상관의 왕성한 기세로 辛金정재의 기세를 도우므로
큰 재물을 벌었습니다.


```
시  일  월  년
丙  乙  己  己
戌  酉  巳  巳
辛 壬 癸 甲 乙 丙 丁 戊
酉 戌 亥 子 丑 寅 卯 辰
```

巳월에 火土의 기세가 강한 명조로서 戊辰대운에 土재성의 기세가 왕성
하므로 조상의 유산이 풍부하였고 丁卯 丙寅대운에 乙木일간의 왕성한
기세로 丙火상관의 기세를 도우므로 사업으로 큰 재물을 벌었으나 丙
火상관의 치열한 기세로 인하여 부모와 처를 잃고 화재로 재물손실이
많았으며 乙丑 甲子대운에 丙火상관의 쇠약한 기세를 돕지 못하므로 가
업이 점차 소실되어 없어지고 죽었습니다.

시	일	월	년
癸	戊	辛	壬
丑	子	亥	辰

己	戊	丁	丙	乙	甲	癸	壬
未	午	巳	辰	卯	寅	丑	子

亥월에 壬癸水재성의 기세가 강한 명조로서
甲寅 乙卯대운에 水재성의 기세를 설기하므로 부귀하였으나
丙辰 丁巳대운에 水의 기세를 거스르므로 처자식과 재산을 잃고
중풍에 걸려 죽었습니다.

시	일	월	년
壬	戊	甲	癸
子	子	子	酉

丙	丁	戊	己	庚	辛	壬	癸
辰	巳	午	未	申	酉	戌	亥

子월에 壬癸水재성의 기세가 강한 명조로서
癸亥대운에 水재성의 기세가 왕성하므로 유산이 풍족하였으나
壬戌대운에는 水재성의 기세를 거스르므로 가업이 망하였으며
辛酉 庚申대운에 水의 기세를 도우므로 좋은 기회를 만나 자수성가하
여 큰 재물을 벌었으나
己未대운에는 水의 기세를 거스르므로 파산하고 죽었습니다.

5) 중화

중화中和란 음양과 오행이 치우치지 않고 균형을 이룬 것으로서 가장 최적의 상태를 말합니다.

중화의 형태로는 진태감리震兌坎離가 대표적이며 진태震兌는 木金의 조화이며 감리坎離는 水火의 조화를 말합니다.
水火의 조화로는 수화기제水火旣濟가 있으며 水와 火의 기세가 대립하면서 서로 균형으로써 중화되어 최적의 상태를 이룬 것이고
木金의 조화로는 木과 金의 기세가 대립하면서 서로 기세의 균형으로써 중화되어 조화를 이루어 최적의 상태를 이룬 것을 말합니다.

중화의 바른 이치를 능히 안다는 것은 격국의 체용에 의한 기세의 변화를 억부로써 조절하고 기세의 정신을 손익으로써 조절하며 기세의 균형과 조화를 능히 이룰 수 있다고 하는 것입니다.

사주팔자에서 월령을 중심으로 격국의 형상으로 체體를 이루고 대운에서 用用으로서 변화하는 기세의 쇠왕을 조절하여 균형과 조화를 이루면 중화를 이룬 것이며 기세가 맑아지므로 길하다고 합니다.

그러므로 중화의 바른 이치를 능히 안다면 격국에 대한 체용의 변화와 정신의 조절 그리고 기세의 쇠왕을 조절하는 이치를 아는 것이며 이로 인하여 발생하는 희기와 길흉화복을 판단할 수 있으므로 오행의 묘리에 전능하다고 하는 것입니다.

중화에 대하여서는 학자마다 견해가 다르므로 아래와 같이 소개하니 참고바랍니다.

원주에서 유백온이 해설하기를

중화란 자평의 요법이다. 병이 있어야 귀하고 손상이 없으면 기이하지 않다고 하는 말은 편견이다. 격에서 병을 제거하고 재록이 모두 마땅하면 중화를 이룬 것이며 결국은 중화를 이루어야 가장 귀하게 된다.

만약 당령한 운명이거나 신약하여도 재관이 왕성한 운에서는 부귀를 취하는데 중화가 불필요하고 용신이 강하면 부귀를 취하는데 중화가 불필요하며 기가 편중되고 괴이하면 부귀를 취하는데 중화가 불필요하다고 말하는데 어찌 된 것인가.

이는 천하의 재관은 단지 이러한 운명에 있으며 천하의 인재는 오직 이 시기에 가장 많은 것은 모두 기이하고 교묘한 작용 때문이다.

적천수천미에서 임철초가 해설하기를

중화는 명리의 바른 이치이며 이미 중화의 바른 기운을 얻었으면 어찌 부귀가 따르지 않음을 염려하겠는가.

대개 평생 유유자적하고 억울함이 없으며 순조롭게 이루어지고 어려움이 적고 길게 나아가며 위인이 효도와 우애가 있고 교만과 아첨이 없으며 마음이 강직하고 구차하지 않은 자는 모두 중화의 바른 기운을 얻은 것이다.

신약한데 왕성한 운에서 부귀를 취하거나 신왕한데 쇠약한 운에서 부귀를 취하는 자는 반드시 사주에 결함이 있는 것이다.

재성이 가벼운데 겁재가 무거운 경우. 관성이 쇠약한데 상관이 왕성한 경우. 칠살이 강한데 제살이 약한 경우. 제살이 강한데 칠살이 약한 경우 등은 모두 비록 중화의 이치를 얻지 못하여도 그 기가 순수하고 바르면 은원이 분명한 사람이다.

사주 중에 결함이 있거나 잘못된 운을 만나면 처자와 재록이 부족하게 된다. 가령 재성이 가벼운데 겁재가 무거우면 처가 부족하며 제살이 강한데 칠살이 쇠약하면 자식이 부족하며 정관이 쇠약한데 상관이 왕성하면 명예가 부족하며 칠살이 강한데 제살이 약하면 재물이 부족하다.

사람의 뜻이 높고 걸출하며 비록 가난하여도 비굴하지 않고 후일에 운에서 부족함을 돕고 남는 것을 제거하면 마침내 중화의 이치를 얻어 반드시 재기하고 발전한다. 부귀한 사람에게 아첨하고 가난하고 곤궁한 사람에게 교만한 자는 반드시 사주가 편고하고 기괴하며 오행이 바르지 못한 것이며 마음이 간사하고 탐욕스러우며 늘 요행을 바란다.

병이 있고 약도 있으면 길흉이 쉽게 나타나고 병이 없고 약도 없으면 화복禍福의 추명이 어렵다고 하는 논리는 잘못된 편견이다. 무릇 병이 있으면 드러나므로 추명이 쉽지만 병이 없으면 숨어있으므로 추명이 어렵다. 따라서 모두 중화를 위주로 보아야 한다.

오히려 병이 없는 사람은 사지가 튼튼하고 면역이 조화되어 거동이 자유로워 모든 것이 편하고 쾌적한 것이다. 그러나 병이 있으면 근심걱정이 많고 즐거움이 적으며 거동이 어려우므로 좋은 약을 얻으면 좋지만 좋은 약이나 의사가 없다면 어찌 평생 질환이 되지 않겠는가.

적천수천미의 명조를 원문의 취지에 알맞게 필자가 해설하였습니다.

시　일　월　년

癸　癸　甲　辛

亥　卯　午　巳

丙 丁 戊 己 庚 辛 壬 癸

戌 亥 子 丑 寅 卯 辰 巳

午월에 木火의 기세가 강한 명조로서
庚寅대운에 木火의 기세가 왕성한데 庚金정인이 투출하여
金水의 기세를 도와 수화기제로 중화를 이루므로 재상의 벼슬에 오르고 명성이 빛났으나 단지 金인성의 기세가 쇠약하므로 자손이 없었습니다.

시　일　월　년

戊　癸　丙　己

午　未　子　酉

戊 己 庚 辛 壬 癸 甲 乙

辰 巳 午 未 申 酉 戌 亥

子월에 火土의 기세가 강한 명조로서
癸酉 壬申대운에 수화기제로 중화를 이루므로 관찰사의 벼슬에 올랐으나 辛未대운에 왕성한 土관살의 기세로 인하여 중화를 이루지 못하여 기세가 탁하므로 재앙을 면하지 못하였습니다.

6) 유강순역

柔剛不一也 不可制者 引其性情而已矣
유 강 불 일 야 　 불 가 제 자 　 인 기 성 정 이 이 의
順逆不齊也 不可逆者 順其氣勢而已矣
순 역 불 제 야 　 불 가 역 자 　 순 기 기 세 이 이 의

유연한 것과 강건한 것은 하나같지 않으므로 제어할 수 없으면 그 성정을 이끌어낼 뿐이다. 순과 역은 일정하지 않으므로 거역할 수 없으면 그 기세에 순응할 뿐이다.

격국의 기세가 강건하면 강철과 같이 단단한 것으로서 부러지기 쉬우며 격국의 기세가 유연하면 연철과 같이 부드러운 것으로서 휘어지기 쉽습니다.

일반적으로 양의 기세는 강건하다고 하며 음의 기세는 유연하다고 합니다. 그러나 양의 기세도 세력이 없으면 약하기 마련이며 음의 기세도 세력이 있으면 강하여지기 마련입니다.
그러므로 유연한 것과 강건한 것은 하나같지 않다고 하는 것입니다.

순順은 순응하는 것으로서 격국의 변화에 대응하며 마땅히 도와주어야 할 것은 돕고 설기하여야 할 것은 설기하며 성정을 이끌어내며
역逆은 거역하는 것으로서 격국의 변화에 대응하며 마땅히 도와주어야 할 것을 돕지 않거나 설기하여야 할 것을 설기하지 않고 거스르는 것을 말합니다.

가령 甲木의 기세가 강건하면 그 기세를 설기하며 성정을 이끌어내면 순응하는 것이며 강건한 기세를 도우면 오히려 기세를 거역하는 것이라고 합니다.

유강순역에 대하여서는 학자마다 견해가 다르므로 아래와 같이 소개하
니 참고바랍니다.

원주에서 유백온이 해설하기를

강유가 서로 돕는 것은 당연하며 매우 강건하면 유연한 것으로 다스리
고 그 성정을 얻지 못하면 오히려 강건한 것으로 도와주어야 한다. 비
유하면 무사가 병졸을 얻으면 살벌해지는 것과 같다. 가령 申월생의 庚
金이 丁火를 만나면 그 위엄이 격렬하고 乙木을 만나면 난폭한 것을 돕
는 것이며 己土를 만나면 뜻을 이루고 癸水를 만나면 예리하다.

유연한 것은 강건한 것으로 다스릴 수 있는데 壬水가 그러하다. 대개
壬水는 바른 성정이 있어 庚金의 성정을 능히 이끌어 통할 수 있기 때
문이다. 만약 강건한 것으로 강건한 것을 다스리면 격렬하므로 그 재앙
은 말할 필요가 없다. 매우 유연하면 강건한 것으로 다스리는데 그 정
을 얻지 못하면 오히려 더욱 유연하다.
비유하면 열녀가 은혜와 위엄이 있는 남자를 만나면 음천하게 되는 것
과 같다. 가령 酉월생의 乙木이 甲丙壬을 만나면 반기며 정을 주지만 왕
성한 戊庚을 만나면 두려움으로 정조를 잃는다.

강건한 것은 유연한 것으로 다스릴 수 있는데 丁火가 그러하다. 대개
丁火는 올바른 성정이 있어 능히 乙木의 성정을 끌어낼 수 있다. 만약
유연한 것으로 유연한 것과 합하면 장차 그 피해를 어찌하겠는가. 나머
지도 이와 같이 유추한다.
강건하고 유연한 도리는 순응하고 거역하면 안 되며 곤륜산에서 흐르
는 물은 순응하고 거역하면 안 되고 그 기세를 이미 이루면 순응하고
거역하면 안 되며 권세가 한사람에게 있거나 두사람의 마음이 같으면
순응하고 거역하면 안 된다.

적천수천미에서 임철초가 해설하기를

강유의 도는 음양이 강건하고 유순한 것이다. 그러나 강건하여도 유연한 것이 없는 것이 아니므로 양을 건乾괘에 비유한 것이다.

건괘는 삼녀三女를 생하므로 강건한 것으로 유연한 것을 취한 것이다. 유연하여도 강건한 것이 없는 것이 아니므로 음을 곤坤괘에 비유한 것이다. 곤괘는 삼남三男을 생하므로 유연한 것으로 강건한 것을 취한 것이다.

무릇 봄木 여름火 가을金 겨울水 사계절土는 득시하고 당령한 것으로 사주에서 극제하는 육신이 없다면 그 기세는 웅장하며 그 성정은 강건하므로 설기하지 않으면 맑지 못하고 맑지 못하면 우수하지 못하고 우수하지 못하면 완고하다. 만약 강건한 것을 유연한 것으로 제어하면 적은 것으로 무리와 대적하므로 오히려 격노하여 더욱 강건하다.

봄金 여름水 가을木 겨울火 사왕지四旺支의 土는 실시하여 기세가 없는데 사주에서 생조하는 육신이 없다면 그 기세는 유연하고 성정은 지극히 약하므로 위협하지 않으면 개선하지 않고 개선하지 않으면 변화하지 않고 변화하지 않으면 쓸모없게 된다. 대략 유연한 것으로 강건한 것을 이끌어도 허약하여 도움도 받지 못하고 오히려 더욱 더 유연하게 된다.

이처럼 설기하는 것은 생생의 묘가 있고 극하는 것은 성취하는 공이 있으며 이끄는 것은 화합하는 정이 있고 따르는 것은 변화의 묘가 있다. 극설인종剋洩引從 네 글자를 상세하게 살펴야 하며 대략적으로 판단하면 안 된다. 반드시 무에서 유로 들어가고 실에서 허를 찾는 것이 현묘한 뜻이다.

만약 庚金이 申월생이면 壬水가 필요하고 乙木이 酉월생이면 丁火가 필요하다는 것은 비록 제화의 뜻을 얻어도 죽은 법이다.

설사 庚金이 申월생인데 사주에 木火가 먼저 있고 壬水가 나타나지 않으면 어찌할 것인가. 설마 이미 드러난 木火를 버리고 오히려 암장되어 있는 壬水를 써야하는가. 乙木이 酉월생인데 사주에 겁재와 인성이 먼저 있고 丁火가 나타나지 않으면 어찌 할 것인가. 설마 겁재와 인성을 버리고 오히려 보이지도 않는 丁火를 구하여야 하는가.

일반적으로 득시하여 당령하고 사주에서 극제하는 육신이 없으면 식신을 용하여 그 기세에 순응하여 우수한 기세를 설기하고 운에서 재성을 생조하면 무에서 유로 들어가는 것이다. 실시하여 휴수하고 사주에서 일주를 도와주는 겁재와 인성이 없다면 식신을 용하여 제살하고 칠살을 득하여 인성을 생하면 실에서 허를 찾아 마땅히 활용하는 것이다. 그러므로 한 가지에만 집착하면 안 된다.

순역의 작용은 진퇴를 거스르지 않을 뿐이다. 거역할 수 없다는 것은 당령하여 득세한 신이라면 마땅히 그 의향에 따라야 한다.
그러므로 사주에는 순역이 있으며 그 기세는 자연히 분별하는 것이 마땅하고 오행에는 전도가 있으며 각각의 작용하는 법칙이 있다.

기는 본래 세력을 타면 다른 잡스러운 것을 돌아보지 않으며 다른 육신을 빌려 국을 이루고 왕신을 따르면 극제하지 못하는 것이 없으며 쇠약한 것에 의지하면 도움을 받지 못한다. 그러므로 제살은 승왕한 것만 못하고 화살하여 일주를 돕는 것이 바른 것이며 칠살을 따르면 권세에 의지하는 것이고 칠살을 남기면 관성을 맞이하는 것이 바르다.

기에도 음양이 있는데 양은 음을 생하는 징조가 있고 음은 양을 화하는 묘함이 있다. 세에는 청탁이 있는데 탁한 중에 맑음이 있으면 고귀한 기틀이 되며 맑은 중에 탁함이 있으면 천한 뿌리가 된다.

역으로 와서 순으로 가면 부유한 기틀이 되며 순으로 와서 역으로 가면 가난하다.

이것이 바로 순역의 미묘함이며 명리학자는 마땅히 깊이 연구해야 한다. 책에서 말하기를 남는 것은 제거하고 모자라는 것은 보충한다고 하는데 비록 바른 이치이지만 역시 깊고 얕은 작용을 연구하지 않으면 단지 평범한 이론일 뿐이다.

사주의 육신을 알지 못하여도 재성 관살 인성 식상을 불구하고 권세를 득한 국의 육신이 강포함을 제거하도록 도와준다면 이를 이인동심이라고 한다. 혹 일주가 득령하고 사주의 육신이 모두 함께 합치면 한 사람에게 권력이 있다고 하며 오직 그 기세에 순응하여 끌어내어 통하게 하면 복이 된다. 만약 강제로 억제하여 그 성질을 격노하게 하면 반드시 흉한 재난을 당하므로 반드시 상세하게 살펴야 한다.

적천수천미의 명조를 원문의 취지에 알맞게 필자가 해설하였습니다.

시	일	월	년
甲	庚	戊	壬
申	辰	申	申

丙 乙 甲 癸 壬 辛 庚 己
辰 卯 寅 丑 子 亥 戌 酉

申월에 庚金일간의 기세가 강한 명조로서 庚戌대운에 강한 기세를 도우므로 고통이 많았으나 북방 水대운에 壬水식신의 왕성한 기세로 설기하며 순응하므로 경영을 하여 큰 부자가 되었으며 늦은 공부도 하였습니다.

7) 한난조습

天道有寒暖 發育萬物 人道得之 不可過也
천 도 유 한 난 발 육 만 물 인 도 득 지 불 가 과 야
地道有燥濕 生成品彙 人道得之 不可偏也
지 도 유 조 습 생 성 품 휘 인 도 득 지 불 가 편 야
천도에는 한난이 있어 만물을 발육하는데 인도에서 득하는 것이
과하면 안 된다. 지도에는 조습이 있어 만물을 생성하는데
인도에서 득하는 것이 치우치면 안 된다.

한난조습은 사주팔자에서 중요한 기후의 조건입니다.
한난寒暖은 춥고 더운 기후로서 음양의 기세이며 水火의 기세로서 만물을 발육하는데 쓰이며 과하게 득하면 춥고 더운 환경의 조화가 어그러져 만물이 발육하지 못하므로 안 된다고 합니다.

조습燥濕은 건조하고 습한 기후로서 역시 음양의 기세이며 水火의 기세로서 만물을 생성하는데 쓰이며 치우치게 득하면 건조하고 습한 환경의 조화가 어그러져 만물이 생성하지 못하므로 안 된다고 합니다.

봄과 여름에는 만물이 난기暖氣와 습기濕氣로써 성장하고 발전하는 것이며 가을과 겨울에는 만물이 한기寒氣와 조기燥氣로써 만물이 결실을 이루고 저장하는 것입니다.
그러므로 만물은 한난조습의 기후에 의하여 생장소멸生長消滅의 과정을 반복하면서 살아가는 것입니다.

격국의 가장 이상적인 기후 조건은 수화기제水火旣濟로서 한난조습이 조화된 기후이며 가장 쾌적한 환경입니다.
월령은 계절의 기후로서 한난조습의 기후를 나타내며 기후의 왕쇠에 의하여 한난조습의 정도가 나타납니다.

사주팔자가 쾌적한 환경의 기후가 되기 위하여서는 조후가 필수적입니다. 조후調候란 기후를 조절하는 것을 말합니다.

격국에서 조후는 巳午未월령에서는 丙火의 난기와 丁火의 열기가 치열하므로 壬癸水의 한기와 습기로써 조절하며 亥子丑월령에서는 壬水의 한기와 癸水의 습기로 동결하므로 丙丁火의 난기와 열기로 조절하는 것이 이상적이고 쾌적한 환경을 만드는 것입니다.

한난과 조습에 대하여서는 학자마다 견해가 다르므로 아래와 같이 소개하니 참고바랍니다.

원주에서 유백온이 해설하기를

음의 지지는 차가운 한기이며 양의 지지는 따뜻한 난기이고 서북은 한기이고 동남은 난기이다. 金水는 한기이고 木火는 난기이다.
한기를 득하면 난기를 만나야 발전하고 난기를 득하면 한기를 만나야 이룬다. 한기가 심하고 난기가 심한 것이 사주에 한두 개의 상을 이루고 있으면 반드시 좋은 것이 없다.

만약 오양간이 子월생이면 일양一陽의 기후에 만물이 잉태하는 시기로서 양승양위陽乘陽位이므로 동방운도 좋고 서방운도 좋다.
오음간이 午월생이면 일음一陰의 기후에 만물이 수장하는 시기로서 음승음위陰乘陰位이므로 남방운도 좋고 북방운도 좋다.

지나치게 습하면 정체되므로 이루지 못하고 지나치게 건조하면 조열하므로 재앙이 있다. 水가 金의 생을 받는데 한기의 土를 만나면 더욱 습하여지고 火가 木의 생을 받는데 난기의 土를 만나면 더욱 건조해지므로 모두 편고한 것이다.

만약 水火가 건조하면 길하고 木火상관은 습하여야 한다. 土水가 습하면 길하며 金水상관은 건조하여야 한다. 간혹 土가 습하면 건조한 것이 마땅하므로 土를 쓰려면 火를 써야 한다. 金이 건조하면 습한 것이 마땅하므로 金을 쓰려면 水를 써야 한다.

적천수천미에서 임철초가 해설하기를
한난이란 만물이 생성하는 이치이다. 서북 金水는 한기이고 동남 木火는 난기인 것에 집착해서는 안 된다. 작용하는 것을 고찰하면 상승하면서 변화하는 것에서 비롯하여 반드시 하강하면서 변화하는 것이며 거두어 합하면 반드시 열고 나가면서 변화하는 것이다.

질의 생성은 형의 기틀에서 비롯되고 양의 생성은 반드시 음의 지지에서 만들어진다. 양이 만물의 생을 주관하지만 음이 아니면 완성하지 못하고 형체를 이루지 못하면 역시 생이 헛되어 진다. 음은 만물의 완성을 주관하지만 양이 아니면 생하지 못하고 질을 생하지 못하므로 어찌 완성할 수 있겠는가.

오직 음양의 중화와 변화로서 능히 만물이 발육한다. 만약 일양이 있어도 음이 없으면 완성하지 못하고 일음이 있어도 양이 없으면 생하지 못한다. 이는 홀아비와 과부와 같아 생성의 뜻이 없는 것과 같다. 이같이 추상하면 음양의 배합뿐만 아니라 한난도 역시 마찬가지다. 하물며 사계절의 질서가 상생으로 이루어지는데 어찌 子월에 양이 생하고 午월에 음이 생한다는 논리만 고집하겠는가.

본문에서 지나치면 안 된다고 하는 것은 적절한 중화를 말한 것일 뿐이다. 한기가 비록 심하여도 난기가 있어야 하며 난기가 비록 지극하여도 한기의 뿌리가 있어야 능히 만물이 생성한다.

만약 한기가 심한데 난기가 없거나 난기가 지극한데 한기의 뿌리가 없으면 반드시 생성의 묘함이 없다. 그러므로 한기가 너무 지나치면 오히려 난기가 없어야 좋고 난기가 너무 지나치면 오히려 한기가 없어야 마땅하다. 대개 한기가 극에 이르면 난기가 작용하고 난기가 극에 이르면 한기의 징조가 나타난다. 소위 음이 극에 이르면 양이 발생하며 양이 극에 이르면 음이 발생한다고 하는 것으로서 천지자연의 이치이다.

조습이란 水火가 서로 도우며 이루는 것을 말한다. 그러므로 일주에는 일주의 기가 있어 내부에 오행을 감추지 않으며 국에는 국의 기가 있어 외부로 반드시 사주와 통한다. 습한 것은 음기이므로 당연히 건조함을 만나야 이루고 건조한 것은 양기이므로 당연히 습함을 만나야 생한다.

木이 여름에 생하면 우수한 기를 발설하여 겉으로는 남아도 속으로는 허탈하여지므로 반드시 壬癸의 생을 받아야 하고 丑辰의 습토로 배양하여야 火는 치열하지 않으며 木은 메마르지 않고 土가 건조하지 않으며 水가 마르지 않아 생성의 도리가 있는 것이다.
만약 未戌의 난기의 土를 만나면 오히려 火를 도우므로 火를 어둡게 할 수 없고 설사 水가 있어도 힘이 되지 못한다.

金은 백번을 단련하여도 그 색이 바뀌지 않는다. 그러므로 金이 겨울에 태어나면 비록 설기되어 휴수되어도 마침내 丙丁火을 써서 한기와 대적하고 未戌의 조토로 습기를 제거하면 火는 어둡지 않고 水가 날뛰지 않으며 金은 차갑지 않고 土는 얼지 않으므로 발생의 기가 작용한다.
만약 丑辰의 습토를 만나면 오히려 水를 도우므로 水를 제어하지 못하고 설사 火가 있어도 힘을 발휘하지 못한다. 이것이 지도가 생성하는 묘리이다.

적천수천미의 명조를 원문의 취지에 알맞게 필자가 해설하였습니다.

시 일 월 년
甲 庚 丙 甲
寅 辰 子 申

甲 癸 壬 辛 庚 己 戊 丁
申 未 午 巳 辰 卯 寅 丑

子월에 申子辰 삼합으로 상관국의 형상을 이루고 한기가 강한데 丙火의
난기로 조후하는 명조로서 동남 木火대운에 甲木편재와 丙火칠살의 왕
성한 기세로 상관국의 기세를 설기하여 수화기제를 이루므로 과거급제
하고 관서장으로서 황당의 벼슬에 이르렀습니다.

시 일 월 년
甲 庚 丙 己
申 辰 子 酉

戊 己 庚 辛 壬 癸 甲 乙
辰 巳 午 未 申 酉 戌 亥

子월에 申子辰 삼합으로 상관국의 형상을 이루고 한기가 강한데 丙火의
난기로 조후하는 명조로서 甲戌대운에 土의 기세가 왕성하므로 재물손
실과 고통이 많았고 癸酉 壬申대운에는 金의 왕성한 기세를 상관국의
기세로 설기하여 기세의 흐름이 원활하므로 큰 부자가 되었고 辛未 庚
午대운에는 火土의 왕성한 기세로 상관국의 기세를 거스르므로 재산을
많이 잃고 죽었습니다.

```
          시  일  월  년
          壬  丙  丙  丁
          辰  午  午  丑
       戊 己 庚 辛 壬 癸 甲 乙
       戌 亥 子 丑 寅 卯 辰 巳
```

午월에 火의 기세가 강한 명조로서
동방 木대운에 壬癸水가 투출하여 열기를 제어하고 수화기제의 조화를
이루므로 과갑에 급제하고 벼슬을 하였으며
북방 水대운에 壬水칠살의 왕성한 기세로 수화기제를 이루어 조화를
이루고 관서장으로서 봉강의 벼슬에 이르렀습니다.


```
          시  일  월  년
          癸  丙  丁  癸
          巳  午  巳  未
       己 庚 辛 壬 癸 甲 乙 丙
       酉 戌 亥 子 丑 寅 卯 辰
```

巳월에 火의 기세가 강한 명조로서
동방 木대운에 火의 기세를 도우므로 조상의 유업이 풍성하였으나
癸丑 壬子대운에 壬癸水관살의 왕성한 기세로 火의 강한 기세를 거스르
므로 부모와 자식을 잃었으며 화재를 만나 집안이 망하고 죽었습니다.

```
```

시 일 월 년
丙 庚 辛 丙
子 辰 丑 辰
己 戊 丁 丙 乙 甲 癸 壬
酉 申 未 午 巳 辰 卯 寅

丑월에 한기가 강한데 丙火의 난기로 조후하는 명조로서
동방 木대운에 한기를 설기하므로 의식이 풍족하였으나
남방 火대운에는 丙丁火의 왕성한 기세로 강한 한기의 기세를 거스르
므로 처자를 모두 잃고 가업도 망하여 스님이 되었습니다.

시 일 월 년
丙 庚 壬 丁
戌 戌 子 未
甲 乙 丙 丁 戊 己 庚 辛
辰 巳 午 未 申 酉 戌 亥

子월에 金水상관의 명조로서
서방 金대운에 戊己土인성의 강한 기세로 인하여 기세의 흐름이 정체
되어 탁하므로 벼슬을 하여도 뜻을 이루지 못하다가
丁未 丙午대운에 丙丁火관살의 왕성한 기세로 인하여 壬水식신의 한기
를 해소하므로 여름에 소나기를 만난듯이 기이한 인연을 만나 주목의
벼슬에 이르렀습니다.

8) 월령

月令提綱 譬之宅也 人元用事之神 宅之向也 不可以不卜
월 령 제 강   비 지 택 야   인 원 용 사 지 신   택 지 향 야   불 가 이 불 복

월령은 제강이며 비유하면 가택과 같으며
인원용사지신으로 가택의 방향을 선택하지 않으면 안 된다.

월령은 격국의 형상을 이루는 중심적인 역할을 하므로 이를 제강이라고 하는 것이며 격국을 지휘하는 지휘부에 비유하며 가택이란 지휘부가 있는 건물을 뜻합니다.

제강提綱은 그물을 조절하는 벼리로서 월령의 하는 일이 마치 그물을 조절하며 지휘하는 역할과 같다고 하는 것에 비유한 것으로서
월령을 마치 사주팔자를 지휘하는 지휘부라고 하는 것입니다.

월령은 격국의 형상을 이루고 이를 이끄는 지휘관을 월지의 지장간에서 선정하게 됩니다.
월지의 지장간에는 두 세개의 인원용사지신이 있으며 이 중에서 형상을 대표하는 지휘관을 선택하지 않으면 안 된다고 하는 것입니다.

형상을 대표하는 인원용사지신은 월지의 지장간이 천간에 투출하여야 비로소 지휘관으로 선택할 수 있는 것이며 이를 대표격용신이라고 하며 형상을 지휘하는 지휘관으로서 사주팔자의 정책에 대한 방향을 결정하는 역할을 하는 것입니다.
마치 사주팔자가 국가이라면 월령은 정부와 같으며 대표격용신은 정부를 대표하는 대통령으로서 국가의 정책을 시행하는 역할을 담당하는 것과 같습니다.

가령 甲木일간이 巳월생이면 火월령은 사주팔자를 운영하는 정부와 같으며 巳중에 있는 戊土편재 庚金칠살 丙火식신 중에서 천간에 투출한 지장간으로 대통령을 선출한 것이 대표격용신으로서 역할을 담당하는 것입니다.

대표로 선정된 지장간은 사주팔자의 격국을 운영하는 역할을 합니다. 가령 재성격이면 재성을 중심으로 사주팔자를 운영하며 관살격이면 관살을 중심으로 사주팔자를 운영하게 됩니다.

월령에 대하여서는 학자마다 견해가 다르므로 아래와 같이 소개하니 참고바랍니다.

원주에서 유백온이 해설하기를

월령은 삼명三命에서 가장 중요한 것이며 기상氣象이 득령하면 길하고 희신이 득령하여도 길하므로 월령을 어찌 소홀히 하겠는가.
월령은 사람이 사는 집과 같으며 삼원三元은 지지인 집에서 문밖으로 향하는 길을 정하는 것을 예측하지 않으면 안 된다.
가령 寅월생은 입춘 후 7일 전에는 모두 戊土가 사령하고 8일 이후부터 14일 전까지는 丙火가 사령하며 15일 이후부터는 甲木이 사령한다. 이것을 알면 격을 취할 수 있고 용신을 취할 수 있다.

적천수천미에서 임철초가 해설하기를

월령이란 사주에서 가장 중요하다. 기상 격국 용신은 모두가 월령의 사령에 속하며 천간에서 이끌며 도와주는 육신이다. 비유하면 큰 집의 형상과 같으며 인원용사란 월지와 일지에 사령한 육신으로서 가령 집에서 문밖으로 향하는 길을 예측하지 않으면 안 된다.

지리현기地理玄機에서 말하기를 우주는 크게 연결되어 모인 곳으로서 기의 운행을 주관하고 산천은 참된 성정이 있어 기세를 우선한다.
이로써 천기天氣가 위에서 동하면 인원이 응하며 지기地氣가 아래에서 동하면 천기가 따른다고 하였다.

이런 논리에 의하면 인원사령이 비록 격을 돕고 용신을 보조하는 수령 首領이지만 역시 천지가 상응하여야 좋은 것이다. 그러므로 지지의 인원은 반드시 천간이 이끌며 도와주어야 하며 천간이 용신이 되려면 반드시 지지에 사령하여야 한다. 총괄하면 인원은 반드시 사령하여야 능히 길한 것을 이끌고 흉한 것을 억제한다.

사령은 반드시 투출하여야 비로소 능히 격과 용신을 도울 수 있다. 만약에 寅월의 戊土나 巳월의 庚金이 사령하고 투출하면 이렇게 논하지 않는다.

비유하면 寅월생이 戊土사령이면 甲木이 비록 때를 얻지 못하고 戊土가 비록 사령하였을지라도 천간에 火土는 투출하지 않고 水木이 투출하면 이를 일러 터는 쇠약하고 문이 왕성한 것이라고 하며 천간에 水木은 투출하지 않고 火土가 투출하면 이를 일러 문이 왕성하고 터는 쇠약한 것이라고 하는 것으로서 이 모두는 길흉이 반반이다.

만약 丙火가 사령하고 사주에 水가 없으면 차가운 木이 火를 만나 번영하고 상대적으로 火는 木의 생조를 받으므로 이른바 문과 터가 모두 왕성한 것으로서 복력이 평범하지 않다.
만약 戊土가 사령하고 천간에 木이 투출하고 지장간에 水가 있다면 이른바 문과 터가 모두 쇠약하다고 하며 재앙이 발생하는 것을 예측하기 어려운 것이다. 나머지도 이같이 논한다.

적천수천미의 명조를 원문의 취지에 알맞게 필자가 해설하였습니다.

시 일 월 년

丙 戊 丙 甲

辰 寅 寅 戌

甲 癸 壬 辛 庚 己 戊 丁

戌 酉 申 未 午 巳 辰 卯

寅월에서 甲木칠살이 투출하여 대표격용신으로 선정되어 기세가 강한 명조로서

庚午 辛未대운에 丙火편인의 왕성한 기세로 甲木칠살의 강한 기세를 설기하여 기세가 원활하게 흐르며 맑아지므로 관서장으로서 황당의 벼슬을 하며 부귀하였습니다.

시 일 월 년

庚 戊 丙 甲

申 辰 寅 戌

甲 癸 壬 辛 庚 己 戊 丁

戌 酉 申 未 午 巳 辰 卯

寅월에서 甲木칠살이 투출하였으나 土金의 기세가 강하므로 대표격용신으로서 역할을 제대로 못하는 명조로서

남방 火대운에 丙火편인의 왕성한 기세로 土金의 기세를 도우므로 공부를 해도 성공하지 못하였으며 일생 곡절이 많고 평안하지 못하였습니다.

9) 생시

生時歸宿 譬之墓也 人元用事之神 墓之穴也 不可以不辨
생 시 귀 숙 비 지 묘 야 인 원 용 사 지 신 묘 지 혈 야 불 가 이 불 변
생시는 귀숙지로서 비유하면 묘지와 같으며 인원용사지신으로 묘지의
혈자리를 분별하지 않으면 안 된다.

시지는 일을 마치고 집에 들어가 쉬는 곳으로서 마치 삶을 마치고 묘지
에 들어가는 것에 비유하며 이를 귀숙歸宿이라고 합니다.

시지에도 지장간이 있으며 이를 인원용사지신으로서 묘지의 혈자리로
쓰인다고 합니다. 묘지의 혈자리가 좋으면 후손에게 발복하는 것으로
서 쓰인다고 합니다.

그러므로 월령의 인원용사지신이 삶의 방향성을 제시하며 적덕을 쌓는
역할을 한다면 시지의 인원용사지신은 삶을 마치고 후손에게 물려줄
적덕의 혈자리로서 역할을 한다고 하는 것입니다.

생시에 대하여서는 학자마다 견해가 다르므로 아래와 같이 소개하니
참고바랍니다.

원주에서 유백온이 해설하기를
子시생은 전반의 삼각삼분(49.5분)에는 壬水를 용사하고 후반의 사각
칠분(70.5분)에는 癸水를 용사한다. 寅월생이 戊土를 용사할 때 어떠한
지 丙火를 용사할 때 어떠한지 甲木을 용사할 때 어떠한지를 판정하고
사주에서 용신이 壬水를 용사할 때 어떠한지와 癸水를 용사할 때 어떠
한지에 대한 깊고 얕음을 궁구하면 마치 묘지를 정하는 방도와 같으며
이것으로 사람의 화복을 판단할 수 있다.

년월일이 같아도 백 명이 각각 다른 것은 당연히 시간의 선후를 탐구하고 산천이 다름과 세덕의 다름을 논하면 십중팔구는 적중한다. 적중하지 않는 것은 사람은 관직에 있는데 저 사람은 자손이 많고 이 사람은 재산이 많은데 저 사람은 부인이 미인이라는 적은 차이에 불과하다.

대개 산천이 다른 것은 동서남북만이 아니고 다른 것도 마땅히 분별하여야 한다. 한 마을이나 한 집안에서도 풍습이 모두 같지 않으며 세덕과 부귀빈천 등이 모두 같지 않으므로 마땅히 분별하여야 한다. 같은 가문에 산다고 해도 선악이 모두 다르므로 학자는 이것을 잘 살펴본다면 그 흥성과 쇠퇴를 검증할 수 있다.

적천수천미에서 임철초가 해설하기를

子시의 전반 삼각삼분(현대시간으로 49.5분)에 壬水를 용사하는 것은 亥중 여기로서 소위 야자시夜子時라고 한다. 가령 대설 10일 전에 壬水를 용사하는 것과 같다. 나머지 시간도 역시 전후로 용사하며 모름지기 사령을 따라서 유추하여야 한다.

만약 생시의 용사와 월령의 인원용사가 서로 부합하고 일주가 반기면 길함이 배로 증가하고 일주가 꺼리면 반드시 흉한 재난이 증가한다. 생시의 좋고 나쁨은 묘지에 혈穴이 맺히는 것과 같으며 인원의 용사는 묘지의 향向과 같으므로 분별하지 않으면 안 된다.

그러므로 혈은 길하고 향이 흉하면 반드시 길함이 감소하고 혈이 흉하고 향이 길하면 반드시 흉함이 감소한다. 가령 丙일 亥시생이면 亥중 壬水는 丙火의 칠살이므로 甲木을 용사하면 혈은 흉하고 향은 길한 것이다. 辛일 未시생이면 未중 己土는 辛金의 인성이므로 丁火를 용사하면 혈은 길하여도 향이 흉한 것이다.

이치는 비록 이와 같아도 시가 정확하지 않은 것이 십중사오이므로 무릇 생시가 정확하지 않은데 어찌 생극을 능히 분별하겠는가. 만약 생시가 정확하면 인원을 탐구하지 않아도 역시 그 규모를 판단할 수 있다. 비유하면 천연의 용龍이 있으면 반드시 천연의 혈이 있고 천연의 혈이 있으면 반드시 천연의 향이 있으며 천연의 향이 있으면 반드시 천연의 물이 있는 것과 같아 시가 틀리지 않으면 길흉은 저절로 적중한다.

생시의 인원용사는 결국 월령의 사령보다는 중요하지 않다. 산천이 다르고 세덕이 다르며 이로 인해서 발복도 두텁고 얇음이 있고 재앙도 가볍고 무거운 것이 있는 것이며 하물며 인품이 단정하고 사악함이 있는 것이므로 역시 재앙과 복록이 변할 수도 있는 것이다. 이러한 것은 명에서 얻을 수 있는 것이 아니므로 구애받지 말고 마땅히 소식消息의 이치에 따라야 한다.

| 제 4 장 |

기세론

氣勢論

1. 원류

何處起根源 流向何方住 機括此中求 知來亦知去
하 처 기 근 원　류 향 하 방 주　기 괄 차 중 구　지 래 역 지 거
어느 곳에서 근원이 시작하여 어디로 흐르고 머무는가
그 작용의 이치를 이 중에서 구하면 미래를 알고 과거를 안다.

원류란 기세가 흐르기 시작하는 근원을 말하며 기세가 어느 곳에서 시작하여 어디로 흐르고 어느 곳에 머무는가 하는 작용의 이치를 알면 과거와 미래를 알 수 있다고 합니다.
마치 근원인 샘에서 물이 흘러나와 하천으로 흐르고 바다에 이르는 것과 같습니다. 그러므로 물이 근원에서 하천을 거쳐 바다로 흐르는 과정을 살펴보면 과거와 미래를 알 수 있다고 합니다.

풍수에서 근원은 조산祖山이라고 하며 이를 곤륜崑崙이라고도 합니다. 가장 강한 기세를 가진 산으로서 이곳이 근원이 되어 기세가 흘러 도달하는 곳을 명당혈이라고 합니다.

사주팔자에서도 근원은 기세가 가장 강한 것이라고 할 수 있습니다.
그러므로 사주팔자에서 기세가 강한 오행이나 육신이 근원이 되는 것입니다.

근원은 대운의 과정에서 원활하게 흐르면서 월령의 격국을 도와야 길한 것이며 기세가 흐르지 못하고 정체되거나 월령의 격국을 파괴하거나 거스르면 오히려 흉하다고 합니다.
그러므로 근원의 기세가 대운에서 어떻게 흐르는가를 알면 과거와 미래의 길흉을 판단할 수 있는 것입니다.

근원에 대하여서는 학자마다 견해가 다르므로 아래와 같이 소개하니 참고바랍니다.

원주에서 유백온이 해설하기를

당령을 하였는가 못하였는가를 논하는 것은 불필요하다.

단지 가장 많고 가장 왕성한 것을 취하여 사주 전체에서 가장 근본이 되는 것을 원두라고 한다.

이 원두가 흘러서 도달하는 곳이 어느 곳인가를 보아야 하며 흘러가는 곳에 희신이 있다면 이곳이 머물 곳이며 귀로가 좋은 것이다.

丁戊癸辛

巳申巳酉는 火가 원두이며 金水운으로 흘러서 머물면 부귀가 최상이지만 木운으로 흐르면 기세가 설기되므로 혼란스러워진다.

만약 길한 방향으로 흐르지 못하고 중간에서 막히면 흐름을 막는 육신이 어떤 것인가를 살펴서 길흉을 판단하여야 하며 흘러서 멈추는 곳이 어디인지 그 위치를 알아야 한다.

壬癸壬癸

子丑戌丑은 土가 원두로서 水에서 멈추므로 오직 혼자서 살면서 戌中 火土의 기운을 득하여 따르므로 승려가 된 것이다.

적천수천미에서 임철초가 해설하기를

원두란 사주에 있는 왕성한 육신이다. 재관 인수 식상 비겁 등은 모두 원두가 될 수 있지만 중요한 것은 유통하고 생화하여 격국을 득하여야 좋다. 비겁에서 시작하고 재관에서 머무는 것을 반기며 재관에서 시작하여 비겁에서 머무는 것은 기피한다.

가령 산천에서 발한 맥이 용으로 오듯이 부모의 기를 알려면 존성尊星을 살피고 자식의 기를 알려면 주성主星을 살피며 임신의 기를 알려면 태복성胎伏星을 살피고 태아의 기를 알려면 태식성胎息星을 살피고 화살위권化煞爲權의 기를 알려면 해성解星을 살피고 절처봉생의 기를 알려면 은성恩星을 살피는 것과 같다.

원두의 기세를 알면 흐르는 기로 정情을 알 수 있다. 그러므로 원두가 흘러 멈추는 곳이 산천의 혈이 맺힌 곳이므로 탐구하지 않으면 안 된다. 원두를 막아 기가 끊어지는 곳은 산줄기가 파손되어 끊어지는 것과 같으므로 관찰하지 않으면 안 된다.

원두의 흐름이 어디에서 멈추는지 살피면 누가 흥하고 누가 망하는지 알 수 있으며 끊어서 막고 있는 육신이 무엇인지를 살피면 길흉을 알 수 있다. 가령 원두가 년월에서 시작한 것이 식신이나 인수이고 일시에서 멈춘 것이 재관이라면 위로는 조상의 은덕이 있는 것이며 아래로는 자손이 복을 누린다.

만약 년월에서 시작한 것이 재관이고 일시에서 멈춘 것이 상관이나 겁재이면 조상의 유업을 파산하고 처자식도 잃는다.
만약 일시에서 시작한 것이 재관이고 년월에서 멈춘 것이 식신이나 인수이면 위로는 조상의 영광이고 아래로는 자손들의 가업이 흥성하다.
만약 일시에서 시작한 것이 재관이 년월에 멈춘 것이 상관이나 겁재이면 조상의 유업을 누리기 어렵고 스스로 창업해야 한다.

기세가 흐르다가 년에 있는 관성이나 인성에 머물면 조상이 청고하며 상관이나 겁재에 머물면 조상이 가난하고 미천하며 재관에 머물면 부모가 창업하고 상관이나 겁재에 머물면 부모가 파산한다.

일시에 있는 재관이나 식신 인수에 머물면 반드시 자수성가하거나 처가 어질고 자식이 귀하게 되지만 상관이나 효신 양인에 머물면 처가 천하거나 자식이 열등하거나 처로 인하여 화를 초래하며 집이 망하고 곤욕을 치른다. 그러나 일주의 희기를 살펴서 판단하여야 적중한다. 만약 원두가 흐르는 곳을 막아서 끊어지게 하는 것이 인수이면 반드시 윗사람으로 인하여 화를 입으며 사주에서 재성으로 억제하여야 반드시 현명한 처의 내조를 받는다.

만약 끊어지게 하는 것이 비겁이면 반드시 형제로 인하여 고생하거나 불화하며 사주에서 관성으로 억제하여야 현명한 귀인이 해결을 해주고 식상으로 화하면 반드시 자식이나 조카들의 도움을 받는다.
만약 끊어지게 하는 것이 재성이면 반드시 처로 인하여 화를 입으며 사주에서 비겁으로 억제하여야 반드시 형제의 도움을 받거나 형제들이 공경하며 관성으로 화하면 반드시 현명한 귀인의 도움을 받는다.

만약 끊어지게 하는 것이 식상이면 반드시 자손이 누를 끼치는 것이며 사주에서 인성으로 억제하여야 반드시 윗사람의 복을 받거나 추대를 받고 재성으로 화하면 반드시 처가 미인이거나 능력이 많다.
만약 끊어지게 하는 것이 관성이면 반드시 관청의 형벌이 따르며 사주에서 식상으로 억제하면 반드시 자식이나 조카들의 도움을 받고 인성으로 화하면 반드시 윗사람의 도움을 받는다.

또한 중요한 것은 용신이 마땅히 꺼리는 것을 살피면 부합하지 않는 것이 없다. 만약 원두가 흘러 머무는 곳이 관성이고 일주의 용신이면 이름이 귀하게 된다. 재성이고 일주의 용신이면 재물이 늘어난다. 인수이고 일주의 용신이면 학문이 맑고 높아진다. 식상이고 일주의 용신이면 재물과 자손이 모두 좋아진다.

관성이고 일주의 기신이면 관재로 집안이 기운다. 재성이고 일주의 기신이면 재물과 건강과 명성이 끊어진다. 인수이고 일주의 기신이면 문서로 인하여 재앙을 받는다. 식상이고 일주의 기신이면 자손으로 인하여 고생하거나 후사가 끊어진다.

이것이 원류의 바른 이치이며 속서의 잘못된 논리와 다른 것이다. 무릇 부귀한 사람은 원두를 따르지 않는 자가 없었다. 귀천을 분별하는 것은 오직 사주에서 한 글자로 정하여 진다.
탁한 기세를 제거하고 희신이 되면 귀하게 되거나 부유한 것은 당연하다. 맑은 기세를 제거하고 기신이면 가난하고 천한 것은 당연하므로 학자는 자세히 살펴야 한다.

적천수천미의 명조를 원문의 취지에 알맞게 필자가 해설하였습니다.

시	일	월	년
癸	丙	庚	辛
巳	寅	子	酉

壬 癸 甲 乙 丙 丁 戊 己
辰 巳 午 未 申 酉 戌 亥

년주에서 辛酉의 강건한 기세가 근원으로서 작용하는 명조로서
서방 金대운에 庚辛金재성의 왕성한 기세로 월령을 도와 원활하게 흐르므로 과갑출신으로서 고위직에 오르고
남방 火대운에 金水의 기세가 원활하게 흐르며 맑으므로 일생 험한 것 없이 부귀하였습니다.

242 / 적천수

시 일 월 년

丙 戊 癸 辛

辰 申 巳 丑

乙 丙 丁 戊 己 庚 辛 壬

酉 戌 亥 子 丑 寅 卯 辰

년간에 투출한 辛金상관의 기세가 강하므로 근원으로서 역할을 하는 명조입니다.

동방 木대운에 癸水정재의 기세를 도우므로 사업을 하였으며

북방 水대운에 癸水정재의 기세가 왕성하므로 큰 부자가 되었으며

戊己土비겁의 기세로 丙火편인을 보호하여 수화기제를 이루므로 이품의 벼슬에 오르고 평생을 평탄하게 살았습니다.

시 일 월 년

丁 戊 壬 庚

巳 午 午 寅

庚 己 戊 丁 丙 乙 甲 癸

寅 丑 子 亥 戌 酉 申 未

午월에 寅午반합으로 정인국의 형상을 하고 丁火정인이 원신으로 투출하여 근원이 되는 명조입니다.

서방 金대운에 金水식재의 기세가 왕성하므로 가업이 흥성하였고

丙戌대운에 火土의 기세가 정체되어 탁하므로 재물과 처와 자식을 잃었으며 丁亥대운에 壬水편재의 왕성한 기세가 기반되므로 외로움과 가난을 견디지 못하고 스님이 되었습니다.

2. 통격

兩意本相通 中間有關隔 此關若通也 到處歡相得
양 의 본 상 통 중 간 유 관 격 차 관 약 통 야 도 처 환 상 득
양쪽의 뜻이 본래 서로 통하지만 중간에 관문이 있어 헤어져도
이 관문이 통하는 곳에서 서로 만나는 기쁨이 있다.

근원에서 시작한 기세가 흐르지 못하고 중간에서 막히면 다음 오행으로 기세가 흐르지 못하고 정체되어 버립니다.

가령 木의 기세가 근원으로서 火를 통하여 土로 기세가 흘러야 하는데 火가 없으면 木의 기세가 흐르지 못하고 정체되므로 기세가 탁하게 됩니다. 이를 양쪽의 뜻이 본래 통하는데 중간에 관문으로 가로막혀 뜻이 통하지 못한다고 하는 것입니다.

이때 운에서 火가 오면 비로소 火의 관문이 열리고 木은 火를 통하여 土로 갈 수 있어 서로 만나는 기쁨을 누릴 수 있다고 하는 것입니다.

또한 甲木의 기세가 근원으로서 丙火로 기세가 흘러야 하는데 가운데 庚金이 있어 막고 있다면 甲木의 기세가 흐르지 못하게 관문을 닫아버리는 작용을 하게 됩니다. 이때는 乙木이 庚金을 합거하면 甲木은 비로소 丙火를 만날 수 있으므로 기세가 흐를 수 있습니다.

그러므로 통격이란 중간에 관문으로 가로막혀 기세가 흐르지 못하는 것으로서 관문을 열어서 서로 기세가 통하여 원활하게 흐르는 것을 말하며 이를 일반적으로 통관通關이라고 합니다.

통격에 대하여서는 학자마다 견해가 다르므로 아래와 같이 소개하니 참고 바랍니다.

원주에서 유백온이 해설하기를

천기는 하강하고 지기는 상승하면서 이들은 상합相合과 상화相化와 상생하는 것이다. 木土는 火가 필요하며 火金은 土가 필요하고 土水는 金이 필요하며 金木은 水가 필요한 것은 모두 견우와 직녀처럼 유정하다.

상하의 중간이 멀리 떨어져 있는데 그 사이에 다른 것이 있거나 앞뒤가 멀리 있어 끊어졌는데 형충을 당하거나 다른 것이 겁탈하고 점령하거나 다른 것이 끼어들면 이 모든 것을 관關이라고 한다.

이때 합하지 않고 이끌어주거나 그 사이에 있는 것을 형충으로 제거하거나 전후상하로 이끌며 돕거나 겁탈하고 점령한 육신을 이기거나 결핍되어 있는 것을 보충하거나 암회가 드러나고 운에서 만나는 것 등을 통관이라고 한다. 통관이 되면 원하는 것을 이룰 수 있으므로 견우과 직녀가 신방에 들어가는 것과 같지 않겠는가.

적천수천미에서 임철초가 해설하기를

통관이란 극제하는 육신을 이끌어서 통하게 하는 것이다. 소위 음양의 두 가지 용법에는 기운이 교류하는 묘한 작용이 있는데 하늘의 기세는 아래로 하강하고 땅의 기세는 위로 상승하는 것이다.

천간의 기세는 움직이지만 전일하고 지지의 기세는 고요하지만 복잡하므로 지지의 기세가 이전하는 추세에 따라 천간의 기세가 따르고 천간의 기세가 움직임에 의하여 지지의 기세가 호응을 하며 운행한다.

천간의 기세가 위에서 움직이면 지지의 지장간이 호응하고 지장간이 움직이면 천간의 기세가 따르니 이는 음이 양을 만나 이기면 멈추고 양이 음을 만나 이기면 머무는 것으로서 이를 천지교태天地交泰라고 하며 간지가 유정하고 좌우가 배반하지 않으면 음양이 생육하며 서로 통한다.

만약 칠살이 무거워 인수를 반기는데 칠살과 인수와 함께 드러나거나 칠살과 인수가 함께 암장되면 이것은 명백하게 통한 것이므로 다른 곁가지를 만들 필요가 없다.

가령 사주에 인수가 없으면 반드시 운에서 인수를 만나 통하거나 암회나 명합으로 통해야 한다. 사주에 인수가 있는데 재성에 의하여 파괴되면 관성으로 화하거나 비겁으로 해소한다.

합을 당했으면 충으로 열어주어야 한다. 충으로 파괴되면 합으로 화하고 사이에 다른 것이 있으면 극하여 제거한다.

전후상하에서 이끌어주지 못하면 운에서 도움을 만나야 좋다.
가령 년이 인성이고 시에 칠살이 있거나 천간에 칠살이 있고 지지에 인수가 있으면 전후상하로 떨어진 것이다.

한신과 기신이 사이에 끼어 있는데 이것을 사주에서 통하는 것이 없으면 반드시 운에서 암충 암회로 한신이나 기신을 극제한다.

충할 것은 충하고 합할 것을 합하여 상극하는 것을 이끌어 통하게 하면 견우와 직녀가 신방에 들어가 소원을 이루는 것과 같다. 칠살과 인수를 논하듯이 식상이나 재성과 관성도 역시 이같이 논한다.

적천수천미의 명조를 원문의 취지에 알맞게 필자가 해설하였습니다.

시　일　월　년

丙　丁　甲　癸

午　卯　子　酉

丙　丁　戊　己　庚　辛　壬　癸

辰　巳　午　未　申　酉　戌　亥

金水木火의 기세가 비슷한 명조로서
서방 金대운에 金의 기세가 근원이 되어 水木으로 통관하며
시지 午火에 이르므로 기세가 원활하게 흐르고 기세가 맑아지며 관서
장으로서 관찰사의 벼슬을 하였습니다.

시　일　월　년

乙　辛　丁　己

未　卯　卯　巳

己　庚　辛　壬　癸　甲　乙　丙

未　申　酉　戌　亥　子　丑　寅

乙木편재가 월령에서 투출하고 기세가 가장 강하므로 근원이 되는
명조입니다.
乙丑 甲子대운에 乙木편재의 기세가 북방 水대운에 정체되어 火로 흐르
지 못하여 탁하므로 조상의 유업이 파산하였으며
癸亥 壬戌대운에 丁火칠살의 기세를 제거하여 기세가 흐르지 못하므로
평생 하나도 이루지 못하고 죽었습니다.

3. 청탁

一淸到底有精神 管取平生富貴眞 澄濁求淸淸得去 時來寒谷也回春
일 청 도 저 유 정 신　관 취 평 생 부 귀 진　징 탁 구 청 청 득 거　시 래 한 곡 야 회 춘
滿盤濁氣令人苦 一局淸枯也苦人 半濁半淸無去取 多成多敗度晨昏
만 반 탁 기 령 인 고　일 국 청 고 야 고 인　반 탁 반 청 무 거 취　다 성 다 패 도 신 혼
하나의 맑은 정신을 유지하면 반드시 평생 부귀가 진실하며
탁한 것으로 맑음을 구하여 득하면 추운 계곡에도 봄은 온다.
탁기가 가득하면 고생하고 국이 맑아도 메마르면 고생하며
반은 탁하고 반은 맑아도 제거하고 취하지 못하면 성패가 많다.

기세의 청탁은 맑은 기세와 탁한 기세를 말합니다.
기세가 원활하게 흐르면 기세가 맑은 것이며
기세가 흐르지 못하고 막히거나 정체되면 기세가 탁한 것입니다.

하나의 맑은 정신精神을 유지한다는 것은 정精은 모으는 것이며
신神은 펼치는 것이므로 모으는 것과 펼치는 것이 조화를 이루면 맑은
정신을 유지한다고 하는 것이며 이로써 기세가 맑아지고 부귀가 평생
진실하다고 합니다.

비록 기세가 흐르지 못하여 탁하다고 하여도 통관을 통하여 기세가 맑
아지면 부귀할 수 있으므로 추운 계곡에도 봄이 온다고 하는 것입니다.

기세가 흐르지 못하여 탁한 기세가 가득하면 고생하고 격국이 맑아도
기세가 메마르면 역시 고생하는 사람이라고 합니다.
격국이 맑다는 것은 형상을 이룬 것이며 기세가 메마르다고 하는 것은
기세가 허약한 것을 말합니다.

또한 반은 탁하고 반은 맑은 기세가 있는데 탁한 기세를 제거하지 못하고 맑은 기세를 취하지 못하면 성공과 실패를 반복하는 날이 많다고 합니다. 그러므로 탁한 기세는 제거하여 맑게 하여야 하며 맑은 기세는 유지하여야 하는 것입니다.

청탁에 대하여서는 학자마다 견해가 다르므로 아래와 같이 소개하니 참고바랍니다.

원주에서 유백온이 해설하기를
맑다고 하는 것은 하나의 기로 이루어진 국을 말하는 것이 아니다.
가령 정관격에서 신왕하고 재성이 있거나 신약하고 인성이 있는 경우에 모두 상관과 칠살이 혼잡하지 않고 비견 식신 재성 칠살 인수가 혼잡하여도 모두 배치가 적절하고 안정되어야 하며 한신이 파국하지 않아야 맑다고 한다. 또한 정신이 있으며 마르고 약하지 않아야 좋다.

탁한 것은 오행이 함께 투출한 것을 말하는 것이 아니다. 가령 정관격에서 신약한데 칠살과 재성이나 식신이 섞여 있으면 정관을 손상하지 못하고 오히려 정관과 불화하거나 인수가 혼잡하여 일주를 돕지 못하는데 오히려 재성과 서로 다투면 모두 탁한 것이다.

하나의 육신이 유력하거나 행운을 적소에 득하여 탁기를 없애거나 정체된 기를 충하면 모두 탁기를 맑게 하여 청기를 구한 것이므로 모두 부귀한 명이다.
사주에서 깊이 찾아도 맑은 기가 나오지 않고 운에서 탁기를 제거하지 못하면 반드시 빈천하다. 맑아도 정신이 있어야 좋으며 메마르고 기세가 없는데 운에서 돕지 않으면 맑아도 고생하는 사람이다.

탁기를 제거하기 어렵고 청기가 진실하지 않은데 운에서 청기를 만나지 못하고 탁기에서 벗어나지 못하면 비록 성패가 일정하지 않아도 평생을 평범하게 지낼 뿐이다.

적천수천미에서 임철초가 해설하기를
명리에서 분별하기 가장 어려운 것은 청탁의 두 글자이며 가장 중요한 것은 징탁청구澄濁淸求 네 글자이다. 맑고 기가 있으면 정신精神이 충족한 것이고 맑아도 기가 없으면 정신이 메마른 것이다. 정신이 메마르면 사기가 들어오고 청기가 흩어지며 가난하거나 천하다.

무릇 청탁은 팔자에 모두 있으므로 정관 하나만으로 논하지 않는다. 가령 정관격에서 신약하고 인성이 있으면 재성을 꺼리는데 재성이 나타나지 않으면 맑다는 것을 알 수 있다. 재성이 있어도 탁하다고 하면 안 되며 모름지기 정세를 살펴보아야 한다.

가령 재성과 정관이 붙어있고 정관과 인성이 붙어있으며 인성과 일주가 붙어있으면 이는 재성이 관성을 생하고 관성이 인성을 생하며 인성이 일주를 생하므로 인성의 원두가 더욱 길어지는 것이며 인성운을 만나 인성을 도우면 자연히 부귀하게 된다. 재성이 없어도 맑다고 하면 안 되며 모름지기 정세를 살펴보아야 한다.

혹 인성의 기세가 없어 관성과 통하지 못하거나 인성이 너무 왕성한데 일주가 메마르고 허약하여 인성의 생을 받지 못하거나 정관이 일주와 붙어있고 인성이 멀리 있어 일주가 먼저 정관의 극을 받고 인성을 생화하지 못하는데 다시 재관운을 만나면 가난하거나 요절한다. 만약 정관격에 신왕하면 재성을 반기고 인성은 꺼리며 상관은 그 다음으로 꺼리는데 역시 정세를 살펴야 한다.

만약 상관과 재성이 붙어있고 재성과 정관이 붙어있고 정관과 비견이 붙어있으면 상관은 정관의 장애가 되지 않으며 상관이 비겁을 화하여 재성을 돕고 재성이 정관을 생하여 왕성하여지면 정관의 원두가 더욱 길어지는 것이며 다시 재관운으로 가면 부귀가 완전하다.

만약 상관이 재성과 멀리 있고 오히려 관성이 붙어있으면 재성이 힘을 쓸 수 없는데 상관운을 만나면 가난하지 않으면 천하게 된다.
만약 상관이 천간에 있고 재성이 지지에 있으면 반드시 재운의 천간으로 해결하고 상관이 지지에 있고 재성이 천간에 있으면 반드시 재운의 지지에 통근하여야 한다.

만약 재성과 정관이 붙어있는데 재성이 합으로 기반되거나 한신이 겁재에게 점령당하면 반드시 운에서 합신을 충하거나 한신을 극제하면 모두 탁기를 맑게 하여 청기를 얻는 것이다. 비록 정관격으로 논하였지만 팔격을 모두 이같이 논한다.

총괄적으로 희신은 마땅히 생지를 만나 득지하고 일주와 붙어있어야 좋으며 기신은 마땅히 절지에 임하여 세력을 잃고 일주와 떨어지는 것이 좋다. 일주가 인성을 반기면 인성이 일간과 붙어있거나 인수위에 앉아있으면 이것이 일주의 정신이다. 관성이 인성과 붙어있거나 관성위에 앉아있으면 이것이 인수의 정신이다. 나머지도 이같이 논한다.

탁한 것은 사주가 혼잡된 것을 말한다. 올바른 육신이 세력을 잃고 사기에 주도권이 있으면 기가 탁한 것이다. 월령이 파손되어 별도로 용신을 구하면 격이 탁한 것이다. 관성이 왕성하여 인성을 반기는데 재성이 인성을 파괴하면 재성이 탁한 것이다. 관성이 쇠약하여 재성을 반기는데 비겁이 재성과 다투면 비겁이 탁한 것이다.

재성이 왕성하여 겁재를 반기는데 관성이 겁재를 제어하면 관성이 탁한 것이다. 재성이 가벼워 식상을 반기는데 인수가 당권하면 인성이 탁한 것이다. 신강하고 칠살이 쇠약한데 식상이 득세하면 식상이 탁한 것이다.

쓰임에 따라 구분하고 부귀의 득실과 육친의 희기를 판단하면 적중하지 않는 것이 없다. 그러나 탁한 것과 청고한 것을 비교하면 맑은 가운데 탁하여도 되지만 맑으면서 메마른 것은 안 된다.
무릇 탁한 것은 비록 성패가 한결같지 않고 어려운 일이 많아도 좋은 운을 만나 탁기를 제거하면 재기할 수 있는 기회가 되며 만약 운에서 평안하지 못하면 고생할 것이다.

청고한 것은 일주의 뿌리가 없는 것만이 아니며 일주의 기세가 있어도 용신의 기세가 없으면 그러하다. 메마른 것이란 뿌리가 없는 것과 다르며 지지에서 도와주어도 역시 발생하기 어려운 것이다. 약한 것은 뿌리가 있으면서 여린 것이므로 도와주면 즉시 발생하고 생하며 도와주면 즉시 왕성하여지는 것이니 뿌리가 싹보다 먼저라는 의미이다.

무릇 사주에서 일주가 메마르면 가난하지 않으면 요절하며 용신이 메마르면 가난하지 않으면 외롭게 된다. 그러므로 맑고 정신精神이 있으면 마침내 발전하고 편고하고 기가 없으면 외롭고 가난하다. 사주에 탁기가 가득하면 운을 살펴서 탁한 것을 억제하고 맑은 것을 도우면 형통하다는 것을 시험하니 모두 적중하였다.

적천수천미의 명조를 원문의 취지에 알맞게 필자가 해설하였습니다.

시　일　월　년
乙　丙　甲　癸
未　寅　子　酉
丙 丁 戊 己 庚 辛 壬 癸
辰 巳 午 未 申 酉 戌 亥

년월에서 일시로 기세가 원활하게 흐르는 명조로서
서방 金대운에 癸水정관의 기세를 도와 기세의 흐름이 맑아지므로 과
거급제하고 한림원 학자로 들어갔으나
남방 火대운에 火의 기세는 왕성한데 戊己土식상에 의하여 癸水정관의
기세가 메마르므로 기세의 흐름이 탁하여 평생 벼슬도 못하고 사림의
학자로 머물렀습니다.

시　일　월　년
辛　己　丙　甲
未　亥　寅　子
甲 癸 壬 辛 庚 己 戊 丁
戌 酉 申 未 午 巳 辰 卯

년월에서 일시로 기세가 원활하게 흐르는 명조로서
남방 火대운에 火土의 기세가 왕성하게 흐르고 庚辛金식상의 기세로 도
와 기세의 흐름이 맑으므로 황제가 혼인을 허락하여 황궁근처에 집을
얻어 거주하며 중요한 직책을 맡았습니다.

시 일 월 년
丁 戊 庚 乙
巳 戌 辰 亥
壬 癸 甲 乙 丙 丁 戊 己
申 酉 戌 亥 子 丑 寅 卯

사주팔자에서 火土金으로 기세가 원활하게 흐르는 명조로서
丁丑 丙子대운에 火의 기세가 쇠약하여 흐르지 못하고 정체되어 탁하
므로 고생이 많았으나
乙亥대운에 乙木정관이 투출하여 火의 기세를 도우므로 기세가 맑아지
며 작은 성취를 이루었습니다.

시 일 월 년
己 丙 己 癸
丑 午 未 亥
辛 壬 癸 甲 乙 丙 丁 戊
亥 子 丑 寅 卯 辰 巳 午

火土의 기세가 강하지만 흐르지 못하고 정체되어 기세가 탁한 명조로서
丙辰대운에 火土의 기세가 왕성하여 탁한 기세가 더욱 탁하므로 곡절
이 많았으나
乙卯 甲寅대운에 己土상관의 기세를 제어하고 癸水정관의 기세를 인화하
여 火土의 기세로 원활하게 흐르며 맑아지므로 사업에 성공하였습니다.

4. 진가

令上尋眞聚得眞 假神休要亂眞神 眞神得用平生貴 用假終爲碌碌人
령상심진취득진 가신휴요난진신 진신득용평생귀 용가종위록록인
眞假參差難辨論 不明不暗受邅迍 提綱不與眞神照 暗處尋眞也有眞
진가참차난변론 불명불암수전둔 제강불여진신조 암처심진야유진

월령에서 진신을 찾아 취하면 진신을 얻은 것이며 가신이 진신을 혼란
스럽게 해서는 안 된다. 진신이 쓰임을 얻으면 평생 귀하고 가신을 쓰
면 마침내 쓸모없는 사람이다.
진신과 가신은 달라 분별하기 어렵고 분명하지 않아 머뭇거리게 되며
월령에서 진신이 드러나지 않으면 숨겨진 곳에서 진신을 찾아도 진신
이 있는 것이다.

진신眞神은 월령의 용사지신으로서 격국의 주체이며 대표격이 되는 육
신입니다. 월령의 용사지신이 투출하지 않으면 진신을 찾지 못한 것이
며 이때는 부득이 사주팔자에서 기세가 가장 강한 육신으로 진신을 대
신하는데 이것을 가신假神이라고 합니다.

단지 가신으로 진신을 혼란스럽게 해서는 안 되며 진신을 쓰면 평생 귀
한 사람이 되지만 가신을 쓰면 결국 쓸모없는 사람이라고 합니다.

진신은 월령에서 투출한 육신이므로 기세가 왕성하지만 다른 지지에
통근처가 없으면 기세가 약하기도 합니다. 이때는 사주팔자에 통근처
가 많아 기세가 강한 가신이 진신처럼 보여 진신과 가신이 분명하지 않
으므로 분별하는데 머뭇거린다고 하는 것입니다.

월령에서 진신이 투출하지 않았다고 하여도 대운에서 월령의 진신이
투출하면 암처暗處에서 진신을 찾은 것이라고 합니다.

진가에 대하여서는 학자마다 견해가 다르므로 아래와 같이 소개하니 참고바랍니다.

원주에서 유백온이 해설하기를

만약 木火가 투출하고 寅월생이면 진신을 얻은 것이니 金水가 혼란스럽게 하면 안 된다. 진신이 쓰임을 얻으면 기신이 해롭게 하지 않아야 귀하다. 만약 金水가 날뛰는데 金水를 쓴다면 이는 金水가 득령하지 못하고 木火와 불화하게 되므로 쓸모없는 보통 사람이다.

진신이 득령하였는데 가신이 국을 득하고 무리를 짓거나 가신이 득령하였는데 진신이 국을 득하고 무리를 짓거나 진가의 흔적이 보이지 않거나 진신과 가신이 모두 득령하고 도움을 받아 그 승부를 가리기 어려우면 큰 재앙은 없어도 일생 곤궁하고 안락함이 적다.

寅월생이 木火가 투출하지 않고 金이 투출하여 용신이 되면 월령에서 드러나지 않는 것이다. 己土를 운에서 얻고 戊土의 생을 받거나 지지에 卯가 많아 酉를 충하거나 乙庚이 운에서 화하고 운이 서방으로 가면 역시 진신이 있는 것이며 역시 발복한다.

이상으로 진신과 가신의 한 단면을 특별히 거론하였지만 회국會局 합신合神 종화從化 용신用神 쇠왕衰旺 정세情勢 상격象格 심적心跡 재덕才德 사정邪正 완급緩急 생사生死 진퇴進退 등에도 진가가 모두 있으므로 상세히 살펴보는 것이 마땅하다.

적천수천미에서 임철초가 해설하기를

진신이란 월령을 득한 것이며 가신이란 실령하고 퇴기하는 육신이다. 일주의 용신이 월령에 사령하고 천간에 투출하면 진신을 취한 것이며 가신으로 파손하지 않으면 평생 부귀하다. 만약 가신이 있어도 안정을 얻고 진신과 붙어있지 않거나 한신과 합하거나 멀리 떨어져 무력하다면 해롭지 않다. 만약 진신과 붙어있거나 서로 충하고 극하거나 진신을 합하여 기신으로 화하면 결국은 쓸모없는 사람이다.

만약 운에서 도움을 받아 가신을 억제하고 진신을 도우면 작은 공명이 따르고 건강하다. 그러므로 희신은 생지가 마땅하고 기신은 절지가 마땅하다. 사주에서 진신을 살피고 운에서 해결하는 육신을 살펴야 한다.

선천先天은 지기地紀로서 지지를 관측하는 것이므로 먼저 월령을 살피며 격국을 정한다. 중천中天은 인기人紀로서 지장간을 규범하는 것이므로 다음으로 인원사령을 보고 용신을 정한다. 후천後天은 천기天紀로서 천간을 관찰하는 것이므로 원기의 발로를 살피며 격과 용신을 도와준다.

이것이 천지인 삼식三式으로서 합당하게 사용하면 조화의 공을 이루고 부귀의 기틀이 정하여지는 것이며 재차 운의 좋고 나쁨을 정하면 길흉이 확연하게 나타난다.

명리를 공부하는 사람들은 반드시 삼원의 올바른 이치를 탐구하여 진신과 가신을 구분하여 희기를 살피고 충합의 좋고 나쁨을 탐구하여 운이 마땅한지의 여부를 당연히 논하여야 한다. 그러나 방법은 말로 전하여 줄 수는 있지만 묘한 용법은 마음으로 깨달아야 하는 것이다.

기에는 진가가 있는데 진신이 기세를 잃고 가신이 국을 득하면 당연히 진신이 가신이 되고 가신이 진신이 된다. 기에도 선후가 있어 진기眞氣가 아직 오직 않았는데 가기假氣가 먼저 도달하면 당연히 진기가 가기가 되고 가기가 진기가 된다.

가령 寅월생이 甲木이 투출하지 않아도 戊土가 투출하고 지지에 辰戌丑未 등이 있다면 용신으로 삼을 수 있다.

만약 戊土가 투출하지 않고 金이 투출하였다면 木火가 사령하여도 지지에서 寅申충을 하거나 酉丑을 얻어 金국을 이루거나 천간에 戊己土가 있어서 金을 생하면 이것은 진신이 실세하고 가신이 득국한 것이므로 역시 용신으로 삼을 수 있다.

만약 사주에 진신이 부족하고 가신도 허약한데 일주가 가신을 좋아하고 진신을 미워하면 반드시 운에서 가신을 돕고 진신을 억제하여야 발복할 수 있다. 만약 운에서 진신을 돕고 가신을 손상하면 재앙이 일어나므로 이를 일러 실實을 허虛에 던지고 허가 실을 타는 것이라고 한다.

이것은 마치 의사가 인삼과 황기로 사람을 살리는 것은 알아도 인삼과 황기가 사람에게 해로운 것은 모르는 것과 같으며 비소가 사람을 죽이는 것은 알아도 비소가 사람을 살리는 것을 모르는 것과 같다. 병이 있으면 약을 복용해야 살고 병이 없는데 약을 복용하면 죽는다.

명의 귀천이 하나같지 않고 옳고 그름이 수시로 변하고 동정 간에도 진가의 자취가 없는 것이 없고 격국에도 진가가 있는데 어찌 용신에 진가가 없겠는가.

무릇 조상의 음덕으로 편안하게 복을 누리는 자는 진신이 용신인 경우가 많아 창업하고 가문을 일으키지만 힘들게 적은 복을 누리는 사람은 가신이 국을 득하거나 진신이 손상된 경우이다.
물려받은 것이 적고 창업하여도 곤궁한 사람은 진신이 부족한 것이며 일생동안 부침이 많고 세상살이가 험난한 사람은 가신이 부족한 것이므로 자세히 연구해보면 적중하지 않는 것이 없다.

적천수천미의 명조를 원문의 취지에 알맞게 필자가 해설하였습니다.

시 일 월 년
甲 己 丙 甲
子 丑 寅 子
甲 癸 壬 辛 庚 己 戊 丁
戌 酉 申 未 午 巳 辰 卯

寅月에서 甲木정관과 丙火정인이 투출하여 진신이 된 명조로서
남방 火대운에 丙火정인의 왕성한 기세로 庚辛金식상을 제거하여 甲木
진신을 보호하고 지지에 있는 水의 강한 기세로 수화기제를 이루므로
벼슬이 상서에 이르렀습니다.

시 일 월 년
乙 丙 壬 壬
未 子 寅 申
庚 己 戊 丁 丙 乙 甲 癸
戌 酉 申 未 午 巳 辰 卯

寅月에 丙火일간이 진신이지만 기세가 약하므로 기세가 강한 壬水칠살
이 가신의 역할을 하는 명조로서
丙午대운에 丙火비견이 왕성한 기세로 壬水칠살의 기세와 수화기제를
이루며 중화를 득하여 기세가 맑아지므로 관서장으로서 봉강의 직위에
오르며 명성이 크게 빛났습니다.

시　일　월　년
甲　壬　戊　庚
辰　子　寅　申
丙乙甲癸壬辛庚己
戌酉申未午巳辰卯

寅月에서 甲木식신이 투출하여 진신의 역할을 하는 명조로서
庚辰 辛巳대운에 庚金편인의 강한 기세로 진신을 제어하며 어지럽히므
로 공부하여도 과거에 계속 낙방하였으며
壬午 癸未대운에 壬癸水비겁의 강한 기세로 진신을 도우므로 과거급제
하고 관서장으로서 현령이 되었으나
甲申대운에 庚金편인의 기세가 왕성하므로 甲木진신이 제거되어 죽었
습니다.

시　일　월　년
庚　壬　戊　乙
戌　午　寅　酉
庚辛壬癸甲乙丙丁
午未申酉戌亥子丑

寅月에서 戊土칠살이 투출하여 진신의 역할을 하는 명조로서
丙子대운에 丙火편재가 진신으로 투출하여 壬水일간의 기세와 수화기
제를 이루므로 일찍이 벼슬길에 들어섰으며
癸酉 壬申대운에 庚金편인의 왕성한 기세로 戊土칠살의 기세를 화살하
고 壬水일간을 도우므로 관서장으로서 봉강의 벼슬에 이르렀습니다.

5. 희기신

1) 은현

吉神太露 起爭奪之風 凶物深藏 成養虎之患
길 신 태 로 기 쟁 탈 지 풍 흉 물 심 장 성 양 호 지 환
길신이 지나치게 드러나면 쟁탈의 바람이 일어나고
흉물이 깊이 감추어지면 호랑이를 기르는 우환을 만든다.

길신吉神은 희신喜神으로서 천간에 지나치게 드러나면 이를 빼앗으려고 쟁탈하는 싸움이 벌어진다고 합니다.

흉물凶物은 길신인 희신을 공격하는 기신忌神으로서 지지의 지장간에 깊숙이 감추어지면 이는 호랑이를 기르는 것과 같아서 우환을 만든다고 합니다.

길신이 천간에 지나치게 드러난다고 하는 것은 기세가 허약한 천간이 희신인 경우를 말하는 것이며
흉물이 깊이 감추어진다고 하는 것은 지장간으로서 지지에 감추어진 기신을 말하는 것입니다. 그러므로 호랑이를 기르는 것과 같다고 하는 것입니다.

가령 庚金이 희신으로서 길신인데 기세가 허약하면 丙丁火가 庚金을 두고 쟁탈의 작용이 일어난다고 하는 것입니다.
또한 丙丁火가 기신으로서 흉물인데 천간에 투출하지 않았지만 지지에 감추어진 지장간이 많이 있다면
운에서 투출하여 기신의 강한 세력으로 작용하므로 호랑이를 길러 우환을 만드는 것과 같다고 하는 것입니다.

은현에 대하여서는 학자마다 견해가 다르므로 아래와 같이 소개하니 참고바랍니다.

원주에서 유백온이 해설하기를

사주에 희신이 천간에 투출하고 운에서 기신을 만나면 반드시 쟁탈이 일어난다. 그러므로 암장된 길신이 묘한 것이다. 사주에서 기신이 지지에 숨어있는데 운에서 돕거나 충하면 그 우환이 적지 않다. 그러므로 기신은 명백하게 투출하고 제화하는 것이 마땅히 길하다.

적천수천미에서 임철초가 해설하기를

길신이 지나치게 드러나면 쟁탈의 바람이 일어나는 것은 천간의 기는 전일하여 겁탈하기 쉽기 때문이다. 마치 자물쇠가 없는 재물은 누구나 가져갈 수 있는 것과 같다.

가령 천간에 甲乙이 재성인데 운에서 庚辛을 만나면 즉시 쟁탈의 바람이 일어나니 반드시 천간에서 丙丁관성으로 극하면 비로소 해로움이 없다. 만약 丙丁관성이 없으면 壬癸의 식상으로 합화하여도 가능하다. 그러므로 길신은 지지에 깊이 감추는 것이 좋다.

흉물이 깊이 감추어지면 호랑이를 기르는 우환이 있다고 하는 것은 지지의 기세가 혼잡하면 제화하기 곤란하기 때문이다. 마치 집안의 도적은 막기 어려운 것으로서 재앙을 기르는 것과 같다.

가령 지지에 寅중 丙火가 겁재인데 운에서 申을 만나면 申중 庚金이 충하는데 비록 木을 극하여도 결국 丙火를 제거하지 못하며 더욱이 운에서 亥子를 만나면 寅木을 생하고 합하여 오히려 火의 뿌리를 자양하게 된다.

그러므로 흉물은 천간에 명백하게 투출하여야 제화하기 쉽고 길신은 깊이 감추어야 종신토록 복이 되며 흉물이 깊이 감추어지면 항상 재앙이 된다.

총괄적으로 길신이 드러나도 통근하고 당령하면 드러나도 해로움이 없고 흉물이 깊이 감추어도 실시하고 휴수하면 무방하다.

귀곡자가 말하기를 음양의 도는 일월이 합하면 밝아지고 천지가 합하면 덕이 있으며 사계절이 합하면 질서가 있는 것이니 삼명의 이치가 이같이 근본을 이룬다고 하였다. 만약 신중하게 생각하고 명확하게 분별하지 않으면 누가 그 요령을 득할 수 있겠는가.

적천수천미의 명조를 원문의 취지에 알맞게 필자가 해설하였습니다.

시	일	월	년
辛	丙	辛	己
卯	子	未	卯

癸	甲	乙	丙	丁	戊	己	庚
亥	子	丑	寅	卯	辰	巳	午

未월에 己土상관의 기세는 왕성하고 이를 설기하는 辛金정재의 기세가 허약하여 길신이 태로한 명조로서
己巳 戊辰대운에 戊己土식상이 辛金정재를 도우므로 재물이 늘고 일마다 뜻대로 되었으나
丁卯 丙寅대운에 丙丁火비겁이 흉물이 되어 辛金정재를 제어하므로 화재로 가족을 모두 잃고 외지로 나가 두절되었습니다.

시 일 월 년
丙 丁 乙 壬
午 丑 巳 午
癸 壬 辛 庚 己 戊 丁 丙
丑 子 亥 戌 酉 申 未 午

巳월에 丙丁火비겁의 기세가 강한데 이를 제어하는 壬水정관이 허약하
여 길신이 태로한 명조로서 丙午 丁未대운에 火의 기세가 왕성하여 壬
水정관을 탐하므로 이로 인하여 가난하고 공부하지 못하였으며
서방 金대운에는 戊己土식상이 투출하여 火의 강한 기세를 설기하여 壬
水정관을 도우므로 큰 재물을 벌었습니다.

시 일 월 년
丙 庚 丁 己
子 寅 卯 亥
己 庚 辛 壬 癸 甲 乙 丙
未 申 酉 戌 亥 子 丑 寅

卯월에 亥卯반합을 이룬 木재성국의 강한 기세를 설기하는 火관살이
희신이지만 기세가 허약하므로 길신태로의 명조로서
乙丑대운에 乙木정재가 투출하였지만 火관살의 기세가 쇠약하여 기세
가 흐르지 못하므로 가업이 완전히 파산하였고
癸亥대운에 癸水상관의 기세가 재성국을 생하는 길신으로 작용하므로
명예와 재산운이 다 이루어졌으며
壬戌대운에는 壬水식신이 암장된 흉신으로 작용하며 丙丁火관살을
제거하므로 벼슬을 그만두고 귀향하였습니다.

2) 중과

지지의 세력이 많으면 기세가 강하다고 하며
지지의 세력이 적으면 기세가 약하다고 합니다.
이를 기세의 강약이라고 합니다.

천간이 통근한 지지가 많으면 강한 것이 많은 것이며
천간이 통근한 지지가 적으면 강한 것이 적은 것입니다.
가령 사주팔자에 甲木이 지지에 있는 寅卯辰亥未 등에 다수 통근하면 세
력이 강하지만 통근할 수 있는 지지가 없으면 세력이 허약하다고 합니다.

일반적인 이치로서는 강한 것을 억제하고 약한 것은 도와주는 것으로
서 이를 억부抑扶라고 합니다.
가령 木의 기세가 강하면 火土의 기세로 설기하거나 金의 기세로 억제
하는 것을 억抑이라고 하며 기세가 약하면 水木의 기세로 도와주는 것
을 부扶라고 합니다.
또한 강한 것을 쓰고 약한 것은 버리는 것이 근원적인 작용이라고 합니
다. 대체로 격국을 형성하는데 강한 것을 쓰는 것이 격국을 강하게 하
는 것인데 약한 것은 격국을 보잘 것 없이 만들게 되므로 차라리 버린
다고 합니다.

중과에 대하여서는 학자마다 견해가 다르므로 아래와 같이 소개하니
참고바랍니다.

원주에서 유백온이 해설하기를

강하고 적은 무리가 많은 무리와 대적하는데 강한 것이 반기면 강한 것을 돕는 것이 길하다. 강하고 많은 무리가 적은 무리와 대적하는 경우에 싫어하는 적의 무리가 많으면 정체된다.

적천수천미에서 임철초가 해설하기를

중과라고 하는 것은 강약의 뜻이 있으며 모름지기 일주와 사주를 따로 논해야 한다. 가령 일주를 중과로 구분하면 일주가 火이고 寅卯巳午월 생이면 水가 관성인데 사주에 재성이 없고 오히려 土식상이 있거나 재성이 있어도 재성의 뿌리가 없으면 관성을 생하지 못한다.
이것은 일주의 많은 무리가 관성의 적은 무리를 대적하는 것으로서 세력은 관성을 완전하게 제거하는데 쓰이며 운에서 마땅히 많은 무리를 돕고 적은 무리를 억제하면 길하다.

사주로 중과를 구분하면 사주의 강약을 구분하는 것인데 일주와 부합하여야 하며 배반하지 않아야 묘하다. 가령 水관성이 휴수하고 기세가 없는데 土상관이 당령하여 득시하면 상관의 세력은 관성을 제거하고 운에서도 마땅히 관성을 제거해야 좋다. 일주가 火이면 통근하여 득기하여야 능히 土를 생하고 木이 극하면 일주가 스스로 木을 화하여 상생하도록 한다면 이른바 일주와 부합한다고 하는 것이다.

강하고 적은 무리가 많은 무리와 대적하는 경우에 가령 일주가 火이고 비록 당령하지 못해도 뿌리가 있고 왕지에 앉아있으면 水관성이 실시하여도 재성이 돕거나 재성이 당령하거나 재성이 국을 이루면 관성이 비록 적은 무리일지라도 재성의 도움을 받아 강하게 되며 운에서 마땅히 적은 무리를 돕고 많은 무리를 억제하면 길하다.

적천수천미의 명조를 원문의 취지에 알맞게 필자가 해설하였습니다.

시　일　월　년
癸　丁　壬　戊
卯　卯　戌　午
庚 己 戊 丁 丙 乙 甲 癸
午 巳 辰 卯 寅 丑 子 亥

丁火일간과 戊土상관이 午戌에 통근하여 세력이 강하며 壬癸水관살은
통근한 지지가 없으므로 세력이 허약합니다.
북방 水대운에 관살의 기세가 허약하여 이룬 것이 없었으며
丙寅 丁卯대운에 戊土상관을 도우므로 큰 재물을 벌었고
戊辰 己巳대운에 戊土상관의 강한 기세로 허약한 壬癸水관살을 제거하
므로 자식이 과거급제하는 등 경사가 많았습니다.

시　일　월　년
辛　戊　乙　戊
酉　戌　丑　辰
癸 壬 辛 庚 己 戊 丁 丙
酉 申 未 午 巳 辰 卯 寅

戊土비견과 辛金상관의 기세가 강하고 乙木정관의 기세는 허약한 명조
입니다. 丙寅 丁卯대운에 乙木정관의 기세가 비록 왕성하지만
戊土비견의 강한 기세로 인하여 상사와 재산손실이 많았으며
戊辰 己巳대운에 戊己土비겁의 기세가 왕성하고 기세의 흐름이 원활하
므로 좌이에서 관서장으로서 금당의 벼슬을 하였습니다.

3) 분울

局中顯奮發之機者 神舒意暢 局內多沈埋之氣者 心鬱志灰
국 중 현 분 발 지 기 자 신 서 의 창   국 내 다 침 매 지 기 자 심 울 지 회
사주에 분발하는 작용이 나타나면 여유롭게 뜻을 펼치지만
사주 내부에 가라앉은 기세가 많으면 마음이 우울하고 뜻이 퇴색된다.

분울奮鬱이란 분발奮發하는 것과 심울心鬱한 것을 말하며
신神이란 정신精神으로서 정精은 생함을 받으며 기세를 모으는 것이고
신神은 생하면서 기세를 펼치는 것입니다.

사주에서 희신의 도움으로 격국의 기세가 원활하게 흐르면 여유로워 분
발하는 작용이 나타나므로 뜻대로 펼칠 수 있다고 합니다.

그러나 사주의 내부에 가라앉은 기세가 많으면 기세가 탁한데 이를 통
하게 하는 희신이 없고 오히려 기신이 방해하면 기세가 정체되어 기세
가 더욱 탁하므로 하는 일이 뜻대로 되지 않아 가슴이 답답하여 우울하
고 뜻이 퇴색된다고 합니다.

가령 寅월에 甲木이 투출하고 丙火가 설기하며 격국의 형상을 이루고 戊
土가 희신으로 작용하며 기세의 흐름을 유도하면 분발의 작용이 일어나
며 여유롭게 뜻을 펼칠 수 있습니다.

그러나 운에서 甲木이 나타나 戊土를 제어하면 기세가 정체되어 흐르지
못하므로 마음이 우울하고 뜻이 펼치기 어렵다고 합니다.

분울에 대하여서는 학자마다 견해가 다르므로 아래와 같이 소개하니 참
고 바랍니다.

원주에서 유백온이 해설하기를

양이 밝은 것이 용신의 일을 하고 용신이 힘을 얻으면 천지가 사귀고 정신이 드러나고 통하면 반드시 분발함이 많은 것이다.

음이 어두운 것이 용신의 일을 하면 사사로운 정이 많고 일주가 약한데 신하가 강하면 신神이 암장되고 정精이 설기되면 사람이 어려움이 많아 심울하여진다.

만약 순수한 양의 기세이며 신왕하고 재관도 왕성하면 반드시 분발하고 순수한 음의 국이며 신약하고 관살이 많으면 곤란함이 많다.

적천수천미에서 임철초가 해설하기를

억울함이 없고 마음이 여유로운 것은 사주에서 태과하거나 결함이 없는 경우. 용신이 모두 기세를 득하고 희신이 모두 힘을 얻은 경우. 기신은 모두 때와 세력을 잃고 한신은 기신과 결당하지 않으며 오히려 희용신을 돕는 경우. 합하는 것을 꺼리는데 충을 만나거나 충하는 것을 꺼리는데 합을 만나는 경우 등은 체가 음이고 용이 양이다. 그러므로 일양은 북방에서 생하고 음이 생하여 양을 이루는 것이다. 가령 亥중 甲木이 그러하며 운에서 격과 용신을 도우면 반드시 분발함이 많다.

마음에 여유로움이 적고 억울함이 많은 것은 사주에서 태과하거나 결함이 있는 경우. 용신이 모두 실령한 경우. 희신이 모두 무력한 경우. 기신이 모두 때와 세력을 얻은 경우. 한신이 희신을 겁탈하는 경우. 희신이 오히려 기신과 결당하는 경우. 희신이 합하는데 충을 만나거나 기신이 합하는데 합을 만나는 경우 등은 체가 양이고 용이 음이다.

그러므로 이음이 남방에서 생하므로 양에서 음을 이루는 것이다.

가령 午중 己土가 그러하며 운에서 희신을 돕고 기신을 제거하지 못하면 반드시 답답하여 곤란함이 많은 것이다.

사주에서 비록 음이 어두워도 운에서 양이 밝으면 마음이 여유로워지며 형상이 비록 양이 밝아도 운에서 음이 어두우면 심울하여 곤란하게 된다. 그러므로 운의 흐름을 깊이 살펴야 한다.

가령 亥중 甲木이 용신인데 천간에 壬癸가 있으면 운에서는 戊寅 己卯가 마땅하다. 천간에 庚辛이 있으면 운에서는 丙寅 丁卯가 마땅하다. 천간에 丙丁이 있으면 운에서는 壬寅 癸卯가 마땅하다. 천간에 戊己가 있으면 운에서는 甲寅 乙卯가 마땅하다.

만약 午중 己土가 용신인데 천간에 壬癸가 있으면 운에서는 戊午 己未가 마땅하다. 천간에 庚辛이 있으면 운에서는 丙午 丁未가 마땅하다.
천간에 甲乙이 있으면 운에서는 庚午 丁未가 마땅하다.
이것은 지장간에 따라 논한 것이며 지지도 역시 이와 같다.

만약 천간의 木이 용신인데 지지에 水가 왕성하면 운에서는 丙寅 丁卯가 마땅하다. 천간에 水가 있으면 운에서는 戊寅 己卯가 마땅하다.
지지에 金이 많으면 운에서는 甲戌 乙亥가 마땅하다. 천간에 金이 있으면 운에서는 壬寅 癸卯가 마땅하다. 지지에 土가 많으면 운에서는 甲寅 乙卯가 마땅하고 천간에 土가 있으면 운에서 甲子 乙亥가 마땅하다.
지지에 火가 많으면 운에서 甲辰 乙丑이 마땅하다.

천간에 火가 있으면 운에서 壬子 癸丑이 마땅하다. 이와 같이 배합하면 싸우는 우환이 없으며 제화의 정이 있으나 이와 반대면 좋지 않으니 자세히 연구하며 살펴야 한다.

적천수천미의 명조를 원문의 취지에 알맞게 필자가 해설하였습니다.

시 일 월 년
辛 壬 甲 戊
亥 子 子 辰
壬 辛 庚 己 戊 丁 丙 乙
申 未 午 巳 辰 卯 寅 丑

子월에 壬水일간의 기세가 강한 명조로서
동방 木대운에 甲木식신의 왕성한 기세로 설기하며 희신이 되므로 분발하여 과거급제하고 한림원 학자가 되었으나
戊辰대운에 土의 왕성한 기세로 水의 기세를 거스르므로 울체되어 흐르지 못하고 죽었습니다.

시 일 월 년
癸 癸 丙 甲
亥 亥 子 申
甲 癸 壬 辛 庚 己 戊 丁
申 未 午 巳 辰 卯 寅 丑

子월에 癸水일간의 기세가 강한 명조로서
동방 木대운에 甲木상관의 왕성한 기세를 도와 원활하게 흐르므로 분발하여 벼슬길이 빛났으나
庚辰 辛巳대운에 庚辛金인성이 기신이 되어 甲木을 제어하므로 水의 기세가 흐르지 못하고 울체되어 발전하지 못하였습니다.

4) 은원

兩意情通中有媒 雖然遙立意尋追 有情卻被人離間 怨起中間死者灰
양 의 정 통 중 유 매 수 연 요 립 의 심 추 유 정 극 피 인 리 간 원 기 중 간 사 자 회

두 마음의 정이 통하는데 중매하면 비록 멀리 떨어져도 마음을 정하고
쫓아가는데 정이 있어도 다른 사람이 이간하여 사이를 벌어지게 하면
원한이 일어나 중간에 죽어도 풀리지 않는다.

은원恩怨은 은혜와 원한으로서 두 사람의 마음이 서로 정으로 통하는데
희신이 이들을 중간에서 중매하여 주면 비록 멀리 떨어져도 마음을 정
하고 쫓아 간다고 합니다.

그러나 중간에서 기신이 이들의 사이를 이간질하여 둘의 사이를 벌어지
게 하면 은혜를 입어도 오히려 원한으로 변하여 중간에 죽어도 풀리지
않는다고 합니다.

가령 甲木에게 庚金이 희신으로서 년간에 있으면 두 사람의 마음이 서로
정으로 통하는데 가운데에서 壬水가 월간에 있어 甲木과 庚金을 연결하
여 주면 비록 멀리 떨어져 있어도 마음을 정하고 쫓아간다고 합니다.

그러나 戊土가 나타나 월간의 壬水를 극하여 제거하여 이들의 사이를 벌
어지게 하면 오히려 원한으로 변하여 甲木이 戊土를 제거하여도 원한이
풀리지 않는다고 합니다.

은원에 대하여서는 학자마다 견해가 다르므로 아래와 같이 소개하니
참고바랍니다.

원주에서 유백온이 해설하기를

희신과 합신이 서로 정이 통하고 이를 이끄는 사람이 있어 생화하면 중매하는 것이며 비록 멀리 떨어져 있어도 그 정이 서로 화합하고 좋으면 은혜는 있어도 원한은 없다. 합신과 희신이 비록 정이 있어도 기신이 이간하면 합을 구하여도 얻지 못하므로 평생 원한이 많다.

증오하는 육신은 멀리 있어야 좋고 사랑하는 육신은 더욱 가까이 있어야 좋다. 일반적으로 우연히 만나면 즐거움을 감당하지 못하므로 사사로운 정으로 탐합하는 것은 제거하는 것이 좋다.

적천수천미에서 임철초가 해설하기를

은원이란 희신과 기신을 말한다. 일주의 희신이 멀리 있는데 합신과 화하여 가까이 있으면 소위 두 뜻이 정으로 통하는 것이므로 중매를 한 것이다. 희신이 멀리 있는데 이끌어주는 육신이 있으면 서로 좋아하므로 은혜는 있어도 원한은 없다.

오직 한신과 기신만 있고 희신이 없는데 한신과 기신이 희신으로 합화하면 소위 우연한 만남이 된다. 희신이 멀리 떨어져 있고 일주가 비록 정이 있어도 한신과 기신에 의하여 떨어진다면 일주와 희신은 서로 돌볼 수 없다. 한신과 기신이 합화하여 희신으로 화하면 사사로운 정으로 합하므로 더욱 정이 있다.

희신과 일주가 붙어있으면 유정한 것이다. 기신으로 합화하는 경우. 희신과 일주가 붙어있지 않아도 일주에게 정이 있는데 중간에 기신이 있어 막고 있는 경우. 희신과 한신이 합하여 기신을 돕는 경우 등은 중간에 이간하는 사람이 있는 것과 같으며 은혜가 원한이 되어 죽어도 없어지지 않는 마음이 된다.

가령 일주의 희신인 丙火가 시간에 있고 월간에 壬水기신이 있는데 년 간의 丁火가 壬水와 합을 하여 木으로 화하면 기신을 제거할 뿐만 아니 라 오히려 희신을 생조한 것이다.

일주의 희신인 庚金이 년간에 있으면 비록 정이 있어도 멀리 떨어진 것 인데 월간의 乙木이 庚金과 합하여 가깝게 하면 이것은 한신이 희신으 로 화한 것으로서 중매가 있는 것이다.

일주의 희신이 火인데 사주에 火가 없고 癸水기신이 있으면 戊土를 득 하여 戊癸합하여 희신으로 화하면 우연한 만남이라고 한다. 일주의 희 신이 金인데 년지에 酉가 있으면 일주와 멀리 떨어진 것인데 일지에 巳 가 기신이면 丑을 얻어 巳酉丑회국하여 金국을 이루면 희신이 되므로 이를 사사로운 정으로 합한 것이라고 한다.

　　적천수천미의 명조를 원문의 취지에 알맞게 필자가 해설하였습니다.

시　일　월　년

戊　戊　甲　丁

午　戌　辰　酉

丙　丁　戊　己　庚　辛　壬　癸

申　酉　戌　亥　子　丑　寅　卯

辰월에 戊土비견의 기세가 강한 명조로서 癸卯 壬寅대운에 甲木칠살의 기세가 왕성하지만 재관의 기세가 모두 허약하므로 벼슬이 좌절되었으 나 북방 水대운에 庚辛金식상이 甲木칠살을 제어하지만 丁火정인이 甲木칠살을 보호하므로 분발하여 과거에 연달아 급제하고 상서의 벼슬 에 올랐습니다.

시 일 월 년
丙 丁 乙 丁
午 丑 巳 酉
丁 戊 己 庚 辛 壬 癸 甲
酉 戌 亥 子 丑 寅 卯 辰

巳월에 火의 기세가 강한 명조로서
동방 木대운에 乙木편인의 왕성한 기세로 水火를 중개하고 수화기제를
이루어 기세가 맑으므로 분발하여 과거급제하고
북방 水대운에 庚辛金재성의 기세를 제어하고 乙木정인을 보호하므로
관서장으로서 관찰사에서 번얼에 올라 부귀하였습니다.

시 일 월 년
甲 丙 戊 癸
午 辰 午 酉
庚 辛 壬 癸 甲 乙 丙 丁
戌 亥 子 丑 寅 卯 辰 巳

午월에 火土의 기세가 강한 명조로서
동방 木대운에 甲乙木인성의 왕성한 기세로 인하여 火土의 기세가 더욱
치열해지지만 戊土식신이 癸水정관을 기반하여 치열함을 해소하지 못
하므로 은혜가 원한으로 변하여 화재를 네 번이나 만나고 처자를 모두
잃고 죽었습니다.

5) 한신

閒神一二未爲疵 不去何妨莫動伊 半局閒神任閒著 要緊之地立根基
한 신 일 이 미 위 자 불 거 하 방 막 동 이 반 국 한 신 임 한 저 요 긴 지 지 입 근 기
한신이 한두 개 있어도 흠이 아니며 제거하지 않아도 무방하지만 움직
이게 해서는 안 된다.
사주에 한신이 반이나 차지하여 한가하게 있어도 뿌리를 내리고 서 있
으면 요긴하다.

한신閒神이란 희신도 아니고 기신도 아니므로 한가한 육신입니다.
그러므로 한신은 제거하지 않아도 무방하지만 한신을 움직이게 하면
안 된다고 합니다.

가령 甲木이 쇠약하여 癸水를 희신으로 쓰고 있는데 戊土가 있어 癸水
가 甲木을 생하는 것을 방해하면 戊土가 기신이 됩니다.
이때 丙丁火는 한신이 되는데 丙丁火가 움직이면 기세가 쇠약한 甲木을
설기하거나 戊土기신을 돕는 역할을 하므로 안 된다고 하는 것입니다.

또한 사주팔자에 한신이 반이나 차지하고 있어도 뿌리를 내리고 있으
면 강한 기세를 형성하므로 비록 한가하게 있어도 사주팔자를 도와주
어야 하는 상황에서는 요긴하게 쓸 수 있다고 하는 것입니다.

가령 격국의 기세가 약하여 쓰임이 없는데 한신의 기세가 강하다면 한
신을 격국으로 채용하여 요긴하게 쓸 수 있는 것입니다.
일반적으로 월령에서 진신眞神으로 격국을 형성하기 어려우면
강한 기세를 가진 육신을 채용하여 가신假神으로 격국을 활용한다고
합니다.

한신에 대하여서는 학자마다 견해가 다르므로 아래와 같이 소개하니 참고바랍니다.

원주에서 유백온이 해설하기를

희신은 많이 필요 없으며 하나의 희신이 있어도 열 가지를 방비하며 기신도 많이 필요 없으며 하나의 기신이 있어도 열 가지가 해로운 것이다. 희신과 기신 이외에 희신으로 부족하고 기신으로도 부족한 것은 모두 한신이다. 가령 천간의 용신이 기세를 이루고 합을 하여도 지지가 허탈하고 기세가 없으면 충합이 적당하므로 오르내리는 정이 없다.

가령 지지에 용신이 있는데 서로 돕거나 합을 하면 천간의 육신이 흩어지고 떠 있어도 일주에게 장애가 안 되는 경우. 일주가 양이고 보필하는 것도 양인데 음기가 움직이지 않아 충하지도 않고 동하지도 않으며 합하지도 않고 돕지도 않는 경우.

일월이 유정한데 년시에서 돌보지 않아도 일주에게 해가 없는 경우. 일주의 기세가 없고 무정해도 일시에서 제자리를 득하면 년월에서 돌보지 않아도 일주에게 해가 없는 경우. 일주가 충도 없고 합도 없는 경우 등은 비록 한신이 있어도 다른 것으로 동하게 하여 제거하면 안 된다. 단지 요긴한 상황에서는 스스로 영역을 만들고 운에서 스스로 역할을 한다면 역시 좋다고 한다.

적천수천미에서 임철초가 해설하기를

용신이 있으면 반드시 희신이 있는데 희신이란 격을 보필하고 용신을 돕는 육신이다. 또한 희신이 있으면 반드시 기신이 있는데 기신이란 격을 파괴하고 용신을 손상하는 육신이다.

용신 희신 기신 이외는 모두 한신이므로 한신이 많은 것이며 사주의 반을 차지한다고 하는 것이다.

한신이 체용을 손상하지 않고 희신에게 장애가 되지 않으면 다른 것으로 동하게 할 필요 없이 가만히 두어야 한다.
운에서 격을 파괴하거나 용신이 손상되어 희신이 격을 보필하고 용신을 보호하지 못하면 이를 요긴한 상황이라고 한다.

한신이 운의 흉신과 기신을 제화하여 격국과 희용신을 돕거나 한신이 운과 합하여 희용신으로 화하여 격과 용신을 돕는다면 나와 한 집안사람이 되는 것이다.

본문 중에 원주가 해설한 것은 오류가 있다. 심지어 말하기를 비록 한신이 있어도 다른 것으로 동하게 하여 제거하면 안 되며 단지 요긴한 상황에서 스스로 영역을 만들고 운에서 스스로 역할을 한다면 역시 좋다고 하였다.
이같이 논한다면 자신의 영역을 구축하지 않을 뿐만 아니라 오히려 적에게 방어벽이 되어 이로움을 주는 것이므로 이것은 정해진 이치가 아니다.

가령 木이 용신이고 木의 기세가 넉넉하면 火가 희신이고 金이 기신이며 水는 구신이고 土가 한신이 된다. 木의 기세가 부족하면 水가 희신이고 土가 기신이며 金은 구신이고 火가 한신이 된다.

이처럼 용신은 반드시 희신이 보좌하고 한신의 도움이 있어야 용신에게 세력이 있어 기신을 두려워하지 않는다. 木으로 이처럼 논하였는데 나머지도 마찬가지이다.

적천수천미의 명조를 원문의 취지에 알맞게 필자가 해설하였습니다.

시 일 월 년
丙 甲 戊 庚
寅 寅 子 寅
丙 乙 甲 癸 壬 辛 庚 己
申 未 午 巳 辰 卯 寅 丑

子월에 甲木일간의 강한 기세와 丙火식신의 기세로 격국의 형상을 이룬 명조로서 戊土편재가 한신입니다.
辛卯대운에 甲木일간의 기세가 왕성하므로 과거급제하고
壬辰 癸巳대운에 戊土편재의 왕성한 기세로 丙火식신을 보호하여 벼슬길이 평탄하였으며 甲午 乙未대운에 火土의 기세가 왕성하므로 상서에 오릅니다.

시 일 월 년
庚 甲 丁 甲
午 寅 卯 子
乙 甲 癸 壬 辛 庚 己 戊
亥 戌 酉 申 未 午 巳 辰

卯월에 甲木일간의 강한 기세와 丁火상관의 기세로 격국의 형상을 이룬 명조로서 庚金칠살이 한신입니다.
庚午 辛未대운에 丁火상관의 왕성한 기세로 설기하므로 관찰사의 벼슬에 올랐으며 壬申대운에 庚金칠살의 왕성한 기세로 壬水편인을 도와 丁火상관을 제어하므로 재난을 면하지 못하였습니다.

6) 반신

出門要向天涯遊 何似裙釵恣意留 不管白雲與明月 任君策馬上皇州
출 문 요 향 천 애 유 하 사 군 채 자 의 류 불 관 백 운 여 명 월 임 군 책 마 상 황 주
문을 나서 천하를 향해 나아가는데 어찌 아녀자가 방자하게 붙잡는가.
유혹을 뿌리치고 군자는 임무를 수행하기 위하여 말을 채찍질하여 궁
궐을 향하여야 한다.

반신絆神은 합으로 묶는 육신으로서 기반羈絆이라고도 합니다.
기반이란 소나 말이 고삐에 줄을 매달아 묶는 것을 말합니다.
가령 천간에서 甲木과 己土가 천간합으로 서로 묶이는 것이며
乙木과 庚金이 천간합으로 서로 묶이는 것입니다.

군자가 출세하기 위하여 집을 나서는데 아녀자가 흰 구름과 밝은 달을
희롱하며 사랑을 하자고 유혹을 하여도 이를 과감하게 뿌리치고 말을
달려 임무를 수행하라는 것입니다.

천간에 투출한 육신이 군자이며 군자를 천간합으로 기반시키는 반신을
아녀자에 비유한 것입니다.

가령 庚金일간에 寅월생이고 甲木편재가 월령에서 투출하여 임무를 수
행하는데 己土정인이 반신이 되어 甲木편재를 유혹하여 甲己합으로 기
반하는 경우입니다.

甲木편재는 己土정인의 반신의 유혹에 넘어가 합을 하면 기반이 되어
자신의 역할을 하지 못하므로 甲木편재는 己土정인의 유혹을 뿌리치고
오직 자신의 할 일을 수행하라고 하는 것입니다.

반신에 대하여서는 학자마다 견해가 다소 다르므로 아래와 같이 소개하니 참고바랍니다.

원주에서 유백온이 해설하기를

본래 분발하고자 하는 사람도 일주와 합하여 용신을 돌보지 않거나 용신과 합하여 일주를 돌보지 않거나 귀함을 바라지 않는데 귀함을 만나거나 록을 바라지 않는데 록을 만나거나 합을 바라지 않는데 합하거나 생을 바라지 않는데 생하거나 하는 것은 모두 유정이 오히려 무정이 된 것으로서 마치 치마폭에 붙잡혀 나가지 않고 머무는 것과 같다.

일주가 용신을 타고 달리면 사사로운 정에 매이지 않고 용신이 일주를 따라 달리면 사사로운 정에 묶이지 않으므로 족히 큰 뜻을 이루므로 무정해도 유정한 것이다.

적천수천미에서 임철초가 해설하기를

이것은 합을 탐하여도 화하지 않다고 하는 뜻이다. 이미 합하면 화하는 것이 마땅하고 화하여 희신이 되면 부귀가 뜻대로 이루어지지만 화하여 기신이 되면 재앙이 반드시 미친다.

합하여도 화하지 않으면 묶여서 머물게 되며 저것을 탐하고 이것을 잊으니 큰 뜻을 이루지 못한다.

일주가 합하면 용신이 일주를 보필하면서 돌보지 못하므로 큰 뜻을 잊는다. 용신이 합하면 일주가 하는 일을 돌보지 못하므로 성공을 돕지 못한다. 또한 합신이 진실하면 본래 화할 수 있는데 오히려 합신을 따르며 도우면 화하지 못한다.

또한 일주가 휴수되면 본래 종할 수 있는데 오히려 합신의 도움을 만나면 종하지 못한다. 이러한 것은 모두 유정이 오히려 무정하게 된 것으로서 마치 아녀자가 방자하게 붙잡는 것과 같다.

이것은 충을 만나 쓰임을 얻는다는 뜻이다. 충하면 동하고 동하면 달리게 된다. 사주에서 용희신을 제외하고 일주와 다른 육신이 사랑을 탐하면 용희신이 충으로 제거하여야 일주가 사사로운 정에 매이지 않고 희신의 세력을 타고 달릴 수 있다.

사주에서 용신과 희신이 다른 육신과 사랑을 탐내면 일주가 다른 육신을 충극하여 제거하여야 희신이 사사로운 정에 기반되지 않고 일주를 따라 달릴 수 있다. 이것이 무정이 오히려 유정하게 되는 것이며 장부의 뜻으로 사사로운 정을 물리치고 큰 뜻을 이룰 수 있는 것이다.

적천수천미의 명조를 원문의 취지에 알맞게 필자가 해설하였습니다.

시	일	월	년
丙	戊	庚	乙
辰	辰	辰	未

壬 癸 甲 乙 丙 丁 戊 己
申 酉 戌 亥 子 丑 寅 卯

辰월에 戊土일간의 기세가 강하므로 庚金식신으로 설기하는 명조로서 庚金식신은 기세가 허약하므로 乙木반신의 유혹에 넘어가 합을 하고 자신의 역할을 하지 않으므로 과거에 낙방하고 공부를 포기하였으며 일을 하지도 않고 술로 세월을 보냈습니다.

```
        시    일    월    년
        辛    丙    癸    丁
        卯    戌    卯    丑
     乙 丙 丁 戊 己 庚 辛 壬
     未 申 酉 戌 亥 子 丑 寅
```

卯월에 丙火일간의 기세가 허약한 명조로서
북방 水대운에 辛金반신의 유혹에 넘어가
자신의 임무를 수행하지 않으므로 주색에 빠져 학문도 하지 않아
한 가지도 이룬 것이 없었습니다.


```
        시    일    월    년
        丙    丙    辛    丁
        申    寅    亥    卯
     癸 甲 乙 丙 丁 戊 己 庚
     卯 辰 巳 午 未 申 酉 戌
```

亥월에 두 개의 丙火가 辛金정재를 쟁합하는 명조로서
서방 金대운에 辛金정재의 기세가 왕성하므로 丙火의 유혹을 뿌리치고
자신의 할 일을 하므로 과갑에 급제하였으며
남방 火대운에는 丙丁火비겁의 기세가 왕성하여 辛金반신의 유혹을 뿌
리치고 할 일을 하므로 큰 뜻을 이루었습니다.

7. 순반

1) 종아

> 一出門來要見兒 見兒成氣轉相楣 從兒不論身强弱 只要吾兒又遇兒
> 일 출 문 래 요 견 아 현 아 성 기 전 상 미 종 아 불 론 신 강 약 지 요 오 아 우 우 아
> 문을 나서는 자식만 바라보는데 자식이 기세를 이루고 나타나면
> 일간은 강약을 불론하고 자식을 따르며 오직 내 자식이 자식을 만나야
> 한다.

월령에서 식상국의 형상을 이루면 일간의 자식이 기세를 이룬 것이며
식상이 월령에서 투출하면 세상에 나아가 출세하기 위하여 문을 나서는
자식으로 비유한 것입니다.

가령 甲木일간인데 午월에 寅午戌삼합으로 식상국을 이루면 일간의 자
식이 기세를 이룬 것이며 월령에서 丙丁火식상이 원신으로 투출하여 식
상국을 이끌면 일간의 자식이 월령의 문을 나서는 것입니다.

일간의 입장에서 식상은 자식과 같으므로 일간은 자신의 기세의 강약에
불구하고 식상국의 기세를 이룬 자식을 따른다고 합니다.
이를 일반적으로 자식을 따른다고 하여 종아從兒라고 합니다.

오직 내 자식이 자식을 만난다고 하는 것은 식상의 자식은 재성으로서
일간의 손자와 같습니다.
그러므로 식상국이 재성운을 만나면 일간의 자식이 식상의 자식을 만나
는 것이라고 하는 것입니다.
식상국의 강한 기세가 재성운을 만나면 기세가 순조롭게 흐르므로 기세
가 맑아지기 때문입니다.

종아에 대하여서는 학자마다 견해가 다르므로 아래와 같이 소개하니 참고바랍니다.

원주에서 유백온이 해설하기를

이것은 성상이나 종상이나 상관과는 다르며 다만 내가 생하는 자식을 말한다. 가령 木이 火를 만나 기세의 형상을 이루거나 戊己일주가 申酉 戌서방이나 巳酉丑 金국을 만나면 일주의 강약을 논하지 않고 金이 水 를 생하면 생육의 뜻을 이루고 유통하므로 반드시 부귀하게 된다.

적천수천미에서 임철초가 해설하기를

순順이란 내가 생하는 것이다. 단지 자식을 본다는 것은 식상이 많은 것이며 일가를 이룬다고 하는 것은 월령이 식상을 만난 것이며 월이 문 호이므로 식상이 월령에 있어야 한다.

신강 신약을 논하지 않는다는 것은 사주에 비록 비겁이 있어도 식상을 생조하는 것이다.

내 자식이 자식을 득한다는 것은 사주에서 재성이 있어야 생육의 뜻을 이루기 때문이다. 마치 자신은 보잘것없어도 자손이 창성하면 가문을 일으키고 재운으로 행하면 손자를 얻는 것이니 자손의 번영을 이룰 수 있다.

순국은 종아나 종재 종관하고는 다른 것이다. 식상생재로 생육하면 우 수한 기가 흐르며 부귀를 모두 얻는다. 식상이 자식이면 재성은 손자 이며 손자가 조상을 극하지 못하므로 가히 편안하게 영화를 누릴 수 있 다. 만약 관성을 보면 손자가 또 아이를 낳은 것이니 증조부는 반드시 손상을 받으므로 관살은 자신을 해롭게 한다.

만약에 인수가 있으면 이는 나의 부모이므로 부모는 나를 생하며 나를 위하는데 어찌 식상인 자식을 용납하겠는가. 그러므로 자식은 반드시 재앙을 만나고 생육의 뜻이 없어지므로 화가 미치는 것이다.

이것이 종아격에서 인성운을 가장 꺼리는 이유이다.
다음으로 관성운을 꺼리는데 관성은 재성을 설기하고 또 일주를 극하며 식상은 관성과 친하지 않으므로 생육의 뜻을 망각하고 싸움을 일으키니 사람이 상하지 않으면 재물이 흩어진다.

적천수천미의 명조를 원문의 취지에 알맞게 필자가 해설하였습니다.

시	일	월	년
戊	丙	辛	己
戊	戊	未	未

癸 甲 乙 丙 丁 戊 己 庚
亥 子 丑 寅 卯 辰 巳 午

未월에 지지에 戊未가 가득하므로 월령이 식상국을 이루고 戊己土식상이 원신으로 투출한 명조로서
戊辰대운에 戊土식신의 왕성한 기세로 향시에 급제하였으나
동방 木대운에 재성운으로 흐르지 못하고 인성운으로 흐르므로 벼슬길에 나아가지 못하였으나
丙丁火비겁이 투출하여 식상국의 기세를 도우므로 평생 교육에만 전념하였습니다.

시 일 월 년
戊 丙 丁 己
戌 戌 丑 未
己 庚 辛 壬 癸 甲 乙 丙
巳 午 未 申 酉 戌 亥 子

丑월에 지지에 丑戌未가 가득하므로 월령이 土식상국을 이루고 戊己土
식상이 원신으로 투출한 명조로서
서방 金대운에 재성운으로 흐르면서 식상국의 강한 기세가 원활하게
흐르므로 벼슬길이 순조로웠습니다.

시 일 월 년
壬 辛 辛 壬
辰 亥 亥 寅
己 戊 丁 丙 乙 甲 癸 壬
未 午 巳 辰 卯 寅 丑 子

亥월에 水의 기세가 강하고 壬水상관이 투출하여 기세를 이룬명조로서
甲寅 乙卯대운에 甲乙木재성의 왕성한 기세로
壬水상관의 강한 기세를 설기하므로 과갑에 급제하고 관서장으로서
황당의 벼슬에 올랐으나
丙辰대운 戊戌년에 壬水상관의 강한 기세를 거스르므로 죽었습니다.

2) 군뢰신생

君賴臣生理最微
군 뢰 신 생 리 최 미
군주가 신하에 의지하여 사는 이치가 가장 미묘하다.

군뢰신생君賴臣生은 군주가 신하에게 의지하여 산다는 것으로서 오행의 순리에 반하는 국을 형성하므로 반국反局이라고 합니다.

가령 木이 군주이면 土가 신하인데 이때 水의 기세가 강하여 木이 이를 감당하기 어려우면 수다목부水多木浮가 되어 木이 물에 떠내려가므로 土가 水를 제어하여 木을 구한다고 하는 것입니다.

군뢰신생에 대하여서는 학자마다 견해가 다르므로 아래와 같이 소개하니 참고 바랍니다.

원주에서 유백온이 해설하기를
木이 군주이면 土는 신하이다. 水가 범람하면 木이 뜨는데 土가 水를 막아 木을 살리는 것이다. 木이 왕성하면 火가 치열하므로 金이 木을 베어 火를 살리는 것이다. 火가 왕성하면 土가 타는데 水가 火를 극하여 土를 살리는 것이다.

土가 무거우면 金이 묻히는데 木이 土를 극하여 金을 살리는 것이다. 金이 왕성하면 水가 탁하므로 火가 金을 극하여 水를 살리는 것이다. 이 모든 것은 군주가 신하에게 의지하여 사는 것이므로 그 이치가 가장 묘한 것이다.

적천수천미에서 임철초가 해설하기를

군주가 신하에게 의지하며 산다는 것은 인수가 너무 왕성하다는 뜻이며 이것은 일주의 입장에서 논한 것이다.

가령 일주가 木으로서 군주이면 사주에서 土는 신하가 되는데 사주에 壬癸亥子가 중첩하면 水가 범람하여 木기가 오히려 허약하므로 木을 생하지 못할 뿐만 아니라 木이 水를 받아들일 수 없으며 木이 물에 뜨면 土로 水를 막아야 木이 뿌리를 내릴 수 있으므로 水는 木을 생하고 木도 역시 水를 받아들일 수 있다.

인성을 파괴하고 재성을 취하는 것은 윗사람을 거역하는 뜻이므로 반국이라고 한다. 비록 일주로 논하였지만 나머지도 역시 이같이 논한다. 가령 水가 관성이면 木이 인수인데 水가 매우 왕성하면 木은 물에 뜨므로 土가 있어야 木이 水를 설기하고 반생의 묘를 이루므로 그 이치가 가장 미묘하다. 火土金水도 모두 이같이 논한다.

적천수천미의 명조를 원문의 취지에 알맞게 필자가 해설하였습니다.

시	일	월	년
戊	甲	壬	壬
辰	寅	子	辰

庚 己 戊 丁 丙 乙 甲 癸
申 未 午 巳 辰 卯 寅 丑

子월에 子辰반합하여 편인국을 이룬 壬水편인의 기세가 강하지만 甲木일간의 기세가 강건한 명조로서 동남방 木火대운에 기세의 흐름이 원활하므로 장원급제하고 한림원 학자로서 명성이 높았으며 벼슬길이 순조로웠습니다.

시 일 월 년

戊 甲 壬 壬
辰 子 子 戌
庚己戊丁丙乙甲癸
申未午巳辰卯寅丑

앞의 명조보다 壬水편인국의 기세가 더욱 강한 명조로서 甲木일간의
기세가 약하지만 戊土편재가 甲木일간을 보호하는 군뢰신생의 명조로
서 동남방 木火대운에 기세의 흐름이 원활하여 상서의 벼슬을 하였습
니다.

시 일 월 년

己 辛 戊 己
亥 酉 辰 巳
庚辛壬癸甲乙丙丁
申酉戌亥子丑寅卯

辰월에 戊己土인성의 기세가 강하지만 辛酉일주의 기세가 강건하므로
土의 기세를 충분히 감당할 수 있는 명조로서
북방 水대운으로 기세가 원활하게 흘러 맑아지므로 무관으로서 재능이
뛰어났습니다.

3) 아능생모

兒能生母洩天機
아 능 생 모 설 천 기
자식이 모친을 생하는 것은 천기를 누설하는 것이다.

아능생모兒能生母는 모친이 부친에게 괴롭힘을 당하면 자식이 부친을 극제하고 모친을 살린다고 하는 것으로서 오행의 순리에 반하는 국을 형성하므로 반국反局이라고 합니다.

가령 모친인 木의 기세가 허약하고 부친인 金의 기세가 강하면 모친이 부친에게 극을 당하여 괴롭힘을 당하는데 이때 자식인 火가 나서서 부친인 金을 제어하고 모친인 木을 살린다고 하는 것입니다.
그러나 자식이 모친을 살린다는 명목이 있지만 자식이 부친을 극제하는 것은 하늘의 도리에 어긋나므로 천기를 누설한다고 하는 것입니다.
천기天機란 하늘의 도리로서 인간이 지켜야 할 도리입니다.

아능구모에 대하여서는 학자마다 견해가 다르므로 아래와 같이 소개하니 참고바랍니다.

원주에서 유백온이 해설하기를

木이 모친이고 火가 자식이다. 木이 金에게 손상되면 火가 金을 극하여 木을 살린다. 火가 水에게 극을 당하면 土가 水를 극하여 火를 살린다. 土가 木에게 손상되면 金이 木을 극하여 土를 살린다.
金이 火를 만나 제련되면 水가 火를 극하여 金을 살린다. 水가 土에게 막히면 木이 土를 극하여 水를 살린다. 이 모든 것은 자식이 모친을 살린다는 뜻이며 이는 천기의 힘을 능히 잃게 한다는 뜻이다.

적천수천미에서 임철초가 해설하기를

자식이 모친을 살리는 이치는 계절을 구분하여 논한다. 가령 木이 겨울 생이면 춥고 시드는데 金水를 만나면 반드시 얼어버리므로 金이 木을 극할 뿐만 아니라 水도 木을 극하는 것이므로 반드시 火로 金을 극하여 해동하여야 木은 양의 온화한 기를 득하여 발생할 수 있는 것이다.

火가 水의 극을 받고 있는데 초봄과 늦은 겨울에 태어나면 木은 어리고 火는 허약하니 火는 水를 꺼리고 木도 역시 水를 꺼리므로 土가 와서 水를 막고 木의 정신을 배양하여야 火가 생을 얻고 木도 번영한다. 土가 木에게 손상되고 있는데 늦은 봄과 초겨울에 태어나면 木은 견고하고 土가 허약하므로 비록 火가 있어도 습한 土를 생할 수 없으니 반드시 金으로 木을 잘라야 火는 불꽃이 생기고 土도 생을 득한다.

金이 火의 제련을 받고 있는데 늦은 봄과 초여름에 태어나면 木火가 왕성하므로 水로 火를 극하여야 木과 土가 윤택하고 金이 생을 득한다. 水가 土로 막혀 있고 가을과 겨울에 태어나면 金이 많아 水가 쇠약한데 土가 서남방에 들면 水를 막으므로 반드시 木으로 土를 극하여야 水의 기세가 통하여 흐르며 막힘이 없다.

모자간에 서로 의지하는 정을 아능생모라고 한다. 만약 木이 여름이나 가을에 태어나거나 火가 가을이나 겨울에 태어나거나 金이 봄이나 겨울에 태어나거나 水가 봄이나 여름에 태어나면 휴수되어 자체적으로 여기가 없는데 어찌 내가 생하는 육신을 쓸 수 있으며 내가 극하는 육신을 제어할 수 있겠는가. 비록 일주로 논하였지만 나머지도 모두 이같이 논한다.

적천수천미의 명조를 원문의 취지에 알맞게 필자가 해설하였습니다.

시 일 월 년

庚 甲 丙 甲

午 申 寅 申

甲 癸 壬 辛 庚 己 戊 丁

戌 酉 申 未 午 巳 辰 卯

寅월에서 丙火식신이 투출하고 午火에 통근하여 庚金칠살을 제어하며
甲木일간을 살리는 아능생모의 명조입니다.
己巳대운에 丙火식신의 왕성한 기세로 향시에 급제하고
庚午 辛未대운에 丙火식신의 왕성한 기세로 庚辛金관살을 제어하므로
과거급제하고 관서장이 되었으나
壬申대운에는 壬水편인이 丙火식신을 제어하므로 벼슬길이 순조롭지
못하였습니다.

시 일 월 년

丙 乙 丙 甲

戌 酉 子 申

甲 癸 壬 辛 庚 己 戊 丁

申 未 午 巳 辰 卯 寅 丑

지지에 金水의 기세가 강하고 木火의 기세가 허약한 명조로서
동남방 木火대운으로 흐르며 木火의 왕성한 기세로 金水의 기세를 제어
하므로 비록 공부는 하지 못하였지만 창업을 하여 큰 돈을 벌었습니다.

4) 모자멸자

> 母慈滅子關頭異
> 모 자 멸 자 관 두 이
> 모친의 사랑이 자식을 망하게 하는 것은 상황이 다르다.

모자멸자母慈滅子는 모친이 자식에 대한 사랑이 지나치면 오히려 자식
을 망하게 하는 것으로서 마치 마마보이와 같습니다.
가령 木이 모친이고 火가 자식인데 木이 강하면 火가 꺼지는 목다화식木
多火熄이 발생하므로 망한다고 하는 것입니다.

모자멸자에 대하여서는 학자마다 견해가 다르므로 아래와 같이 소개하
니 참고바랍니다.

원주에서 유백온이 해설하기를
木이 모친이고 火가 자식이다. 너무 왕성하면 모친의 사랑이 넘치는 것
으로서 오히려 火가 더욱 치열하여 타서 없어지므로 이를 자식을 망친
다는 멸자滅子라고 하는 것이며 火土金水도 마찬가지이다.

적천수천미에서 임철초가 해설하기를
모자멸자의 이치와 군뢰신생의 뜻은 비슷하며 모두 인성이 왕성하다.
그 상황이 다른 것은 군뢰신생은 사주에서 인수가 비록 왕성하여도 사
주에서 재성의 기세로 인성을 파괴하지만 모자멸자는 재성의 기세가
없으므로 재성으로 인성을 파괴할 수 없으며 단지 모친의 성정에 순응
하여 자식을 도울 뿐이다. 만약 비겁운이면 모친이 인자하고 자식도 편
안하지만 재성이나 식상을 보면 모친의 성정을 거스르므로 생육의 뜻
이 없어져 재앙을 면하지 못한다.

적천수천미의 명조를 원문의 취지에 알맞게 필자가 해설하였습니다.

시 일 월 년
甲 丁 甲 癸
辰 卯 寅 卯
丙 丁 戊 己 庚 辛 壬 癸
午 未 申 酉 戌 亥 子 丑

甲木정인의 강한 기세를 丁火일간의 기세가 감당하지 못하는 모자멸자의 명조로서 북방 水대운에 木의 강한 기세를 도우므로 고통이 많았고 서방 金대운에 木의 강한 기세를 거스르므로 실패하고 아무것도 이루지 못하였으며
丁未대운에는 丁火일간의 기세가 왕성하여 木의 기세를 감당할 수 있으므로 좋은 기회를 얻어 첩을 들여 아들을 둘이나 얻었으며 큰 부자가 되고 구십세까지 살았습니다.

시 일 월 년
壬 甲 壬 壬
申 子 寅 子
庚 己 戊 丁 丙 乙 甲 癸
戌 酉 申 未 午 巳 辰 卯

甲木일간이 壬水편인의 강한 기세를 감당하기 어려운 모자멸자의 명조로서 癸卯 甲辰대운에는 일간의 기세가 왕성하여 유산이 풍성하였고
乙巳 丙午대운에 水의 기세를 거스르므로 부모를 잃고 재물과 사람도 흩어졌으며 가업이 완전히 망하고 죽었습니다.

5) 부건파처

부 건 하 위 우 파 처
남편이 굳건하면 어찌하여 처를 두려워하겠는가.

부건파처夫健怕妻는 남편의 기세가 굳건하면 처의 기세가 강하여도 능히 다스릴 수 있으므로 처를 두려워하지 않는다고 합니다.
역시 처가 남편을 극하므로 오행의 순리에 반하는 국으로서 반국反局에 해당합니다.

남편에게 처는 재성으로서 재성의 기세가 남편의 기세보다 강하면 남편이 처의 기세를 감당할 수 없으나 남편이 굳건하다면 처의 기세가 강하여도 처의 기세를 두려워하지 않는다고 하는 것입니다.

가령 木의 뿌리가 약하면 기세가 허약하여 土의 강한 기세를 감당하지 못하므로 土의 기세에 의하여 木의 기세가 꺾일 수 있지만
木의 뿌리가 깊으면 기세가 굳건한 것으로서 土의 기세가 강하여도 능히 감당할 수 있다고 하는 것입니다.
그러므로 木은 남편으로서 기세가 굳건하면 부인인 土의 기세를 두려워하지 않는다고 하는 것입니다.

부건파처에 대하여서는 학자마다 견해가 다르므로 아래와 같이 소개하니 참고 바랍니다.

원주에서 유백온이 해설하기를
木이 남편이면 土는 처이다. 木이 비록 왕성하여도 土가 金을 생하면 木을 극하므로 이를 부건파처라고 한다.

火土金水도 이와 같은데 水가 치열한 火를 만나면 土를 생한다.

火가 차가운 金을 만나면 水를 생한다. 水가 金을 생하면 건조한 땅을 윤택하게 한다. 火가 木을 생하면 해동한다. 火가 木을 태우면 水가 마른다. 土가 水를 흡수하면 木이 마른다. 모두 반국으로서 학자들은 근원적인 작용을 자세히 살펴야 한다.

적천수천미에서 임철초가 해설하기를

木이 남편이면 土는 처이다. 木이 왕성하고 土가 많은데 金이 없으면 두렵지 않으나 庚辛申酉가 하나라도 나타나면 土가 金을 생하여 金이 木을 극하므로 이를 부건파처라고 하며 운에서 金을 만나도 이와 같이 논한다.

가령 甲寅 乙卯일주라면 부건이라고 하며 사주에 土가 많고 또 金이 있거나 甲일 寅월이나 乙일 卯월인데 년시에 土가 많고 庚辛金이 투출하면 소위 부건파처라고 한다.

만약 木의 기세가 없고 土가 무거운데 金이 보이지 않으면 남편은 쇠약하고 처가 왕성하므로 역시 처를 두려워하는 것이며 오행을 모두 이와 같이 논한다. 水가 土를 생하면 치열한 火를 제어하는 것이고 火가 水를 생하면 차가운 金을 대적하는 것이며 水가 金을 생하면 건조한 土를 윤택하게 하는 것이고 火가 木을 생하면 수를 해동하는 것이다.

火가 왕성한데 건조한 土를 만나면 水가 마르므로 火도 水를 능히 극한다. 土가 건조한데 무거운 金을 만나면 木이 부러지므로 土가 木을 능히 극한다. 金이 무거운데 넘치는 水를 보면 火가 꺼지므로 金이 火를 능히 극한다. 水가 왕성한데 무성한 木을 득하면 土에 스며들므로 水가 土를 능히 극한다. 木의 무리가 치열한 火를 만나면 金이 녹으므로 木이 金을 능히 극한다.

이와 같은 것은 모두 오행이 전도하는 심오한 작용으로서 반국이라고 한다. 학자들은 마땅히 상세하게 근원적 이치를 살펴야 하며 명리학의 미묘하고 오묘한 것이 여기서 비롯되는 것이다.

부건파처의 명을 관찰하면 귀한 사람이 많았는데 그 이치를 연구하면 건健이라는 글자의 묘함에 있다. 가령 일주가 굳건하지 않은 재다신약은 평생 고생하지만 부건파처는 두려워도 두려워하지 않는 것으로서 이끄는 대로 따르는 것이 확연한 이치이며 일주가 생왕한 운을 만나면 자연히 남달리 출세한다.

만약 남편이 굳건하지 못하고 처를 두려워하면 처는 반드시 방자하여 도리에 어긋나므로 남편이 꼼짝하지 못하여 강건함을 잃어버리니 처가 즐거움만을 탐하고 순종하는 것을 망각하므로 어찌 능히 부귀하다고 할 것인가.

적천수천미의 명조를 원문의 취지에 알맞게 필자가 해설하였습니다.

시　일　월　년

辛　甲　戊　己

未　寅　辰　亥

庚 辛 壬 癸 甲 乙 丙 丁

申 酉 戌 亥 子 丑 寅 卯

甲寅일주는 뿌리가 깊어 굳건하므로 土재성의 기세가 강하여도 두려워하지 않는 부건파처의 명조로서 동북방 木水운에 일간을 도우므로 일찍이 과갑에 급제하고 벼슬길이 순조로웠습니다.

시　일　월　년
辛　甲　戊　己
未　子　辰　巳
庚辛壬癸甲乙丙丁
申酉戌亥子丑寅卯

辰월에 甲子일주의 뿌리가 굳건하지 못하므로 土재성의 강한 기세를 감당하기 어려운 명조로서
동방 木대운에 甲木일간의 기세가 왕성하므로 일찍이 과갑에 급제하였지만
북방 水대운에 土재성의 강한 기세에 억눌려 고위직으로 발전하지 못하였습니다.

시　일　월　년
癸　戊　甲　癸
丑　戌　子　亥
丙丁戊己庚辛壬癸
辰巳午未申酉戌亥

子월에 戊戌일주의 뿌리가 굳건하므로 癸水정재의 기세가 강하여도 두려워하지 않는 부건파처의 명조로서
남방 火대운에 일간의 기세를 도우므로 관찰사인 방백의 직위에 오르지만 癸水정재의 기세가 쇠약하므로 봉록이 풍부하지 못하였습니다.

6) 전합

天戰猶自可 地戰急如火 合有宜不宜 合多不爲奇
천 전 유 자 가 지 전 급 여 화 합 유 의 불 의 합 다 불 위 기
천간의 싸움은 비록 가능하여도 지지의 싸움은 불처럼 급하다.
합은 마땅한 경우도 있고 마땅하지 않은 경우도 있으며
합이 많으면 좋은 것이 아니다.

천전天戰은 천간의 싸움이며 지전地戰은 지지의 싸움입니다.
천간의 싸움은 오행이 역행하는 이치에 의한 것이므로 가능하다고 합니다. 오행의 역행은 하도 낙서의 이치에 의한 상극의 이치로서 목극토 토극수 수극화 화극금 금극목을 말합니다.

지지의 싸움은 기세의 대립으로서 형충파해 등이 작용하면서 상대를 굴복시키기 위하여 치열한 싸움을 벌이므로 급하기가 마치 불과 같다고 합니다.

천간이나 지지에서 싸우는데 천간합이나 지지합으로 싸움을 해소할 수 있으면 마땅한 경우라고 합니다. 그러나 합이 많으면 기반되어 할 일을 하지 못하는 경우가 많으므로 마땅하지 않다고 합니다. 이는 오행의 생극과 형충의 작용에 의한 기세의 대립으로 인하여 오히려 발전하는 경우가 많은데 합으로 인하여 묶이므로 발전하지 못하기 때문입니다.

전합국에 대하여서는 학자마다 견해가 다르므로 아래와 같이 소개하니 참고 바랍니다.

원주에서 유백온이 해설하기를
천간에 甲庚乙辛이 만나면 이를 천전天戰이라고 하며 지지에 순응하고

안정되면 해로움은 없다. 지지에 寅申卯酉가 있으면 이를 지전地戰이라고 하며 천간에게 힘이 되지 못하고 그 기세가 빠르고 흉하다. 대개 천간은 주로 동하고 지지는 주로 고요하기 때문이다.

庚申 甲寅과 乙卯 辛酉 등은 모두 천지교전天地交戰이라고 하여 반드시 흉한 것을 의심하지 않는다.

운에서 합슴이나 회會를 만나 승부를 보아야 존재하거나 발전할 수 있다. 그 중에 충하는 것이 하나이거나 둘인 것도 있는데 단지 하나의 합신이 유력하거나 고신庫神이나 귀신貴神이 없고 동하는 것을 거두고 싸움을 멈추게 하면 역시 좋다. 희신이 암장되거나 사절하면 충동하여 발생지기를 끌어내야 한다.

희신이 능히 합으로 도와주는 경우로서는 가령 庚이 희신인데 乙과 합하여 金을 돕는 것이다. 흉신이 능히 합으로 제거되는 경우로서는 가령 甲이 흉신인데 己와 합하여 제거되는 것이다.

동하는 국이 능히 합으로 안정이 되는 경우로서는 가령 子午충이 丑과 합하여 안정되는 것이다. 생하는 국이 능히 합으로 이루는 경우로서는 가령 甲이 亥月생인데 寅과 합을 하는 것으로서 모두 마땅한 경우이다.

만약 흉신을 합으로 돕는 경우로서는 가령 己가 흉신인데 甲이 합하여 土를 돕는 것이다. 희신을 합으로 기반하는 경우로서는 가령 乙이 희신인데 庚이 합하여 기반하는 것이다. 동하는 국을 합으로 가두는 경우로서는 가령 丑未가 희신인데 子午가 합하여 막는 것이다.

생하는 국을 합으로 돕는 경우로서는 가령 甲이 희신이 아닌데 寅亥가 합하여 木을 돕는 것으로서 모두 마땅하지 않은 경우이다.

대체적으로 합이 많으면 유통이 안 되고 분발하지 못하며 비록 우수한 기가 있어도 역시 기묘한 작용을 하지 못한다.

적천수천미에서 임철초가 해설하기를

천간의 기는 전일하여 지지가 안정되면 제화가 쉬우므로 천간의 싸움은 가능한 것이다. 지지의 기는 섞여 있으므로 천간이 비록 순응하며 안정되어도 제화가 어렵다. 그러므로 지지의 싸움은 급하기가 불과 같다. 천간은 동하는 것이 마땅하고 고요하면 마땅치 않으며 동하면 쓰임이 있고 고요하면 더욱 전일해진다. 지지는 고요함이 마땅하고 동함은 마땅하지 않다.

고요하면 쓰임이 있고 동하면 뿌리가 뽑히므로 반드시 합이 유력하며 회국을 이루어 그 동하는 기세를 멈추게 하거나 고신庫神으로 동하는 육신을 거두어들이면 정신이 안정되므로 이를 일러 동하여도 안정하도록 도와주면 흉이 길로 화한다고 하는 것이다. 가령 甲寅庚申 乙卯辛酉 丙寅壬申 丁卯癸酉 등은 천지가 싸우는 것으로서 비록 합이나 회국을 하여도 동하는 기세를 멈추게 하지 못하면 흉함이 빠르다.

두 개가 하나를 충하지 못한다고 하는 것은 틀린 말이다. 두 개의 寅과 하나의 申이 충하면 하나의 寅이 제거되고 하나의 寅만 남는다. 만약 두 개의 申과 하나의 寅이 만나면 비록 충이 아니어도 金이 많고 木이 적으니 능히 극하여 없앤다. 그러므로 천간은 극을 논하고 지지는 충을 논하는 것이며 충이 곧 극으로서 이치가 확연한데 어찌 의심하겠는가.

심지어 용신이 암장되거나 용신이 합을 당하는데 사주에서 용신을 이끌어 내는 육신이 없다면 오히려 충으로 동하여야 비로소 쓸 수 있다. 그러므로 합이 마땅하기도 하고 마땅하지 않기도 한 것이며 충도 역시 그러하니 자세히 연구하여야 한다. 합이 아름답지만 반기는 합이어야 가장 아름답다.

만약 꺼리는 합이라면 충보다 더 흉하다. 왜냐하면 충이 합을 득하면 안정되기 쉽지만 합이 충을 득하면 동하므로 곤란하다. 그러므로 희신과 합하여 도움이 되면 아름다운데 가령 庚이 희신인데 乙과 합하면 金을 돕는 경우이다.

흉신을 합으로 제거하면 더욱 아름다운데 가령 甲이 흉신인데 己가 합하여 제거하는 경우이다. 한신과 흉신이 합하여 희신으로 화하는 것은 가령 癸가 흉신이고 戊가 한신인데 戊癸합하여 火로 화하여 희신이 되는 경우이다. 한신과 기신이 합하여 희신으로 화하는 것은 가령 壬이 한신이고 丁은 기신인데 丁壬합하여 木으로 화하여 희신이 되는 경우이다. 子午충에서 午가 희신인데 丑과 합하거나 寅申충에서 寅이 희신인데 亥와 합하는 경우로서 모두 마땅하다.

기신과 합하여 기신을 도와주는 것은 가령 己가 기신인데 甲과 합하면 기신을 도와주는 경우이다. 乙이 희신인데 庚과 합하면 흉한 합이다. 희신이 한신과 합하여 기신으로 화하는 것은 가령 丙이 희신이고 辛이 한신인데 丙辛합하여 水로 화하여 기신이 되는 경우이다.

한신과 기신이 합하여 흉신으로 화하는 것은 가령 壬이 한신이고 丁이 기신인데 丁壬합으로 木으로 화하여 흉신이 되는 경우이다. 卯酉충에서 卯가 희신인데 辰과 합하여 金으로 화하여 木을 극하거나 巳亥충에서 巳가 희신인데 申과 합하여 水로 화하여 火를 극하는 것은 모두 마땅치 않은 경우이다.
대개 기신을 합화하여 제거하거나 희신으로 합화하여 오면 반갑지만 만약 기신과 합을 해도 가지 않으면 반갑지 않고 희신과 합을 해도 오지 않으면 아름답지 못하고 오히려 기반되어 방해만 된다. 와도 오지 않는 것은 화해도 화하지 않으므로 마땅히 자세히 살펴야 한다.

적천수천미의 명조를 원문의 취지에 알맞게 필자가 해설하였습니다.

시 일 월 년

辛 丁 乙 癸

亥 未 卯 酉

丁 戊 己 庚 辛 壬 癸 甲

未 申 酉 戌 亥 子 丑 寅

卯월에 亥卯未삼합으로 편인국을 이루고 乙木편인이 원신으로 투출한 명조로서

辛亥대운 壬子년에 壬癸水관살의 왕성하고 강한 기세가 불과 같이 급하여 충천분지하며 휩쓸어버리므로 죄를 짓고 형벌을 받았습니다.

시 일 월 년

甲 壬 壬 壬

辰 午 寅 申

庚 己 戊 丁 丙 乙 甲 癸

戌 酉 申 未 午 巳 辰 卯

寅월에 지지에서 寅申충으로 대립하는 명조로서

남방 火대운에 寅午반합으로 충을 해소하고 水木의 기세를 설기하여 기세의 흐름이 원활하므로 무과에 급제하고 이름난 지역을 다스렸으나 戊申대운에는 寅申충이 동하고 戊土칠살이 壬水비견의 기세를 거스르므로 죽었습니다.

시 일 월 년
甲 甲 壬 丁
子 戌 寅 亥
甲 乙 丙 丁 戊 己 庚 辛
午 未 申 酉 戌 亥 子 丑

년월에 천간에서 丁壬합하고 지지에서 寅亥합하며 합이 많은 명조로서
북방 水대운에 壬水편인의 왕성한 기세로 甲木일간의 기세를 도우므로
조상의 유산이 많았으나
戊戌대운에 년월의 합이 기반되어 甲木일간의 기세를 돕지 못하므로
가문이 파산하고 죽었습니다.

시 일 월 년
丙 戊 甲 己
辰 寅 戌 亥
丙 丁 戊 己 庚 辛 壬 癸
寅 卯 辰 巳 午 未 申 酉

년월에 천간에서 甲己합하는 명조로서
남방 火대운에 丙火편인의 왕성한 기세로 戊土일간을 도우므로 시랑의
벼슬을 하며 명성도 높고 봉록도 많았습니다.

7) 진태감리

震兌勢不兩立 而有相成者存 坎離氣不并行 而有相濟者在
진 태 세 불 양 립 이 유 상 성 자 존 감 리 기 불 병 행 이 유 상 제 자 재
진태는 두 세력이 양립하지 못하므로 서로 이루어야 존재한다.
감리는 기가 병행하지 못하므로 서로 조화되어야 존재한다.

진태震兌와 감리坎離는 주역 팔괘의 용어로서 진태는 木金을 말하며 감리는 水火를 말합니다.

木과 金은 서로 대립하는 세력이므로 서로 양립하지 못합니다.
가령 木의 세력이 강하고 金의 세력이 약하면 金의 세력은 木의 세력을 감당하지 못하므로 존재하지 못하는 것입니다. 또한 金의 세력이 강하고 木의 세력이 약하면 木의 세력은 金의 세력을 감당하지 못하므로 역시 존재하지 못하는 것입니다.

그러므로 木은 자신의 세력을 이루어야 金의 세력을 감당하고 중화를 이루고 기세가 맑아질 수 있으며 金도 역시 자신의 세력을 이루어야 木의 세력을 감당하고 중화를 이루고 기세가 맑아질 수 있는 것입니다.

水는 차가운 한기이며 火는 뜨거운 난기로서 함께 병행하지 못한다고 합니다. 이는 물과 불이 함께 존재하지 못하는 것과 같습니다.
그러나 水火의 기세가 조화된 수화기제水火旣濟를 이루면 이로 인하여 기세가 조화되어 이상적인 조건이 만들어지므로 만물이 생장발전할 수 있는 것입니다.

진태감리에 대하여서는 학자마다 견해가 다르므로 아래와 같이 소개하니 참고바랍니다.

원주에서 유백온이 해설하기를

진이 안에 있고 태가 밖에 있는 경우는 卯월에 亥일이거나 未일이며 丑년이나 巳년에 酉시인 경우로서 일주의 희신이 진에 있으면 태는 적국이므로 반드시 火로 공격해야 한다.

일주의 희신이 태에 있으면 진은 도둑이므로 방어를 대비할 뿐이며 반드시 제거할 필요는 없고 군대를 일으킬 필요도 없다.

태가 안에 있고 진이 밖에 있는 경우는 酉월 丑일이나 巳일이며 未년이나 亥년에 卯시인 경우로서 일주의 희신이 태에 있으면 진은 떠돌이 병사처럼 쉽게 소멸할 수 있지만 진이 무리를 지으면 안 된다. 일주의 희신이 진에 있으면 태는 내부 반란자와 같아 소멸하기 어려우므로 태를 도와서는 안 되며 水를 객신으로 삼아 상하를 연결하여야 한다.

가령 酉년 卯월 丑일 亥시이고 甲년 庚월 甲일 辛시인 경우라면 일주의 희신과 기신이 무엇인지를 논하여 공격이나 수비의 방법을 논하여야 한다. 그러나 金이 木을 꺼릴 때는 木이 火를 대동하지 않고 木이 土를 손상하지 않으면 木을 제거할 필요는 없다. 만약 木이 金을 꺼리는데 金이 강하면 싸우면 안 된다.

다만 가을金에 木이 무성하면 木은 결국 金을 해롭게 하지 않으므로 오히려 金이 인仁을 이룬다. 봄木에 金이 왕성하면 金이 실제로 木을 억제하기에 충분하지만 오히려 木이 의義를 갖추게 된다.

木월에 년일시가 모두 金이면 일주의 희기를 묻거나 木의 성정에 순응하는 것만이 마땅한 것은 아니다.

金월에 년일시가 모두 木이면 일주의 희기를 묻거나 金의 성정에 순응하는 것만이 마땅한 것은 아니다.

천간에 壬癸가 투출하고 지지가 리離에 속하면 기제旣濟이므로 천기가 하강해야 한다. 천간에 丙丁이 투출하고 지지가 감坎에 속하면 미제未濟이므로 천기가 상승해야 한다. 천간이 모두 水이고 지지가 모두 火이면 교합하는 것이며 교합으로 신강하면 부귀하다.

천간이 모두 火이고 지지가 모두 水이면 교전하는 것으로 교전으로 신약하면 어찌 부귀할 수 있겠는가.

감坎이 밖에 있고 리離가 안에 있으면 미제이며 일주의 희신이 리에 있으면 水가 마르고 일주의 희신이 감에 있으면 길하지 못하다. 리가 밖에 있고 감이 안에 있으면 기제이며 일주의 희신이 감에 있으면 리가 항복하며 일주의 희신이 리에 있으면 木으로 화한다. 水火가 천간에 섞여 있고 火가 일주이면 水가 왕성하여도 존재하고 감리가 지지에서 서로 만나고 희신이 감이고 감이 왕성하면 번창한다.

무릇 子午卯酉는 전일한 기로서 서로 제어하고 서로 대립하는 세력이므로 마땅히 분별하여 살핀다. 만약 사생四生이나 사고四庫의 육신이 모두 무리를 지어 子午卯酉를 도우면 그 이치를 자세하게 추리하여야 한다.

적천수천미에서 임철초가 해설하기를

진震은 양이며 선천에서는 팔백八白에 위치하며 음은 확실한 음이지만 양 또한 음이다. 태兌는 음이며 선천에서는 사록四綠에 위치하며 양은 확실한 양이지만 음 또한 양이다.

진震은 장남이고 우뢰는 땅으로부터 일어나므로 일양一陽이 곤坤의 초효에서 발생한다. 태는 소녀小女이고 산과 못의 기가 통하므로 삼음三陰이 건乾의 마지막 효에서 발생한다. 장남이 소녀와 배합한 것은 천지가 생성하는 묘한 작용이 있지만 장녀와 소남小男이 배합하면 양을 생하여도 음을 이루지 못한다.

그러므로 태는 만물이 기뻐하므로 지극하다고 하며 진태가 비록 양립하지 않아도 서로 이루는 뜻이다.

내가 연구한 진태의 이치는 다섯 가지로 공성윤종난功成潤從暖이 있다. 초봄의 木은 어리고 金은 견고하므로 火로 공격하고 중춘의 木은 왕성하고 金은 쇠약하므로 土로 이루며 여름의 木은 설기되고 金은 건조하니 水로 윤택하게 한다. 가을의 木은 시들고 金은 날카로워 土로 따르며 겨울의 木은 쇠약하고 金은 차가우므로 火로 따뜻하게 한다.
즉 양립하는 세력이 없어도 인의의 세력으로 이루는 것이다. 내외를 말하는 것은 쇠왕이 서로 대적하는 뜻에 불과한 것으로 설기할 것은 설기하고 억제할 것은 억제하면서 모름지기 金木의 의향을 살펴야 하므로 반드시 내외의 분별에 집착하여 구애를 받을 필요는 없다.

감坎은 양이며 선천에서 우측 7의 수로서 양이 되는 것이며 리離는 음이며 선천에서 좌측 3의 수로서 음이 되는 것이다. 감坎은 중남中男으로 천도天道의 아래를 건너므로 일양이 북에서 생하고 리는 중녀中女로 지도地道의 위로 행하므로 이음이 남에서 생한다.

리離는 태양의 모습이고 감坎은 달의 모습이니 하나는 촉촉하고 하나는 따뜻하게 하여 水火가 서로 조화되니 남녀가 교접하고 만물이 생화하는 것이다. 무릇 감리는 일월의 바른 모습으로 소멸되지 않으며 천지의 중기를 주재한다. 그러므로 혼자서 이루지 않으며 반드시 서로 유지하여야 묘하다.

서로 유지하는 이치는 다섯 가지로서 승강화해제升降和解制가 있다.
승升은 천간의 리離가 쇠약하고 지지의 감坎이 왕성한 경우에 반드시 지지에 木이 있어야 지기가 상승하는 것이다.

강降은 천간의 감이 쇠약하고 지지의 리가 왕성한 경우에 반드시 천간에 金이 있어야 천기가 하강하는 것이다.

화和는 천간이 모두 火이고 지지가 모두 水인 경우에 반드시 木운을 만나 화하는 것이다.

해解는 천간이 모두 水이고 지지가 모두 火인 경우에 반드시 金운을 만나 해소하는 것이다.

제制는 水火가 간지에서 교전하는 경우에 반드시 운에서 강한 것을 억제하는 것이다.

이 다섯 가지가 감리의 작용으로서 이와 같아 홀로 세력을 이루는 것은 없으며 반드시 서로 유지하여야 예지禮智의 성정이 있다.

적천수천미의 명조를 원문의 취지에 알맞게 필자가 해설하였습니다.

시	일	월	년
乙	甲	庚	丙
丑	申	寅	寅

戊 丁 丙 乙 甲 癸 壬 辛
戌 酉 申 未 午 巳 辰 卯

寅월에 木金이 대립하는 명조로서

壬辰대운에 壬水편인과 丙火식신의 기세가 상전하므로 공부를 하여도 뜻을 이루기 어려웠으며

癸巳대운에 木金의 기세를 도와 중화를 이루어 기세가 맑아지므로 벼슬을 사고 벼슬길이 순조로웠으나

丙申대운에 庚金칠살의 왕성한 기세를 丙火식신의 기세로 거스르므로 죽었습니다.

```
        시   일   월   년
        丁   甲   壬   庚
        卯   辰   午   辰
    庚 己 戊 丁 丙 乙 甲 癸
    寅 丑 子 亥 戌 酉 申 未
```

木火의 기세가 강하고 金水의 기세가 약한 명조로서
甲申대운에 庚金칠살의 기세가 왕성하여 木金의 기세가 중화의 조화를
이루어 기세가 맑으므로 과거급제하고
丙戌 丁亥대운에 수화기제를 이루어 기세가 맑으므로 관찰사의 직위에
올랐습니다.

```
        시   일   월   년
        壬   壬   壬   癸
        寅   午   戌   巳
    甲 乙 丙 丁 戊 己 庚 辛
    寅 卯 辰 巳 午 未 申 酉
```

천간에는 壬癸水비겁이 투출하였으나 지지에 통근처가 없어 기세가 허
약하고 火의 기세가 강하지만 천간에서 이끌어주지 못하는 명조로서
辛酉 庚辛대운에 庚辛金인성의 기세가 왕성한 기세로 水의 기세를 도와
수화기제를 이루어 기세가 맑으므로 조상의 유산으로 풍족하였으나
己未 戊午대운에 戊己土관살이 투출하여 壬癸水비겁의 허약한 기세를
제거하므로 고통과 재산손실이 많았습니다.

8) 군신

> 君不可抗也 貴乎損上以益下 臣不可過也 貴乎損下以益上
> 군 불 가 항 야 귀 호 손 상 이 익 하 신 불 가 과 야 귀 호 손 하 이 익 상
> 군주에게 대항하면 안 되며 위를 덜어내어 아래를 도우면 귀하고
> 신하가 지나치면 안 되며 아래를 덜어내어 위를 도우면 귀하다.

군신君臣은 군주와 신하로서 신하는 군주에게 대항하면 안 되고
신하의 기세가 군주의 기세보다 지나치면 안 된다고 합니다.
군주는 군주의 기세를 덜어 신하를 도우면 귀하게 되며
신하는 신하의 기세를 덜어 군주를 도우면 귀하게 된다고 합니다.

군주와 신하는 극하는 관계로서 木이 군주이면 土가 신하이고
水가 군주이면 火가 신하이며 金이 군주이면 木이 신하이고
土가 군주이면 水가 신하이고 火가 군주이면 金이 신하입니다.

신하가 군주에게 대항하면 역극하는 것으로서 오행의 순리에 어긋나므
로 안 된다고 하는 것이며 신하의 기세가 지나쳐도 군주의 기세를 역극
하므로 안 된다고 하는 것입니다.

가령 金의 기세가 왕성하고 木의 기세가 쇠약하면 水로써 金의 기세를
설기하여 木을 도우면 군주가 신하를 돕는다고 하는 것입니다.
또한 金의 기세가 쇠약하고 木의 기세가 왕성하면 火土로써 木의 기세를
설기하여 金을 도우면 신하가 군주를 돕는다고 하는 것입니다.

그러나 木의 기세가 왕성하고 金의 기세가 쇠약하면 신하가 지나친 것
으로서 金의 기세를 제압하려고 하면 신하가 군주에게 대항하는 것이라
고 합니다.

군신에 대하여서는 학자마다 견해가 다르므로 아래와 같이 소개하니 참고바랍니다.

원주에서 유백온이 해설하기를

일주는 군주이고 재성이 신하이다.

가령 甲乙일주인데 사주에 木이 가득하고 한두 개의 土가 있으면 이는 군주가 왕성하고 신하가 쇠약하므로 다방면으로 신하를 도와야 하는데 火로 생하거나 土로 채워주고 金으로 호위하면 신하가 온전하여 군주가 편안하게 된다.

일주가 신하이면 관성이 군주이다. 가령 甲乙일주가 사주에 木이 가득하고 한두 개의 金이 있으면 신하가 왕성하고 군주가 쇠약하므로 다방면으로 金을 도와주어야 하는데 土를 대동한 火로 木을 설기하거나 火를 대동한 土로 金을 생하면 군주는 편안해지고 신하가 온전하게 된다. 만약 木火가 왕성하여 어찌할 수 없다면 군주의 자녀인 水를 적게 쓰고 火운으로 행하면 비로소 발복한다.

적천수천미에서 임철초가 해설하기를

군주에게 대항하면 안 된다고 하는 것은 위를 범하지 않는 이치이다.

손상이란 위를 설기하는 것이지 극제하는 것이 아니므로 위를 설기하여 아래를 보태는 것이다. 가령 甲乙일주가 군주이고 사주에 木이 가득하고 한두 개의 土가 있다면 군주는 왕성하고 신하는 극히 쇠약하므로 오직 군주의 성정에 순응하여 火로 행한다.

火로 행하면 木을 설기하여 土를 돕는 것이므로 위를 손상하여 아래를 보태는 것이며 위로는 군주에게 대항하지 않고 아래로는 신하를 편안하게 하는 것이다.

만약 金으로 호위하면 군주에게 대항하는 것이다.
또한 木이 왕성하면 金은 부스러지므로 군주에게 대항하지 못하고 오히려 군주를 노하게 하는 것이며 신하는 더욱 설기되므로 무익할 뿐만 아니라 오히려 해로우므로 어찌 위가 편안하고 아래가 온전하겠는가.

신하가 지나치면 안 되므로 반드시 덕으로 화하여야 하며 대개 신하가 순응하면 군주가 편안하게 된다.
가령 甲乙일주가 사주에 木이 가득하고 한두 개의 金이 있으면 신하가 왕성하고 군주는 극히 쇠약한 것이다.

만약 金운에서 신하를 극제하면 쇠약한 세력으로 위엄이 있는 명령을 내리는 것으로서 반드시 위의 뜻에 저항하므로 火를 대동한 土운에서 木이 火를 보고 상생하면 신하가 순응하고 金은 土를 만나 도움을 받으니 군주도 편안하게 된다.

만약 水木이 모두 왕성하고 火土가 보이지 않으면 마땅히 군주의 자식이 水木운으로 행하여야 군주는 편안하게 된다. 만약 木火가 모두 왕성하면 마땅히 신하가 순응하여 火운으로 행하여야 군주도 편안하게 된다.

소위 신하가 왕성하면 그 성질에 순응하고 군주가 쇠약하면 인자해야 위가 편안하고 아래가 온전하다. 만약 단순히 土金으로 격노하게 하면 위도 편안하지 못하고 아래도 온전하지 못하다.

적천수천미의 명조를 원문의 취지에 알맞게 필자가 해설하였습니다.

시 일 월 년
庚 甲 甲 戊
午 寅 寅 寅
壬 辛 庚 己 戊 丁 丙 乙
戌 酉 申 未 午 巳 辰 卯

寅월에 木의 기세가 강한 명조로서
남방 火대운에 신하인 戊己土재성을 도우므로 과거급제하고 장관을 보좌하는 시랑의 벼슬에 올랐으나
庚申대운에 군주인 庚金칠살의 기세가 왕성한데 신하인 甲木의 강한 기세가 반발하며 따르지 않으므로 죽었습니다.

시 일 월 년
己 己 丙 甲
巳 酉 子 寅
甲 癸 壬 辛 庚 己 戊 丁
申 未 午 巳 辰 卯 寅 丑

子월에 년간의 甲木정관의 기세가 시간의 己土비견으로 원활하게 흐르는 명조로서
동방 木대운에 甲木군주의 기세가 왕성하므로 丙火정인으로 설기하여 己土신하를 도우므로 과갑에 급제하고 한림원 학자로서 명성이 높았습니다.

9) 모자

知慈母恤孤之道 方有瓜瓞無疆之慶
지 자 모 휼 고 지 도 방 유 과 질 무 강 지 경
知孝子奉親之方 始能克諧大順之風
지 효 자 봉 친 지 방 시 능 극 해 대 순 지 풍
인자한 모친이 고아를 돌보는 도리를 알면 비로소 자손이 끝없이 이어
지는 경사가 있다.
효자가 모친을 봉양하는 방도를 알면 비로소 극을 해소할 수 있으므로
크게 순조로운 기풍을 이룬다.

모자의 관계는 생하고 생을 받는 관계로서 모친의 정이 인자하면 비록
외로운 자식이라고 하여도 모친의 정으로 돌보므로 자식은 모친의 정을
이어받아 자손이 대대로 끊어지지 않는다고 합니다.

가령 木이 모친이고 火가 자식인데 모친인 木의 기세가 왕성하고 자식
인 火의 기세가 쇠약하면 자식이 외로운 것으로서
모친인 木의 왕성한 기세로 자식인 火의 쇠약한 기세를 돌보면 자식은
모친의 기세를 이어받아 火의 자식인 土의 기세를 생하므로 자손이 끊
어지지 않는다고 하는 것입니다.

자식이 효로써 모친을 봉양하는 방도를 알면 비로소 극을 해소하고 모
친을 도울 수 있으므로 크게 순조로운 기풍을 이룬다고 합니다.

가령 木이 모친이고 火가 자식이며 金이 부인으로서 모친과 부인은 서
로 극하는 사이이지만 火는 土를 생하여 부인인 金을 생하고 부인인 金
은 水를 생산하여 모친인 木을 생하면
비로소 극을 해소하고 크게 순조로운 기풍을 이룰 수 있는 것입니다.

모자에 대하여서는 학자마다 견해가 다르므로 아래와 같이 소개하니 참고바랍니다.

원주에서 유백온이 해설하기를

일주가 모친이고 일주가 생하는 것이 자식이다. 가령 甲乙일주인데 사주에 木이 가득하고 한두 개의 火가 있으면 이는 모친은 왕성하고 자식은 외로운 것으로서 다방면으로 자식을 생하여야 한다. 그러면 자손이 끊임없이 이어지며 후손이 천년 동안 이어진다.

일주가 자식이고 일주를 생하는 것이 모친이다. 가령 甲乙일주인데 사주에 木이 가득하고 한두 개의 水가 있으면 자식이 많고 모친이 쇠약하므로 다방면으로 모친을 편안하게 하여야 하는데 金으로 생하고 土로 金을 생하면 모자의 정이 크게 순조롭게 된다.
설혹 金이 없어도 水가 木에게 의지하고 木火金이 왕성한 운으로 가는 것도 가능하다.

적천수천미에서 임철초가 해설하기를

모친의 기세가 많고 자식이 고독하면 자식이 모친의 기세에 복종할 뿐만 아니라 모친의 정도 자식에게 의존하게 된다. 그러므로 모자 두 사람을 모두 손상하거나 억제하는 것은 마땅하지 않다. 오직 자식의 기세를 도우면 모친은 인자하고 자식은 더욱 번창한다.

가령 甲乙일주가 모친인데 한두 개의 火가 있고 나머지가 모두 木이면 이는 모친의 기세가 많아 자식이 병든 경우로서 첫째로 水를 보면 안 되는데 水를 보면 자식이 손상되며 둘째로 金을 보면 안 되는데 金을 보면 모친의 성정을 건드려 모자가 불화하고 자식은 더욱 외로워진다.

오직 火를 대동한 운으로 행하면 모성이 인자하고 그 성정이 자식으로 향하므로 자식은 비로소 모친의 뜻에 순응하며 자손을 생산하고 대대손손 이어지는 경사를 이룬다. 만약 水를 대동한 土운으로 가면 모정이 변하여 오히려 자식을 용납하지 않는다.

자식의 기세가 많고 모친의 기세가 쇠약하면 모친은 자식에게 의존하므로 반드시 모친을 편안하게 하고 자식의 성정을 거역해서도 안 된다. 가령 甲乙일주인데 사주에 木이 가득하고 한두 개의 水가 있으면 자식은 많고 모친이 외로운 것이다.

모친은 자식에게 의존하므로 반드시 모친을 편안하게 하는 경우로서 첫째로 土를 보면 안 되는데 土를 보면 자식이 부인인 재성을 사랑하느라 모친을 돌보지 않으므로 모친이 편안하지 않게 된다.
둘째로 金을 보면 안 되는데 金을 보면 모친의 기세가 강하므로 자식을 용납하지 않고 자식은 반드시 모친을 거역한다.

오직 水를 대동한 金운으로 행하면 金이 木을 극하지 않고 水를 생하므로 모친은 자식에게 의존하고 자식은 모친에게 순종하므로 이로써 크게 순조로운 기풍을 이룬다.

만약 土를 대동한 金운으로 행하면 부인이 고약하므로 모자가 모두 편안하지 못하니 사람의 일이란 모두 이와 같다. 이 장에서 모두 木을 위주로 논했지만 火土金水일 때도 같다.

적천수천미의 명조를 원문의 취지에 알맞게 필자가 해설하였습니다.

	시	일	월	년
	己	乙	甲	戊
	卯	卯	寅	午

壬 辛 庚 己 戊 丁 丙 乙
戌 酉 申 未 午 巳 辰 卯

寅월에 木의 기세가 강한 명조로서
남방 火대운에 木의 강한 기세로 자식인 火土의 기세를 도우므로 기세
가 맑아지며 과거급제하고 장관을 보좌하는 시랑의 벼슬에 올랐으나
庚申대운에 木의 강한 기세가 반발하므로 죽었습니다.

	시	일	월	년
	乙	甲	丙	癸
	亥	寅	辰	卯

戊 己 庚 辛 壬 癸 甲 乙
申 酉 戌 亥 子 丑 寅 卯

辰월에 木의 기세가 강한 명조로서
乙卯 甲寅대운에 丙火자식의 기세를 도와 기세의 흐름이 원활하므로
여유로워 뜻대로 되었으나
癸丑대운에 丙火의 기세를 돌보지 못하므로 재물손실이 많았고
壬子대운에 丙火가 제거되므로 집안이 망하고 스스로 목을 매달아
죽었습니다.

제5장

통변론

通辯論

1. 성정

1) 오행의 기세

五行不戾 惟正清和 濁亂偏枯 性情乖逆
오 행 불 려 유 정 청 화 탁 란 편 고 성 정 괴 역
오행의 기세가 어긋나지 않으면 오로지 바르고 맑고 온화하며
탁하고 난잡하며 편고하면 성정이 괴팍하다.

성정性情은 성질과 정서 그리고 타고난 본성이며 겉으로 드러난 성격이
기도 합니다.

오행의 기세가 어긋나지 않으면 기세의 흐름이 원활하여 맑아지므로 성
정이 바르고 맑고 온화하다고 하며
오행의 기세가 탁하고 난잡하며 편고하면 기세의 흐름이 왜곡되어 탁하
므로 성정이 괴팍하다고 합니다.

오행의 성정으로서는 인의예지신仁義禮智信이 대표적입니다.
인仁은 木의 성정으로서 측은하게 여긴다는 측은지심惻隱之心을 나타내
며 어진 성정을 대표하고
의義는 金의 성정으로서 악을 미워한다는 수오지심羞惡之心을 나타내며
의리의 성정을 대표하고
예禮는 火의 성정으로서 양보를 미덕으로 삼는다는 사양지심辭讓之心을
나타내며 예절의 성정을 대표하며
지智는 水의 성정으로서 옳고 그름을 가린다는 시비지심是非之心을 나
타내며 지혜의 성정을 대표하며
신信은 土의 성정으로서 믿음을 가진다는 신뢰지심信賴之心이며 믿음의
성정을 대표합니다.

성정의 오행의 기세에 대하여서는 학자마다 견해가 다르므로 아래와 같이 소개하니 참고바랍니다.

원주에서 유백온이 해설하기를

오행의 기세가 하늘에 있으면 원형이정元亨利貞이고 사람에게 부여되면 인의예지신仁義禮智信의 성정으로서 측은惻隱 수오羞惡 사양辭讓 시비是非 성실誠實의 정情이다. 오행의 기세가 어긋나지 않고 존재하면 성性이 되며 발산하면 정情이 되어 바르고 온화하지 않은 사람이 없으며 이와 반대이면 괴팍하고 어그러진 사람이다.

적천수천미에서 임철초가 해설하기를

오행의 기세란 선천 낙서의 기세이다. 양은 동서남북인 사정四正에 머물고 음은 네 귀퉁이인 사우四隅에 머물고 土는 간곤艮坤에 의탁하여 머무는데 이것은 후천에서 정해진 위치에 응한 것이다.
동방은 木에 속하고 봄으로서 사람에게는 인仁이 된다. 남방은 火에 속하고 여름으로서 사람에게는 예禮가 된다. 서방은 金에 속하고 가을로서 사람에게는 의義가 된다. 북방은 水에 속하고 겨울로서 사람에게는 지智가 된다.

간곤艮坤은 土이며 곤坤은 서남방에 머물고 화생토 토생금하며 간艮은 동북방에 머문다. 만물은 모두 土에서 주관하므로 겨울이 가면 봄이 올 때 土가 아니면 水를 멈추게 할 수 없고 土가 아니면 木을 재배할 수 없다. 인의예지의 성정은 믿음이 없으면 이룰 수 없으므로 주역에서 간艮이 동북방에 있는 것은 믿음으로써 이룬다는 뜻이 있다. 이를 사람에게 부여하면 모름지기 오행이 어긋나지 않아야 바르고 온화하며 순수하고 측은 사양 성실의 정이 있는 것이다. 만약 편고하고 혼탁하거나 태과불급하면 시비와 괴팍하고 어긋나며 교만한 성정이 된다.

적천수천미의 명조를 원문의 취지에 알맞게 필자가 해설하였습니다.

시　일　월　년
戊　甲　丙　己
辰　子　寅　丑
戊 己 庚 辛 壬 癸 甲 乙
午 未 申 酉 戌 亥 子 丑

寅월에 土가 비록 많아도 건조하지 않고 木火의 기세로 습하지 않으므로 오행의 기세가 어긋나지 않은 명조로서
인의예지신이 조화되므로 사람됨이 교만하거나 아첨하거나 인색하지 않으며 겸손하고 인자한 성품과 후덕한 풍모를 지녔습니다.

시　일　월　년
甲　丙　乙　丙
午　子　未　戌
癸 壬 辛 庚 己 戊 丁 丙
卯 寅 丑 子 亥 戌 酉 申

未월에 火土의 기세가 강하고 水木의 기세가 약한 명조로서
子水가 고립되어 木의 기세가 메마르고 혼란하므로 성정이 괴팍하고 교만하고 오만하였으며 조급하기가 바람에 부는 불과 같고 마음에 들면 천금도 아끼지 않으나 마음에 들지 않으면 겨자씨 하나도 나누지 않았으므로 이로 인하여 가업이 망하고 남은 것이 하나도 없었습니다.

2) 화열수분

火烈而性燥者 遇金水之激 水奔而性柔者 全金木之神
화 열 이 성 조 자 우 금 수 지 격 수 분 이 성 유 자 전 금 목 지 신
火가 맹렬하고 성정이 메마른데 金水를 만나면 격렬해지며
水가 거침없이 흘러도 성정이 유연하면 金木이 온전한 것이다.

화열火烈은 火가 맹렬하여 성정이 메마른 것으로서 조열燥熱하다고
하는 것이며 대체로 성정이 타오르는 불과 같이 급하다고 합니다.
이때 金水를 만나면 火의 성정을 격렬하게 만드는데 마치 기름이 타는
데 물을 붓는 것과 같다고 할 수 있습니다.

이를 화다수증火多水烝이라고 하여 火의 열기로 인하여 물이 증발된다
고 하는 것이며 또한 독수오건獨水熬乾이라고도 하여 한방울의 물이 극
심한 가뭄에 메마르는 것에 비유합니다.

수분水奔은 水의 기세가 왕성하여 홍수처럼 거침없이 흐르면서 모든 것
을 휩쓸어버리지만 金木의 기세가 온전하면 성정이 유연하다고 합니다.

이는 마치 홍수가 일어나도 金은 水의 생지로서 水의 성정을 거스르지
않고 순응하므로 기세가 안정되며 木은 水의 기세를 설기하여 흡수하므
로 기세가 원활하게 흐르기 때문입니다.

水의 기세가 왕성하여 홍수처럼 넘치는 것을 충천분지沖天奔地라고
하여 마치 하늘을 뚫고 땅을 마구 달리는 강한 물살에 비유한 것입니다.

성정의 화열수분에 대하여서는 학자마다 견해가 다르므로 아래와 같이
소개하니 참고바랍니다.

원주에서 유백온이 해설하기를

火가 맹렬한데 그 성정에 순응하면 반드시 밝고 순하지만 金水로 격렬하게 하면 그 조급함을 막을 수 없다.

水가 왕성하여 거침없이 흐르면 그 성정은 지극히 강하고 급하지만 오직 金으로 행하거나 木으로 받아들이면 유연하게 된다.

적천수천미에서 임철초가 해설하기를

火가 조열하면 타오르는 불꽃과 같은 성정이므로 오직 습토로써 윤택하게 하면 예의를 알고 자애로운 덕을 이룬다. 만약 金水로 격렬하게 하면 火의 기세가 더욱 맹렬하므로 예의을 모르고 재앙이 생긴다. 습토란 丑辰이며 빛을 어둡게 하므로 맹렬함을 수렴하는 것이 분명하다.

水의 본성은 유연하여도 마구 내달리며 흐르는 기세는 강하고 급하기가 최고이다. 만약 火로 충하거나 土로 격렬하게 하면 그 성정을 거역하므로 더욱 강하여 진다.

분奔이란 왕성함이 극에 이른 기세로서 金으로 그 기세에 순응하거나 木으로 막힌 것을 뚫어주면 소위 왕성한 기세를 따르고 미친 기세를 받아들이므로 오히려 그 성정이 유연하다. 강한 가운데 덕이 있어 나아가기는 쉬워도 물러나는 것이 어렵다는 의미로서 비록 지혜롭고 교묘한 능력이 많아도 인의의 성정을 잃지는 않는다.

적천수천미의 명조를 원문의 취지에 알맞게 필자가 해설하였습니다.

시 일 월 년

甲 丙 甲 辛

午 子 午 巳

丙 丁 戊 己 庚 辛 壬 癸

戌 亥 子 丑 寅 卯 辰 巳

午월에 火의 기세가 강한 명조로서
金水의 기세가 허약하여 火의 기세를 제어하지 못하므로 어려서 부모
를 잃고 형수에게 의지하여 살았으며 체격이 우람하여 무술을 좋아하
고 마을 불량배들과 어울리며 방탕한 생활을 하다가 호랑이에게 물려
죽었습니다.

시 일 월 년

庚 壬 甲 癸

子 申 子 亥

丙 丁 戊 己 庚 辛 壬 癸

辰 巳 午 未 申 酉 戌 亥

子월에 申子반합으로 양인국을 이룬 명조로서
癸亥대운에 庚金편인의 기세를 설기하므로 부모의 보살핌이 좋았으며
서방 金대운에 金의 왕성한 기세를 설기하여 甲木식신을 도우므로
네 아들을 얻고 가업이 증가하였으나
己未 戊午대운에 水의 기세를 거스르므로 세 아들을 잃고 고생하다가
죽었습니다.

3) 목분금수유통

木奔南而軟怯 金見水而流通
목 분 남 이 연 겁 금 견 수 이 유 통
木이 남쪽으로 내달리면 연약하므로 겁을 내며
金은 水를 보아야 기세가 흐르며 유통된다.

목분木奔은 木의 기세가 왕성하여 마구 내달리는 것으로서
남방 火대운으로 내달리면 木의 왕성한 기세가 설기되며 점차 쇠약하
게 되므로 겁을 낸다고 하는 것입니다.

그러므로 비록 木의 기세가 사주팔자에서는 왕성하고 강하다고 하여도
남방 火대운에는 기세가 쇠약하게 되므로 水木의 기세로 도와주어야
하는 것입니다.

또한 金은 水를 보아야 기세가 흐르면서 유통된다고 합니다.
金의 기세가 왕성하고 강한데 이를 水로 설기하면 金水가 맑아지므로
이를 금수쌍청金水雙淸 또는 금수상함金水相涵이라고 하여 우수한 기
세가 흐른다고 합니다.

성정의 목분금수유통에 대하여서는 학자마다 견해가 다르므로 아래와
같이 소개하니 참고바랍니다.

원주에서 유백온이 해설하기를
木의 성정은 火를 보면 자애롭고 남방으로 내달리면 인仁의 성정이 예禮
로 행하면서 그 성정이 연약하게 되므로 겁내는 것이며 중화를 얻으면
측은惻隱과 사양辭讓으로 나타나고 편고하면 자질구레하고 번거롭다.

金의 성정은 가장 바르고 맺고 끊음이 분명하고 水를 보면 의義의 성정을 행하며 지혜롭다. 지혜는 원신으로서 막힘이 없으므로 유통된다.

바른 기세를 얻으면 시비에 구애받지 않고 숙고하며 변화하지만 편고한 기세를 얻으면 반드시 넘치므로 음란하고 사치스럽다.

적천수천미에서 임철초가 해설하기를

木이 남으로 내달리면 설기가 태과하므로 사주에 金과 水를 얻어 통하여야 火가 맹렬하지 않게 된다.
만약 金이 없으면 반드시 辰土를 얻어 火기를 거두어 중화를 이루어야 위인이 공손하고 예절이 바르며 온화하고 중용의 절도가 있다.
만약 水가 없어 土로 다스리면 土는 火를 어둡게 하여 설기가 태과하므로 총명하여도 변덕이 많은 아녀자와 같다.

金은 강건하고 중정의 체가 있으므로 능히 큰일을 맡아 크게 도모하는 결단이 있다. 水를 보면 흐르며 통하므로 강건한 성정에 지혜가 있다.

바른 기세를 얻는다는 것은 金이 왕성하고 水를 만나는 것으로서 위인이 안으로 바르고 밖으로 원만하며 능히 권세의 변화를 알아 처세에 염치와 은혜를 손상하지 않고 행하는 것과 머무는 것이 스스로 중용에 합당하다.

기세가 편고한 것은 金이 쇠약하고 水가 왕성한 것으로서 위인이 하는 일이 황당하고 말과 마음이 다르며 위협하는 술수로 사람을 대한다.

적천수천미의 명조를 원문의 취지에 알맞게 필자가 해설하였습니다.

시 일 월 년
丙 甲 壬 庚
寅 午 午 辰
庚 己 戊 丁 丙 乙 甲 癸
寅 丑 子 亥 戌 酉 申 未

午월에 火의 기세가 강한 명조로서
서방 金대운에 庚金칠살의 왕성한 기세를 壬水편인으로 설기하여 甲木
일간의 기세를 도우므로 장학생이 되었으며
丙戌대운에는 火국을 이루어 기세가 치열하므로 부모를 잃고
丁亥대운에 壬水편인의 기세가 왕성하여 수화기제로 기세가 맑아지므
로 재상으로서 인덕을 겸비하고 백성을 다스렸습니다.

시 일 월 년
丙 甲 甲 丙
寅 申 午 戌
壬 辛 庚 己 戊 丁 乙
寅 丑 子 亥 戌 酉 申 未

午월에 午戌반합으로 상관국을 이루고 丙火식신이 원신으로 투출한 명
조로서
서방 金대운에 상관국의 기세가 점차 쇠약하여 위인의 성정이 사사로
운 것과 친하고 대의를 알지 못하며 여우처럼 의심이 많고 결단력도 모
자라며 소탐대실하여 하나도 이룬 것이 없었습니다.

시 일 월 년

乙 庚 癸 甲

酉 子 酉 申

辛 庚 己 戊 丁 丙 乙 甲
巳 辰 卯 寅 丑 子 亥 戌

酉월에 金水의 기세가 강한 명조로서
북동방 水木대운으로 흐르며 기세의 흐름이 원활하여 맑으므로 사람됨
이 큰 일을 맡아도 적절히 처신하였으며 복잡한 상황에서도 자신의 주
장을 굽히지 않고 강경한 성품으로 베풀기를 좋아하고 자신을 스스로
다스리면서 헌신적으로 남을 돕는 것을 좋아하였습니다.

시 일 월 년

丙 庚 壬 壬

子 辰 子 申

庚 己 戊 丁 丙 乙 甲 癸
申 未 午 巳 辰 卯 寅 丑

子월에 申子辰삼합으로 상관국을 이루고 壬水식신이 원신으로 투출한
명조로서
丙辰 丁巳대운에 상관국의 강한 기세를 거스르므로 고통과 재물손실이
많았으며 가문이 파산하고 사람들이 떠나가고 교묘한 사기로 남의 재
물을 빼앗은 것도 모두 없어졌습니다.

4) 수화역행

最拗者西水還南 至剛者東火轉北
최 요 자 서 수 환 남 지 강 자 동 화 전 북
가장 비뚤어진 것은 서방의 水가 남방으로 돌아가는 경우이며
지극히 강건한 것은 동방의 火가 북방으로 돌아가는 경우이다.

최요자最拗者는 가장 비뚤어지고 고집불통인 성정을 말하며 서방에 있
는 水가 남방 火대운으로 역행할 경우에 나타난다고 합니다.

지강자至剛者는 지극히 강건하여 굽히지 않는 성정을 말하며 동방에
있는 火가 북방 水대운으로 역행할 경우에 나타난다고 합니다.

성정의 수화역행에 대하여서는 학자마다 견해가 다르므로 아래와 같이
소개하니 참고바랍니다.

원주에서 유백온이 해설하기를
서방의 水는 발원지가 가장 길며 그 기세가 가장 왕성하므로 土로 제어
하면 안 되고 木으로 받아들여야 한다. 만약 휩쓸어버릴 기세인데 순행
하지 않고 오히려 남방으로 행하면 그 성정을 거역하는 것이므로 강하
게 비뚤어질 뿐만 아니라 제어하기도 어렵다.

동방의 火는 그 기세가 불같이 타오르는데 사주에 土가 없어 받아들이
지 못하고 水가 없어 제어하지 못하면 어찌 타오르는 기세가 안정이 되
겠는가. 만약 순행하지 않고 오히려 북방으로 행하면 그 성정을 거역하
는 것이므로 어찌 강폭하지 않겠는가.

적천수천미에서 임철초가 해설하기를

서방의 水는 곤륜에서 발원한 것으로서 그 기세가 호탕하여 막을 수 없으므로 그 성정에 순응하여야 하며 木으로 받아들여야 지혜의 성정이 인仁으로 행한다. 만약 土로 제어하여도 그 성정을 얻지 못하면 오히려 넘쳐흐르며 내달리는 우환이 있으며 그 성정을 거역하는 것이므로 강하게 비뚤어진다. 남방으로 돌아가면 그 기세를 충격하므로 더욱 안정하기 어렵고 보통 이상으로 강하게 비뚤어지며 인예仁禮의 성정이 전혀 없게 된다.

동방의 火는 木의 기세로 인하여 더욱 타오르므로 제어할 수 없다. 오직 강렬한 성정에 순응하며 습토가 있어야 강렬한 성정이 자애로운 덕으로 변한다. 북방으로 돌아가면 타오르는 기세를 제어할 수 없으므로 강폭하고 무례하다. 만약 土가 없으면 火木운으로 행하여 그 기세에 순응하면 사양辭讓과 측은惻隱한 마음을 잃지 않는다.

적천수천미의 명조를 원문의 취지에 알맞게 필자가 해설하였습니다.

시	일	월	년
丙	壬	庚	癸
午	子	申	亥

壬 癸 甲 乙 丙 丁 戊 己
子 丑 寅 卯 辰 巳 午 未

申월에 金水의 기세가 강한 명조로서 남방 火대운으로 역행하며
기세가 비뚤어지므로 위인의 성정이 무례하고 고집이 세며
戊午대운에 남의 아내를 강간하고 맞아 죽었습니다.

시 일 월 년

甲 壬 庚 癸

辰 申 申 亥

壬 癸 甲 乙 丙 丁 戊 己

子 丑 寅 卯 辰 巳 午 未

申월에 金水의 기세가 강한 명조로서

시간에 甲木식신이 있어 기세의 흐름이 원활하므로 위인의 성정이 지혜롭고 인예를 갖추었으며 기이한 품위를 지니고 교활하게 이익을 탐하는 재주가 없었으며

남동방 木火대운으로 역행하며 흐르지만 甲木식신의 기세로 흐름을 도와 맑아지므로 부귀하였습니다.

시 일 월 년

庚 丙 丙 丁

寅 午 午 卯

戊 己 庚 辛 壬 癸 甲 乙

戌 亥 子 丑 寅 卯 辰 巳

午월에 木火의 기세가 강한 명조로서

동방 木대운에는 火의 기세를 도우므로 군출신으로 관직을 얻고 군에서 공을 세워 갑자기 승진을 하였으나

庚子대운에 火의 기세가 역행하여 지극히 강건한 기세를 거스르므로 군에서 죽었습니다.

5) 순생역생

순생順生이란 기세가 순행하며 흐르고 생하는 작용으로서
이 과정에서 충격하는 육신을 만나면 순조롭게 기세가 흐르지 못하므
로 멈추게 되어 반항하는 성정이 된다고 합니다.

가령 木의 기세가 강하여 남방 火대운으로 순행하며 火의 기세로 설기
하고 있는데
이때 金水의 기세를 만나면 木火를 충격하여 火가 木의 기세를 설기하
지 못하도록 방해하므로 기세가 흐르지 못하여 반항한다고 합니다.

역절逆折이란 기세가 역행하며 꺾이는 작용으로서
이 과정에서 한신을 만나면 기세를 거스르므로 분노하면서 사나운
성정이 된다고 합니다.

가령 木의 강한 기세가 서방 金대운으로 역행하면서 水의 생을 받고 있
는데 이때 한신인 土의 기세가 있으면 水의 기세를 제어하며 거스르는
것이 되므로 木의 강한 기세가 분노하면서 사나워진다고 하는 것입니다.

성정의 순생역생에 대하여서는 학자마다 견해가 다르므로 아래와 같이
소개하니 참고바랍니다.

원주에서 유백온이 해설하기를

목생화 화생토는 한 길로 순조롭게 성정을 따라서 차례로 가면 자연히
화평하지만 중간에 충격하는 육신을 만나면 순생의 성정을 따르지 못
하므로 반항하므로 용맹하여 진다.

木이 亥월생인데 戌酉申으로 행하면 기세가 역류하는 것이므로 성정이
편안하지 못하다. 더구나 한신을 만나거나 巳酉丑으로 거역하면 반드
시 사나운 성정이 나타난다.

적천수천미에서 임철초가 해설하기를

순생할 것은 마땅히 순생하고 역생할 것은 마땅히 역생하여야 화평하
고 순한 성정이 된다.
가령 木이 왕성한데 火를 만나 통하면 순생이며 土로 행하면서 생하는
데 金水의 충격을 만나면 마땅하지 않다. 木이 쇠약하여 水를 얻어 생
하면 반대로 순생하는 것이며 金으로 水를 도우면 역생하는 가운데 생
하는데 火土가 나타나서 충격하면 마땅하지 않다.

내가 생하는 것을 순생이라고 하며 나를 생하는 것을 역생이라고 한다.
왕성한 것은 마땅히 순생하고 쇠약한 것은 마땅히 역생하여야 성정이
바르고 정이 화평하다.
가령 충격하는 육신을 만나면 왕성한 자는 용맹하고 급하며 쇠약한 자
는 나약하게 된다. 만약 격국에서 순역의 과정을 득하면 그 성정이 본
래 화평하지만 운에서 충격하는 육신을 만나면 강하거나 약하게 변하
므로 자세히 연구하여야 한다.

역생할 것은 마땅히 역생하고 순생하여야 할 것은 마땅히 순생하여야
성정이 바르고 화평하다. 가령 木이 극히 왕성한데 水로 생하면 역생하

는 것이며 金으로 도와도 역생인데 己丑의 한신을 만나는 것은 마땅하지 않다. 木이 극히 쇠약한데 火로 설기하면 반대로 역생하는 것이고 土로 화하여 火를 설기하면 역생 가운데 순생인데 辰未의 한신을 만나는 것은 마땅하지 않다.

이는 왕성함이 극에 이르고 쇠약함이 극에 이른 것으로 종왕이나 종약하는 이치이므로 왕쇠는 중화를 득하여야 한다는 뜻과는 다르다. 가령 왕성함이 극에 이르고 한신을 보면 반드시 사나워지고 쇠약함이 극에 이르고 한신을 보면 반드시 지나치게 안일하게 된다. 운에서 만나도 이와 같으며 火土金水도 마찬가지이다.

적천수천미의 명조를 원문의 취지에 알맞게 필자가 해설하였습니다.

시	일	월	년			
壬	甲	丙	己			
申	寅	寅	亥			
戊	己	庚	辛	壬	癸	甲 乙
午	未	申	酉	戌	亥	子 丑

寅월에 甲木일간의 기세가 강한 명조로서
丙火식신으로 설기하며 순조롭게 생하므로 총명하여 책을 한번 보기만
하여도 모두 외웠다고 합니다.
북방 水대운에 壬水편인의 왕성한 기세로 丙火식신을 충격하여 설기를
방해하므로 고통과 재물손실이 많았으며
辛酉대운에 丙火식신이 기반되므로 죽었습니다.

```
시  일  월  년
甲  甲  辛  壬
子  寅  亥  子
己 戊 丁 丙 乙 甲 癸 壬
未 午 巳 辰 卯 寅 丑 子
```

亥월에 壬水편인의 기세가 강한 명조로서

북방 子대운에 壬水편인의 왕성한 기세로 인하여 유업이 풍성하여 공부하고 과거에 급제하였으며

甲寅 乙卯대운에 木의 왕성한 기세로 순생하므로 이름난 지역을 다스렸고

丙辰 丁巳대운에 한신인 火土의 왕성한 기세로 壬水편인의 기세를 거스르므로 처자를 모두 잃고 화재를 만나 정신착란으로 물에 빠져 죽었습니다.


```
시  일  월  년
己  甲  丁  戊
巳  寅  巳  戌
乙 甲 癸 壬 辛 庚 己 戊
丑 子 亥 戌 酉 申 未 午
```

巳월에 火土의 기세가 강한 명조로서

戊午 己未대운에는 火土의 기세가 왕성하므로 조상의 유업의 풍부하였으나 庚申대운 癸亥년에 金水의 한신이 火土의 기세를 거스르므로 죽었습니다.

6) 양명음탁

陽明遇金鬱而多煩 陰濁藏火包而多滯
양 명 우 금 울 이 다 번 음 탁 장 화 포 이 다 체
양명한데 울체되어 있는 金을 만나면 번민이 많으며
음탁한데 火가 암장되어 감싸 있으면 막힘이 많다.

양명陽明이란 양의 밝은 기세인데 金이 울체되어 있는 것을 만나면 밝은 기세가 흐르지 못하므로 번민이 많다고 합니다.
金이 울체되었다고 하는 것은 金의 기세가 암장되거나 고립되어 흐르지 못하고 정체된 것을 말합니다.

이때는 암장된 金이 투출하거나 고립된 기세를 설기하여 흐르게 하면 양명의 밝은 기세가 흐를 수 있어 기세가 맑아지므로 번민이 해소된다고 합니다.

음탁陰濁이란 음의 탁하고 어두운 기세로서 火가 암장되어 밝은 빛이 감싸 있으면 음의 어두운 기세를 밝게 하지 못하므로 역시 기세가 흐르지 못하고 막힘이 많다고 하는 것입니다.

이때는 암장된 火가 투출하여 음의 기세를 밝은 곳으로 흐르게 하면 기세가 맑아지면서 막힘없이 원활하게 흐를 수 있다고 합니다.

그러므로 木火의 양의 기세는 金水의 음의 기세로 원활하게 흘러야 기세가 맑아지는 것이며
金水의 음의 기세는 木火의 양의 기세로 원활하게 흘러야 기세가 맑아진다고 하는 것입니다.

성정의 양명음탁에 대하여서는 학자마다 견해가 다르므로 아래와 같이
소개하니 참고바랍니다.

원주에서 유백온이 해설하기를
寅午戌을 양명이라고 하며 金기가 안에 잠복하고 있어 울체되어 있으
면 번민이 많아진다.
酉丑亥를 음탁이라고 하며 火기가 안에 암장되어 있으면 빛을 발하지
못하므로 막힘이 많다.

적천수천미에서 임철초가 해설하기를
양명의 기는 본래 많이 번창하는 것인데 가령 습토에 金이 암장되면
火가 金을 극할 수 없고 金은 水를 생하지 못하므로 우울해지며 평생
뜻을 얻는 것이 적고 뜻을 잃는 것이 많으므로 마음이 우울하고 의지가
퇴색되어 번민이 많아진다.
반드시 순수한 음탁의 운으로 행하면서 金水의 성정을 이끌어내어
통하여야 비로소 소원을 이룬다.

음습하고 어두운 기세는 본래 분발하기 어렵다. 가령 습목을 만나고
火가 암장되면 음기가 매우 왕성한데 火를 생하지 못하여 火가 꺼지므
로 습체의 우환을 만든다.
그러므로 마음은 급한데 뜻대로 되지 않으며 일을 맡아도 결단이 부족
하여 망설이며 의심이 많아지므로 반드시 양명의 운으로 행하며
木火의 기세를 끌어내어 통하여야 활짝 트이며 통달한다.

적천수천미의 명조를 원문의 취지에 알맞게 필자가 해설하였습니다.

시 일 월 년
己 丙 丙 壬
丑 寅 午 戌

甲 癸 壬 辛 庚 己 戊 丁
寅 丑 子 亥 戌 酉 申 未

午월에 寅午戌삼합으로 양인국의 형상을 이루고 丙火비견이 원신으로
투출한 명조로서
서북방 金水대운으로 흐르며 암장된 金재성을 끌어내어 쓰므로 부자가
되었으며 비록 어부출신이지만 벼슬을 사서 주목에 올라 부귀를 모두
이루었고 하는 일에 막힘이 없었습니다.

시 일 월 년
庚 丙 丙 乙
寅 午 戌 丑

戊 己 庚 辛 壬 癸 甲 乙
寅 卯 辰 巳 午 未 申 酉

戌월에 丙火일간의 기세가 강한 명조로서
서방 金대운에 庚金편재의 기세가 왕성하므로 가업이 풍성하였으나
관성의 기세가 허약하여 과거에 열 번이나 낙방하였으며
남방 火대운에는 丙火일간의 기세가 왕성한데 이를 설기하지 못하므로
화재로 가족과 재산을 모두 잃고 만년에 가난하고 외롭게 지냈습니다.

시 일 월 년

壬 癸 辛 癸

戌 丑 酉 亥

癸 甲 乙 丙 丁 戊 己 庚

丑 寅 卯 辰 巳 午 未 申

酉월에 酉丑반합하여 편인국의 형상을 이루고 辛金편인이 원신으로
투출한 명조로서
남동방 火木대운에 戌土에 암장된 火재성의 기세를 끌어내어 음탁한
기세를 해소하므로 과거급제하고 품은 뜻을 발휘하였습니다.

시 일 월 년

癸 辛 己 辛

巳 酉 亥 丑

辛 壬 癸 甲 乙 丙 丁 戊

卯 辰 巳 午 未 申 酉 戌

亥월에 金水의 기세가 강한 명조로서
남방 火대운에 木의 기세가 허약하고 암장된 火의 기세를 이끌어내지
못하여 기세가 탁하므로 결국 스님이 되었습니다.

7) 격국

양인국陽刃局이란 일간과 같은 오행으로 국을 이룬 것으로서
가령 丙丁火일간이 午월에 寅午戌삼합을 하거나 寅午반합이나
午戌반합을 하면 양인국의 형상이 만들어지는 것입니다.

양인국의 성정은 왕성하고 강하며 독보적인 존재이므로 싸우면 위엄을
부리고 생살대권의 권력을 행사할 수 있지만 양인국의 기세가 약하면
오히려 일을 두려워한다고 합니다.

상관국은 양인국과 마찬가지로 월령을 중심으로 삼합이나 반합을 이루
고 천간에 상관이 투출하여 상관국의 형상을 이룬 것으로서 기세가 강
하므로 이에 따른 성정도 강한 것이 특징입니다.

상관국의 강한 기세가 원활하게 흐르고 맑으면 위인의 성정이 겸손하
고 온화하다고 하며 특히 상관의 특성이 강하게 드러나므로 사회적으
로 발전하는 경우가 많다고 합니다.
상관국의 강한 기세가 흐르지 못하고 정체되면 기세가 반발하므로
위인의 성정이 사나워진다고 합니다.

용신이 많으면 격국의 방향을 잡지 못하는 것으로서 마치 사공이 많으면 배가 산으로 올라가듯이 성정이 일정치 않다고 합니다. 또한 지지의 격이 탁하면 지지가 고립되거나 기세가 허약하여 흐르지 못하는 것으로서 하는 일이 많이 지체된다고 합니다.

성정의 격국에 대하여서는 학자마다 견해가 다르므로 아래와 같이 소개하니 참고바랍니다.

원주에서 유백온이 해설하기를

양인국은 무릇 양인으로서 가령 午火가 있는데 丙火가 투출하고 지지에 戌이나 寅과 회국하거나 卯가 생하면 모두 왕성한 것이다.
丁이 투출하면 양인이 드러난 것이고 子로 충하면 싸우는 것이며 未가 합하면 감추어진 것이다. 다시 亥水의 극을 만나고 壬癸水가 제어하거나 丑辰土로 설기하면 약한 것이다.

상관국은 가령 지지에서 상관이 국을 이루고 천간에서 상관으로 화하며 무겁게 투출하지 않고 식신과 혼잡하지 않으며 신왕하면 재성이 있고 신약하면 인성이 있어야 맑다고 하며 반대이면 탁하다.
여름 木이 水를 보고 겨울 金이 火를 보면 맑고 우수하므로 부귀가 보통이 아니다.

적천수천미에서 임철초가 해설하기를

양인국이 왕성하면 심지가 높고 오만하며 싸우면 세력에 의지하고 기승을 부리며 약하면 의심이 많고 일을 두려워하며 합을 하면 다른 태도를 보인다. 가령 丙일주는 午가 양인인데 丁火가 투출하면 양인이 드러난 것이고 지지에 寅戌과 회국하거나 卯의 생을 만나거나 甲乙이 투출하거나 丙이 도우면 모두 왕성한 것이다.

지지에서 子가 충하거나 亥申이 억제하거나 丑辰이 설기하거나 壬癸가 투출하여 극하거나 己土가 설기하는 것 등은 모두 약한 것이다. 지지에서 未와 합하거나 巳를 만나 도우면 중화가 된다.

상관은 반드시 진가眞假를 구분하는데 진眞이란 신약하고 인수가 있는데 재성이 없어야 맑은 것이며 가假란 신왕하고 재성이 있는데 인수가 없어야 귀하다. 진眞이란 월령이 상관이거나 지지에서 회국한 상관국이거나 또는 천간에 상관이 투출한 것이다. 가假란 사주에 비겁이 가득한데 관성이 없어 제어할 수 없고 비록 관성이 있어도 대적할 능력이 없는 것이다.

사주에서 식신이나 상관을 불론하고 모두 용신이 될 수 있으며 될 수 없어도 좋다. 단지 인성이 보이면 마땅하지 않은데 인성을 보면 상관을 파괴하므로 흉하기 때문이다.

대체로 상관국이 맑아 쓰임을 얻으면 위인이 공손하고 예의 바르며 온화하고 중도로 절제하며 재능이 탁월하고 학문이 깊다. 그러나 이와 반대이면 건방지고 교만하며 거칠고 무례하며 자신보다 약한 자를 속이고 세력에 붙어 이익을 좇는다.

여름 木이 水를 보면 반드시 먼저 金이 있어야 水의 근원이 되며 겨울 金이 火를 만나면 모름지기 신왕하고 木이 있어야 火가 불꽃을 일으키므로 부귀를 의심하지 않는다. 만약 여름 水에 金이 없거나 겨울 火에 木이 없으면 맑아도 메마른 형상이므로 부귀는 모두 헛되어 진다.

용신이 많은 것은 의지가 약하고 변덕이 심하며 시지가 메마르면 여우처럼 의심이 많고 결단력이 적으며 처음에는 부지런하지만 결국 게을러진다.

적천수천미의 명조를 원문의 취지에 알맞게 필자가 해설하였습니다.

<table>
<tr><td>시</td><td>일</td><td>월</td><td>년</td></tr>
<tr><td>壬</td><td>丙</td><td>甲</td><td>丙</td></tr>
<tr><td>辰</td><td>申</td><td>午</td><td>寅</td></tr>
</table>

壬 辛 庚 己 戊 丁 丙 乙
寅 丑 子 亥 戌 酉 申 未

午월에 寅午반합하여 양인국의 형상을 이루고 丙火일간이 원신으로
투출한 명조로서
서북방 金水대운으로 흐르며 壬水칠살과 수화기제를 이루어 일찍이
과거급제하고 고위직에 올라 병권과 형권의 중임을 맡고 생살대권을
집행하였습니다.

<table>
<tr><td>시</td><td>일</td><td>월</td><td>년</td></tr>
<tr><td>壬</td><td>丙</td><td>甲</td><td>丙</td></tr>
<tr><td>辰</td><td>寅</td><td>午</td><td>申</td></tr>
</table>

壬 辛 庚 己 戊 丁 丙 乙
寅 丑 子 亥 戌 酉 申 未

午월에 寅午반합하여 양인국의 형상을 이루고 丙火일간이 원신으로
투출한 명조로서
丙申대운 甲子년에 壬水칠살의 기세를 도와 수화기제를 이루므로 향방
에 급제하였으나
戊戌 己亥대운에 壬水칠살의 기세를 제어하므로 벼슬길이 막혔습니다.

시 일 월 년
庚 甲 壬 庚
午 戌 午 午
庚 己 戊 丁 丙 乙 甲 癸
寅 丑 子 亥 戌 酉 申 未

午월에 午戌반합으로 상관국의 형상을 이룬 명조로서
丙戌대운에 丙火식신이 상관국의 원신으로 투출하므로 과거급제하였
으나
북방 水대운에 상관국의 기세가 흐르지 못하여 탁하므로 위인의 성정
이 사나워 벼슬길이 순탄하지 못하였습니다.

시 일 월 년
庚 庚 丙 甲
辰 辰 子 子
甲 癸 壬 辛 庚 己 戊 丁
申 未 午 巳 辰 卯 寅 丑

子월에 子辰반합을 하고 상관국의 형상을 이룬 명조로서
庚辰 辛巳대운에 庚辛金비겁으로 상관국의 기세를 도와주므로 벼슬이
계속 올랐습니다.

2. 질병

1) 오행의 기세

> 五行和者 一世無災 血氣亂者 平生多疾
> 오 행 화 자 일 세 무 재 혈 기 난 자 평 생 다 질
> 오행이 조화로우면 평생 재앙이 없고
> 혈기가 난잡하면 평생 질병이 많다.

오행의 기세가 조화로우면 기세의 흐름이 원활하여 기세가 맑아지므로
평생 건강하며 질병으로 인한 재앙이 없다고 합니다.
혈기는 기세로서 기세가 난잡하면 기세의 흐름이 막히고 정체되어 기
세가 탁하게 되므로 질병의 원인이 되는 것이며 평생 많은 질병으로 고
생한다고 합니다.

질병의 오행의 기세에 대하여서는 학자마다 견해가 다르므로 아래와
같이 소개하니 참고바랍니다.

원주에서 유백온이 해설하기를
오행이 조화로운 것은 결함이 없어 완전하거나 생하고 극하지 않는 것
뿐만이 아니다. 온전한 것은 마땅히 온전하고 결함이 있는 것은 마땅히
결함이 있으며 생하는 것은 마땅히 생하고 극하는 것을 마땅히 극하여
조화로우면 평생 재앙이 없다.

혈기가 난잡한 것은 火가 水를 이기거나 水가 火를 극하는 것뿐만이 아
니다. 오행의 기세가 서로 반역하고 상하가 불통하며 오고 가는 것이
순조롭지 못한 것을 난잡하다고 하며 주로 병이 많은 사람이다.

적천수천미에서 임철초가 해설하기를

오행을 하늘에서는 오기五氣라고 하며 청적황백흑의 색이 있고 땅에서는 오행이라고 하며 木火土金水이다. 사람에게는 오장五臟으로 간심비폐신肝心肥肺腎이 있다. 사람은 만물의 영장으로서 완전한 오행을 얻었으며 겉에 있는 머리와 얼굴은 하늘의 오기의 형상이며 속에 있는 장부臟腑는 땅의 오행의 형상이므로 작은 우주라고 한다.

장부를 오행으로 배분하고 음양에 배속하여 하나의 장臟과 하나의 부腑가 짝이 된다. 부腑는 모두 양에 속하므로 甲丙戊庚壬이고 장臟은 모두 음에 속하므로 乙丁己辛癸이다. 이들이 조화롭지 못하거나 태과불급하면 병이 되며 풍열습조한風熱溼燥寒의 증세로 나타나면 반드시 오미五味의 조화를 득하여야 해소할 수 있다.

오미五味란 산고감신함酸苦甘辛鹹으로서 산酸은 신맛이며 木에 속하고 많이 먹으면 뼈가 상하며 고苦는 쓴맛이며 火에 속하고 많이 먹으면 피부가 상하며 신辛은 매운맛이며 金에 속하고 많이 먹으면 기가 상하며 함鹹은 짠맛이며 水에 속하고 많이 먹으면 혈액이 상하는데 이것이 오미의 상극이다.

오행이 조화되면 평생 재앙이 없다고 하는 것이며 팔자의 오행은 마땅히 조화되어야 하고 장부의 오행도 역시 마땅히 조화되어야 한다. 팔자오행의 조화는 운에서 조화되어야 하며 장부오행의 조화는 오미로 조화되어야 한다. 조화란 해소한다는 뜻이며 만약 오행이 조화롭고 오미가 조화되면 재앙이나 질병이 없다.
오행의 조화는 생하고 극하거나 완전하고 결함이 없는 것만이 아니다. 왕신旺神의 남은 기세를 털어내고 설기하여 부족한 약신弱神을 도와주어야 조화롭다고 한다.

만약 강제로 왕신을 제어하면 적은 것으로 무리와 대적하지 못하고 그 성정을 분노하게 만들어서 왕신을 손상하지 못할 뿐만 아니라 오히려 약신이 손상을 당한다. 왕신이 태과하면 마땅히 설기하고 태과하지 않은 것은 마땅히 극한다. 약신의 뿌리가 있으면 마땅히 도와주어야 하고 뿌리가 없는 것은 오히려 손상하여야 마땅하다.

무릇 팔자는 모름지기 하나의 육신이 유력하며 제화가 마땅하면 일생 동안 재앙이 없다. 완전하고 결함이 없다고 좋은 것이 아니며 생하기만 하고 극하지 않은 것은 조화로운 것이 아니다.

혈기가 난잡한 것은 오행이 어그러져 순조롭지 못한 것이다. 오행으로 논하면 水가 혈이고 사람의 몸에서는 맥이 혈이다. 심포心胞는 혈을 주관하므로 수족궐음경에 통한다. 심장은 丁火에 속하며 방광은 壬水에 속하는데 丁壬이 합하므로 심장이 아래의 신장과 교류하고 丁壬이 木으로 화하여 신기神氣가 자연히 충족되고 기제旣濟를 득하여 상생하므로 혈맥이 유통되어 질병이 없게 되는 것이다.

팔자가 귀하려면 극하는 곳에서 생을 만나고 거역하는 가운데에서는 순응하여야 한다.
만약 좌우가 서로 싸우고 상하가 서로 극하며 역逆을 반기는데 순順을 만나거나 순順을 반기는데 역逆을 만나는 경우. 火가 왕성하여 水가 고갈되고 火가 능히 木을 태워버리는 경우. 水가 왕성하여 土가 진흙탕이 되고 水가 능히 金을 가라앉게 하는 경우. 土가 왕성하여 木이 부러지고 土가 능히 火를 어둡게 하는 경우. 金이 왕성하여 火가 허약해지고 金이 능히 土를 손상하는 경우. 木이 왕성하여 金이 부스러지고 木이 능히 水를 스며들게 하는 경우 등은 모두 오행이 전도顚倒되는 상극의 이치이며 이것을 범하면 반드시 재앙과 질병이 많다.

적천수천미의 명조를 원문의 취지에 알맞게 필자가 해설하였습니다.

시　일　월　년
庚　戊　甲　癸
申　戌　寅　未
丙 丁 戊 己 庚 辛 壬 癸
午 未 申 酉 戌 亥 子 丑

오행의 기세가 생하고 설기하는 것이 조화로운 명조로서
서북방 水金대운으로 기세가 원활하게 흐르며 맑아지므로 구십 세까지
부귀장수하고 평생 질병의 재앙이 없었습니다.

시　일　월　년
甲　戊　庚　甲
寅　寅　午　寅
戊 丁 丙 乙 甲 癸 壬 辛
寅 丑 子 亥 戌 酉 申 未

午월에 甲木칠살의 기세가 강하고 寅午반합하여 인성국을 이루는 명조
로서
서북방 金水대운으로 흐르며 오행의 기세가 생하고 설기하는 것이
조화를 이루어 기세가 원활하게 흐르며 맑아지므로 부귀장수하고 평생
질병의 재앙이 없었고 자손도 많았습니다.

```
시 일 월 년
乙 癸 丙 甲
卯 亥 子 子
甲 癸 壬 辛 庚 己 戊 丁
申 未 午 巳 辰 卯 寅 丑
```

子월에 癸水일간의 기세가 강한 명조로서
동남방 木火대운으로 水의 강한 기세가 원활하게 흘러 맑으므로 팔십
세에도 이목이 총명하고 건강하였으며 부귀가 모두 완전하고 자손도
많았습니다.

```
시 일 월 년
庚 丁 乙 丙
戌 未 未 申
癸 壬 辛 庚 己 戊 丁 丙
卯 寅 丑 子 亥 戌 酉 申
```

未월에 火土의 기세가 강하고 건조한 명조로서
丙申 丁酉대운에 庚金정재의 기세가 왕성하여 건조함이 더욱 심하므로
천식으로 고생하다가
己亥대운에 오히려 건조한 기세를 거스르므로 피를 토하며 죽었습니다.

시 일 월 년
甲 丙 丁 壬
午 申 未 寅
乙 甲 癸 壬 辛 庚 己 戊
卯 寅 丑 子 亥 戌 酉 申

未월에 火土의 기세가 강한 명조로서
丁壬합으로 壬水칠살을 기반하므로 신장의 水기가 메말라 정액이 흐르
고 기침병을 앓았으며
庚戌대운에 비록 庚金이 투출하였지만 오히려 건조함이 극에 달하므로
피를 토하고 죽었습니다.

시 일 월 년
壬 丙 丙 甲
辰 寅 寅 辰
甲 癸 壬 辛 庚 己 戊 丁
戌 酉 申 未 午 巳 辰 卯

寅월에 甲木편인의 기세가 강한 명조로서
丁卯 戊辰 己巳대운에는 기세의 흐름이 원활하여 건강하였으나
庚午대운에 火의 기세가 왕성한데 金水의 기세가 허약하므로 신장과
폐가 손상을 받아 피를 토하고 죽었습니다.

2) 기신

忌神入五臟而病凶
기 신 입 오 장 이 병 흉
기신이 오장에 들어가면 병이 흉하다.

기신은 희신을 극하는 오행으로서 오장五臟에 기신이 들어가면 해당
장기에 병이 이미 깊은 것이며 치료하기 어렵다고 합니다.
오장五臟은 간장 심장 비장 폐장 신장을 말하며 이를 오행과 결합하여
표시하면 간木 심火 비土 폐金 신水라고 합니다.

오장에 기신이 들어간다고 하는 것은 사주팔자에서 기신이 극하는 오
행의 해당장기를 말합니다. 기신의 극으로 인하여 해당장기가 상하기
때문입니다.
가령 辛金이 기신으로서 乙木을 극하면 乙木의 해당장기인 간장에 병이
든다고 하는 것입니다.

또한 기신이 지장간에 암장되어 있으면 역시 지지에 해당하는 장부에
기신이 들어간 것이라고 합니다.
가령 乙木이 기신인데 未土에 암장되어 있으면 未중 己土를 극하므로
己土에 해당하는 비장에 병이 든다고 하는 것입니다.

한의학에서 오장에 기신이 들어가 병이 잠복하면 해당 장기에 질병이
생기고 질병이 겉으로 나타나지 않고 잠복하여 서서히 오랫동안 진행
되므로 발견하기 어렵다고 하며 이미 증상이 나타나면 치료시기를 놓
친 것이라고 합니다.

질병의 기신에 대하여서는 학자마다 견해가 다르므로 아래와 같이 소개하니 참고바랍니다.

원주에서 유백온이 해설하기를

사주에서 기신을 제화하지 못하고 충으로 흩어지게 하지도 못하는데 깊이 숨어있으면서 오장을 극하면 질병으로 흉하게 된다.

木이 기신인데 土에 들어가면 비장이 병들고 火가 기신인데 金에 들어가면 폐가 병들고 土가 기신인데 水에 들어가면 신장이 병들고 金이 기신인데 木에 들어가면 간이 병들고 水가 기신인데 火에 들어가면 심장이 병든다.

또한 허실도 보아야 하는데 가령 木이 土에 들어가고 土가 왕성하면 비장의 기세가 여유가 있어 병이 되며 辰戌丑未월에 발생한다. 土가 쇠약하면 비장의 기세가 부족하여 병이 되며 봄과 겨울에 발생한다. 나머지도 모두 이와 같이 논한다.

적천수천미에서 임철초가 해설하기를

기신이 오장에 든다고 하는 것은 음탁한 기세가 지지에 암장된 것이다. 음탁한 기세가 깊이 숨어있으면 제화가 어려워 가장 흉한 병이 된다. 만약 그것이 희신이면 평생 재앙이 없지만 기신이라면 평생 병이 많다.

土는 비위로서 비장은 느슨한 것을 반기고 위장은 온화한 것을 반기는데 기신인 木이 土에 들어가면 느슨하고 온화하지 못하므로 병이 생긴다. 金은 대장과 폐로서 폐는 흡수하고 대장은 통해야 마땅한데 기신인 火가 金에 들어가면 폐기가 위로 역류하고 대장은 통하지 못하여 병이 생긴다.

水는 방광과 신장으로서 방광은 윤택하고 신장은 견고해야 마땅한데 기신인 土가 水에 들어가면 신장은 메마르고 방광은 건조해지며 병이 생긴다. 木은 간과 담으로서 간은 조달하며 통하고 담은 평온해야 마땅한데 기신인 金이 木에 들어가면 간이 급하게 火를 생하고 담은 차가워지며 병이 생긴다.

火는 소장과 심장으로서 심장은 관대하고 소장은 수렴하는 것이 마땅한데 기신인 水가 火에 들어가면 심장이 관대하지 못하고 소장은 느슨하게 되므로 병이 생긴다.

또한 기세가 남고 부족한 것을 살펴야 하는데 가령 土가 너무 왕성하면 木이 土에 들어가지 못하므로 비위의 기세가 자체적으로 남아서 병이 생긴다. 비장은 본래 습한 것을 꺼리고 위장은 차가운 것을 꺼리는데 만약 土가 너무 습하면 봄과 겨울에 병이 생기며 오히려 火로써 건조하게 하는 것을 꺼린다. 土가 너무 건조하면 여름과 가을에 병이 생기므로 오히려 水로써 윤택하게 하는 것을 꺼린다.

만약 土가 허약하면 木으로 충분히 土를 소토하고 土가 습한 것이 부족하면 병이 여름과 가을에 발생하며 土가 건조한 것이 부족하면 병이 겨울과 봄에 발생한다. 대개 허약하고 습한 土가 여름과 가을에 건조함을 만나거나 봄과 겨울에 습함을 만나면 木이 뿌리를 내려 더욱 무성하므로 土가 극을 받아 더욱 허약하게 된다.

만약 허약하고 습한 土가 다시 허약하고 습한 때를 만나거나 허약하고 건조한 土가 다시 허약하고 건조한 때를 만나면 木은 반드시 허공에 뜨므로 뿌리를 내리지 못하니 土는 오히려 극을 두려워하지 않는다. 나머지도 이같이 논한다.

적천수천미의 명조를 원문의 취지에 알맞게 필자가 해설하였습니다.

시	일	월	년
乙	丙	己	庚
未	子	丑	寅

丁	丙	乙	甲	癸	壬	辛	庚
酉	申	未	午	巳	辰	卯	寅

丑월에 한기가 강한 명조로서
辛卯대운에 한기를 설기하므로 과거급제하였으며
癸巳대운에는 子丑에 잠복하여 있던 癸水정관이 투출하여 강한 기세를
火의 왕성한 기세로 거스르므로 병을 치료하지 못하고 죽었습니다.

시	일	월	년
壬	辛	辛	丁
辰	未	亥	亥

癸	甲	乙	丙	丁	戊	己	庚
卯	辰	巳	午	未	申	酉	戌

亥월에 壬水상관의 기세가 강한 명조로서
庚戌대운에 土의 왕성한 기세가 기신으로 작용하여 壬水상관의 기세를
거스르므로 비위병으로 설사병과 위경련을 앓았으며
己酉 戊申대운에 辛金비견의 왕성한 기세로 壬水상관을 도우므로 아들
도 얻고 장학생이 되었으나 戊己土인성이 기신이 되어 壬水상관을 제
어하므로 병이 깊어지고
丁未대운에 丁火칠살이 壬水상관을 거스르므로 죽었습니다.

3) 객신

객신은 허약한 기세를 가진 육신으로서 기신으로 작용하여도 해당장기에 질병이 깊지 않으므로 재앙이 적다고 합니다.
가령 木이 기신인데 사주팔자에 뿌리가 없는 천간으로 존재하고 있으면 비록 土를 극하여도 위장에 질병이 깊지 않다고 하는 것입니다.

한의학에서 오장의 병이 깊어지면 치료하기 어렵지만 육경은 병이 들어도 쉽게 치료가 되며 설사 병이 깊어 장기가 상하여 못쓰게 되어도 잘라내거나 대체하면 쉽게 치료가 된다고 합니다.
육경六經은 담木 소장火 심포삼초火 위장土 대장金 방광水의 경락經絡을 말합니다.

질병의 객신에 대하여서는 학자마다 견해가 다르므로 아래와 같이 소개하니 참고바랍니다.

원주에서 유백온이 해설하기를
객신은 기신에 비하면 가벼우나 매몰되지 않고 육경을 떠돌면 반드시 재앙이 있다.
가령 木이 土에서 떠돌면 위장병이 있고 火가 金에서 떠돌면 대장병이 있고 土가 水에서 떠돌면 방광병이 있고 金이 木에서 떠돌면 담병이 있고 水가 火에서 떠돌면 소장병이 있다.

적천수천미에서 임철초가 해설하기를

객신이 육경에 떠돈다고 하는 것은 양의 허약한 기세가 천간에 떠 있는 것이다. 양이 허약하게 드러나면 제화하기 쉬우므로 재앙이 적으며 병이 겉으로 나타나 밖에서 감지하여 발산하기 쉬워 큰 재앙에 이르지 않으므로 재앙이 적은 것이다.

병의 근원을 연구하면 오행과 음양에 따라 장부로 나누고 오장을 논하므로 천간을 객신으로 논하면서 허하다고 하거나 지지를 기신으로 논하면서 실하다고 하면 안 된다. 반드시 허한 가운데 실함이 있고 실한 곳에 허한 것이 있다는 이치로서 길흉이 나타나는 것이 확실하다.

적천수천미의 명조를 원문의 취지에 알맞게 필자가 해설하였습니다.

시	일	월	년
丙	庚	甲	壬
戌	午	辰	辰

壬	辛	庚	己	戊	丁	丙	乙
子	亥	戌	酉	申	未	午	巳

辰월에 丙火칠살의 기세가 강한 명조로서
서방 金대운에 戊己土인성으로 丙火칠살의 기세를 설기하고 庚金일간의 왕성한 기세를 도우므로 큰 부자가 되었으나
辛亥대운에 甲木편재가 객신으로서 희신인 土의 기세를 제어하며 기신의 역할을 하므로 풍질로 죽었습니다.

시 일 월 년
庚 壬 戊 癸
戌 寅 午 丑
庚 辛 壬 癸 甲 乙 丙 丁
戌 亥 子 丑 寅 卯 辰 巳

午월에 寅午戌삼합하여 재성국의 형상을 이룬 명조로서
乙卯대운에 乙木상관의 왕성한 기세로 재성국을 도우므로 객신인 金水
의 기세가 재성국의 기세를 감당하지 못하여 폐와 신장병을 앓았으며
甲戌년 寅월에 재성국의 기세가 동하므로 병이 깊어지고 죽었습니다.

시 일 월 년
庚 丙 庚 乙
寅 子 辰 亥
壬 癸 甲 乙 丙 丁 戊 己
申 酉 戌 亥 子 丑 寅 卯

辰월에 乙木정인의 기세가 강한 명조로서
북방 水대운에 丙丁火비겁의 기세를 도와 기세가 맑고
서방 金대운에 객신인 庚金편재의 기세가 왕성하지만 乙木정인의 기세
를 도와 기세의 흐름이 조화로우므로 부귀하고 평생 질병이 없었으나
단지 土식상이 허약하여 비위가 약하고 설사병을 면하지 못하였습니다.

4) 기혈병

木不受水者血病 土不受火者氣傷
목 불 수 수 자 혈 병 토 불 수 화 자 기 상
木이 水를 받아들이지 못하면 혈병이 있으며
土가 火를 받아들이지 못하면 기가 상한다.

木은 간으로서 간의 주요 기능은 혈액을 해독하여 저장하는 역할을 한다고 합니다.
그러나 木의 기세가 허약하여 水의 기세를 받아들이지 못하면 혈액을 해독하여 저장하지 못하므로 혈전 등으로 인하여 혈액이 탁하게 되므로 혈병이 생긴다고 합니다.

土는 비장으로서 비장의 주요 기능은 생명 활동에 필요한 에너지를 생산하여 공급하는 것이라고 합니다.
그러나 土의 기세가 허약하여 火의 기세를 받아들이지 못하면 비장이 에너지를 생산하지 못하게 되므로
전체적으로 기혈이 부족하여 항상 피로하고 면역력이 떨어지며 의욕을 상실하므로 기가 상한다고 합니다.

질병의 기혈병에 대하여서는 학자마다 견해가 다르므로 아래와 같이 소개하니 참고 바랍니다.

원주에서 유백온이 해설하기를
水가 동으로 흐르는데 木이 충을 만나거나 허탈하면 모두 水를 받아들이지 못하므로 반드시 혈병이 있다. 대개 간은 木에 속하며 혈을 받아들이지 못하면 병이 된다.

土가 충을 만나거나 허탈하여 火를 받아들이지 못하면 반드시 기에 병이 있다. 대개 비장은 土에 속하며 火를 수용하여야 하는데 火를 받아들이지 못하면 병이 된다.

적천수에서 임철초가 해설하기를

봄의 木이 水를 받아들이지 못하는 것은 火의 온난함을 반기기 때문이다. 겨울의 木이 水를 받아들이지 못하는 것은 火의 해동을 반기기 때문이다. 여름의 木이 뿌리로 水를 받아들이는 것은 火의 치열함을 제거하고 마른 땅을 적셔 주기 때문이다.

가을의 木이 득지하여 水를 받아들이는 것은 金의 예리함을 설기하여 칠살의 완고함을 화하기 때문이다.

봄과 겨울에 생왕한 木은 쇠약하여야 水를 받아들인다. 여름과 가을에 휴수한 木은 왕성하여야 水를 받아들인다. 이와 반대이면 받아들이지 못하여 혈이 흐르지 못하므로 혈병이 생긴다.

건조한 土가 火를 받아들이지 못하는 것은 水로 적시는 것을 반기기 때문이다. 허습한 土가 火를 받아들이지 못하는 것은 水의 극을 꺼리기 때문이다. 봄의 土가 뿌리로 火를 받아들이는 것은 추위를 해동하고 땅의 습기를 제거하기 때문이다.

가을의 土가 득지하고 火를 받아들이는 것은 金의 남은 기세를 억제하고 土의 설기된 것을 보충하기 때문이다.

지나치게 건조하면 윤택하지 못하고 지나치게 습하면 천기가 불화하니 火를 받아들이지 않는 것이며 木을 용납하지 않는 것이다.

지나치게 건조하면 반드시 기가 어그러지고 지나치게 습하면 반드시 비장이 허하므로 받아들이지 못하여 병이 된다.

적천수천미의 명조를 원문의 취지에 알맞게 필자가 해설하였습니다.

시 일 월 년
己 乙 丁 丁
卯 亥 未 亥
己 庚 辛 壬 癸 甲 乙 丙
亥 子 丑 寅 卯 辰 巳 午

未월에 乙木일간의 기세가 강한 명조로서
동방 木대운에 壬癸水인성의 기세를 받아들일 수 있어 기세의 흐름이
원활하여 맑으므로 기혈이 건강하고 무과에 장원급제하였으며 과갑에
연이어 급제하였습니다.

시 일 월 년
丁 乙 乙 丙
亥 巳 未 戌
癸 壬 辛 庚 己 戊 丁 丙
卯 寅 丑 子 亥 戌 酉 申

未월에 丙丁火식상의 기세가 강한 명조로서
戊戌대운에 戊土정재의 기세가 왕성하므로 부귀를 모두 얻었으며
己亥대운에 水의 기세가 왕성한 대운이지만 己土편재가 투출하여 水의
기세를 받아들이지 못하여 흐름이 막히므로
혈관이 팽창하여 죽었습니다.

시 일 월 년
己 戊 辛 己
未 戌 未 巳
癸 甲 乙 丙 丁 戊 己 庚
亥 子 丑 寅 卯 辰 巳 午

未月에 己土겁재의 기세가 강한 명조로서
己巳 戊辰대운에 土의 왕성하고 강한 기세를 辛金상관으로 설기하므로
부귀하였으며
丁卯대운에 丁火정인이 투출하여 辛金상관을 제거하므로 土의 기세가
정체되어 흐르지 못하여 혈맥이 유통되지 못하고 기혈이 상하여 죽었
습니다.

시 일 월 년
壬 己 己 庚
申 亥 丑 辰
丁 丙 乙 甲 癸 壬 辛 庚
酉 申 未 午 巳 辰 卯 寅

丑月에 壬水정재의 기세가 강한 명조로서
동방 木대운에 庚辛金식상으로 壬水정재를 도우므로 풍부한 유산으로
부귀하였으나
甲午대운 己巳년에 火의 기세가 왕성하지만 壬水정재의 강한 기세로
인하여 火를 받아들이지 못하므로 기혈이 손상되어 죽었습니다.

5) 담울증

金水傷官 寒則冷嗽 熱則痰火 火土印綬 熱則風痰 燥則皮癢
금 수 상 관　한 즉 냉 수　열 즉 담 화　화 토 인 수　열 즉 풍 담　조 즉 피 양
論痰多木火 生毒鬱火金 金水枯傷而腎經虛 水木相勝而脾胃泄
논 담 다 목 화　생 독 울 화 금　금 수 고 상 이 신 경 허　수 목 상 승 이 비 위 설
金水상관이 차가우면 냉수가 있고 열이 나면 담화가 있으며
火土인수가 열이 나면 풍담이 있고 건조하면 피부가 가려우며
木火가 많으면 담병을 논하고 火金이 울체되면 독이 생기며
金水가 메마르고 상하면 신장 경락이 허하게 되며
水木이 이기면 비위에 설사병이 있다.

金水상관은 겨울의 金으로서 火가 없으면 차가우므로 이로 인하여
냉수가 생긴다고 하며 열이 많아도 담화가 생긴다고 합니다.
냉수冷嗽란 몸에 들어간 차가운 한기가 폐에 침범하여 발생하는 기침
가래의 증상이며 담화痰火란 천식의 일종으로서 갑자기 숨이 차고 가
래 끓는 소리가 나며 가슴속이 달아오르고 입과 입술이 마르고 가래가
잘 나오지 않는 증상입니다.

火土인수는 여름의 土로서 열로 인하여 풍담이 생기고 건조하므로
피부에 가려움증이 생긴다고 합니다.
풍담風痰은 숨이 가쁘고 기침을 하면서 가래를 뱉는 증상입니다.

木火가 많으면 담병痰病이 생기고 火金이 울체되면 독毒이 생긴다고
합니다. 담痰은 가래이고 독毒은 피부에 생기는 염증입니다.
金水가 메마르고 상하면 신장 경락이 허약하게 된다고 하며
水木의 기세가 왕성하면 土를 이기므로 비위가 허약하게 되고 이로
인하여 설사병이 생긴다고 합니다.

질병의 담울증에 대하여서는 학자마다 견해가 다르므로 아래와 같이 소개하니 참고바랍니다.

원주에서 유백온이 해설하기를

일반적으로 이 모든 것은 오행이 불화하여 생기는 병이며 병을 알고 사람을 안다면 길흉도 판단할 수 있다. 가령 木의 병이 어떠한가는 木이 일주의 어떤 육신인지를 살펴야 한다. 만약 木이 재성인데 土의 병이 발생하면 재물의 쇠왕과 처의 아름답고 추함과 부친의 흥쇠를 판단할 수 있다. 반드시 적중하지는 않아도 육친과 사건에 부합되지 않으면 병에 걸려 위태로워도 흉한 것은 면한다.

적천수천미에서 임철초가 해설하기를

金水상관이 지나치게 차가우면 기세가 매섭고 냉하여 진기가 어그러져 반드시 차가운 기침을 한다. 지나치게 더우면 水가 火를 이기지 못하고 火가 金을 극한다. 水가 火를 이기지 못하면 심장과 신장이 서로 교류하지 못하고 火가 金을 극하면 폐가 손상되므로 겨울에는 허약한 火가 위로 타오르며 담화가 생긴다.

火土인수가 지나치게 더우면 木이 火의 왕성함을 따르고 火가 왕성하면 木이 타는데 木은 풍風에 속하므로 풍담이 생긴다. 지나치게 건조하면 火가 타오르고 土는 갈라 터지는데 土를 적시어야 혈맥이 흐르고 영양과 면역이 조화로워진다.

피부는 土에 속하는데 土는 따뜻한 것을 반기며 따뜻하면 윤택하게 되고 지나치게 건조하면 피부가 가렵고 지나치게 습하면 종기가 생긴다. 여름의 土는 마땅히 습하고 겨울의 土는 마땅히 건조하여야 사람에게 병이 없고 만물이 발생한다. 총론적으로 火가 많으면 가래가 생기고 水가 많으면 기침이 생긴다.

木火가 많으면 가래가 생긴다고 하는 것은 火가 왕성한데 木을 만나면 木이 火의 기세를 따르므로 金이 木을 극하지 못하고 水가 火를 이기지 못하여 반드시 金을 극하므로 폐가 상하고 아래로 신장의 水를 생하지 못한다. 木이 또 水를 설기하니 신장의 水가 건조해지므로 음이 허약해 지고 火가 타오르며 가래가 생긴다.

火金이 울체되어 독이 생긴다고 하는 것은 火가 맹렬하여 水가 고갈되면 火는 반드시 木을 태우며 木이 火에 의하여 타면 土는 반드시 건조 해지고 갈라 터진다. 건조한 土는 金을 무르게 하고 金은 속에서 울체 된다. 물러진 金이 火를 만나면 폐기가 위로 역류하고 폐기가 역류하면 간과 신장이 모두 어그러진다. 간과 신장이 어그러지면 혈맥이 흐르지 못하므로 더불어 칠정까지 우울하게 되며 독이 생기는 것이다.

土가 건조하면 金을 생하지 못하고 火가 맹렬하면 水가 고갈되므로 신 장의 경락이 반드시 허약하게 된다. 土가 허약하면 水를 억제하지 못하 고 木이 왕성하면 土를 극하므로 비위가 반드시 상한다.
무릇 오행이 불화하여 발생한 질병을 자세히 연구하면 반드시 적중한 다. 그러나 사람의 일과 서로 통하므로 한 가지 논리에만 집착해서는 안 된다. 만약 병에 부합되지 않으면 육친의 길흉을 연구하고 사건의 길흉을 살피면 반드시 적중한다.

가령 일주가 金이고 木이 재성인데 사주에 火가 왕성하면 일주가 재성 에게 일을 맡길 수 없으며 반드시 火를 생하여 칠살을 도와주므로 오히 려 일주의 기신이 된다. 水가 있어도 水가 木을 생하여 金이 더욱 허약 하게 된다. 金은 대장과 폐로서 폐가 상하고 대장은 통하지 못하며 아 래로 신장의 水를 생하지 못하는데 木은 水를 설기해서 火를 생하므로 반드시 신장과 폐가 함께 손상되어 병이 된다.

그러나 이와 같은 병이 없다면 반드시 재물의 손실이 많고 의식이 넉넉하지 못한 흉함이 있다. 그리고 병도 없고 재물도 많으면 처가 반드시 추악하거나 자식이 불효하니 그 중에 하나는 반드시 적중한다. 또한 처가 현명하고 자식도 효자이며 병도 없고 재물도 많으면 土金운으로 흐른 것이다.

사주에 金水와 木火가 균형을 이루고 있는데 폐와 신장에 병이 있거나 재물의 손실이 많거나 처가 추악하고 자식도 어리석으면 이는 木火운으로 흐르며 金水가 손상되었기 때문이다. 그러므로 자세히 연구하여야 하며 한 가지 논리에만 집착하면 안 된다.

적천수천미의 명조를 원문의 취지에 알맞게 필자가 해설하였습니다.

시　일　월　년

己　辛　壬　壬
丑　酉　子　辰

庚　己　戊　丁　丙　乙　甲　癸
申　未　午　巳　辰　卯　寅　丑

子월에 金水상관격의 형상인데 火가 없어 金水가 차가우므로 어릴 때부터 찬 기침을 하는 병이 있는 명조로서
甲寅 乙卯대운에 甲乙木재성의 왕성한 기세로 壬水상관의 강한 기세를 설기하여 가업이 크게 증가하였으나
丙辰대운 丙寅년에 水의 강한 기세를 거스르므로 근육이 무력해지는 질병을 앓다가 죽었습니다.

```
시   일   월   년
壬   辛   丙   己
辰   酉   子   丑
戊 己 庚 辛 壬 癸 甲 乙
辰 巳 午 未 申 酉 戌 亥
```

子월에 金水상관격의 형상으로서 丙火정관으로 해동하므로 냉기침을
하는 병이 없는 명조로서
癸酉 壬申대운에 金水의 기세가 왕성하므로 장학생이 되고 향시에 급제
하여 관서장으로서 지현의 벼슬을 하였으나
辛未대운 丁丑년에 火土의 왕성한 기세로 金水의 강한 기세를 거스르므
로 질병을 얻어 죽었습니다.


```
시   일   월   년
丙   庚   丙   甲
戌   子   子   戌
甲 癸 壬 辛 庚 己 戊 丁
申 未 午 巳 辰 卯 寅 丑
```

子월에 金水상관격의 형상으로서
戊寅 己卯대운에 甲木편재의 기세가 왕성하여 火土의 기세를 도우므로
담화의 병을 앓았으며
庚辰 辛巳대운에 일간의 기세를 돕고 수화기제를 이루므로 자연치유가
되었고 돈을 내고 벼슬을 사고 부귀가 모두 이루어졌습니다.

시 일 월 년

丙 己 庚 己

寅 亥 午 巳

壬 癸 甲 乙 丙 丁 戊 己

戌 亥 子 丑 寅 卯 辰 巳

午월에 丙火정인의 기세가 강한 명조로서
동방 木대운에 丙丁火인성의 기세를 돕지만 水의 기세가 미약하므로
풍질을 앓았으며
乙丑대운에 水의 기세를 받아들이므로 자연치유가 되었고
甲子 癸亥대운에 수화기제를 이루므로 노익장으로서 첩과 아들을 얻고
부자가 되었습니다.

시 일 월 년

庚 甲 己 丙

午 戌 亥 戌

丁 丙 乙 甲 癸 壬 辛 庚

未 午 巳 辰 卯 寅 丑 子

亥월에 火土의 기세가 강한 명조로서
동방 木대운에 壬癸水인성이 투출하여 수화기제를 이루어 기세가 맑아
졌지만
甲辰대운에 火土의 왕성한 기세로 인하여 金관살의 기세가 흐르지
못하여 울체되므로 폐암을 앓다가 죽었습니다.

3. 육친

1) 부처

夫妻姻緣宿世來 喜神有意傍妻財
부 처 인 연 숙 세 래   희 신 유 의 방 처 재
부부의 인연은 전생에서 온 것이며
희신의 뜻이 있으면 처와 재물이 따른다.

부처夫妻는 부부로서 부부의 인연은 전생에서 온 것이며 희신으로
작용하면 처와 재물이 따른다고 합니다.

일반적으로 부부의 육친은 남성에게는 재성이 처에 해당하며
여성에게는 관성이 남편에 해당합니다.
또한 일지의 배우자궁에 의하여 부처의 간명을 하는 경우도 있으며
배우자궁의 희기를 살피면서 간명하는 것이 일반적입니다.

남성에게 재성이 희신이면 처와 재물이 따른다고 하며
여성에게 관성이 희신이면 남편이 귀하게 된다고 합니다.

남성의 배우자궁에 희신이 암장되어 있거나 배우자궁에서 투출한 천간
이 희신이면 처는 현숙하고 아름답다고 하며 처로 인하여 재산을 모으
지만 기신이면 처로 인하여 고통을 당한다고 합니다.

또한 여성의 배우자궁에 희신이 암장되어 있거나 배우자궁에서 투출한
천간이 희신이면 남편에게 능력이 있어 부귀하다고 하며 역시 기신이
면 남편으로 인하여 고통을 당한다고 합니다.

육친의 부처에 대하여서는 학자마다 견해가 다르므로 아래와 같이 소개하니 참고바랍니다.

원주에서 유백온이 해설하기를

처와 자식은 하나로서 사주에 희신이 있으면 일생 부귀가 있는 것이고 처와 자식도 그러하다. 대체로 재성을 처로 보는데 가령 희신이 재성이면 처가 아름답고 또 부귀하다. 희신과 재성이 서로 질투하지 않아야 좋으며 그렇지 않으면 극처하거나 처가 아름답지 않거나 불화한다.

재성을 활용하는 법을 살펴야 하는데 가령 재성이 쇠약하면 재성을 돕고 재성이 왕성하고 신약하면 비겁을 반기며 재성이 인성을 손상하면 관성이 필요하고 재성이 쇠약하고 관성이 많으면 상관이 필요하다.

재성의 기세가 행하지 않으면 충할 것은 충하고 설기할 것은 설기하여야 한다. 재성의 기세가 유통되면 합할 것은 합하고 고에 넣을 것은 고에 넣어야 한다. 만약 재성의 설기가 너무 과한데 비겁이 투출하거나 신왕한데 재성이 없으면 반드시 부부가 전부 좋지 않다.
재성이 왕성하고 신강하면 반드시 부귀하고 처첩도 많으므로 마땅히 그 경중을 잘 살펴 판단해야 한다.

적천수천미에서 임철초가 해설하기를

자평법에서는 재성이 처인데 재성이란 내가 극하는 것이다.
사람은 재성이 와야 내가 대접받으므로 바른 이치이지만 또 재성이 부친이라고 하는 것은 후세사람들의 잘못이다.
만약 이 논리가 확실하다면 시아버지와 며느리가 동종이니 어찌 윤리에 어긋나지 않겠는가.

비록 정편으로 나눈 것이라고 하지만 억지에 불과하다. 재성의 편정은 음양을 구분한 것에 불과한 것으로서 다른 기로 바뀌는 것이 아니므로 세상에 윗사람을 거역하는 이치가 없으니 마땅히 분별하여 개선하여야 한다. 만약 재성이 부친이고 관성이 자식이면 인륜을 벗어난 것이며 시아버지와 며느리가 동종이면 조부가 손자를 낳은 것이므로 이러한 이치가 어디 있겠는가. 육친의 법이 이러하면 지금 당장 바꾸어야 한다.

나를 생하는 것은 부모로서 정편인이며 내가 생하는 것은 자녀로서 식상이며 내가 극하는 것은 처첩으로서 정편재이며 나를 극하는 것은 조부로서 관살이며 나와 같은 것은 형제로서 비겁이다. 이것이 바른 이치이며 명분을 따르는 바른 이치로서 변하지 않는 법이다.

무릇 재성을 처로 논하므로 재성이 맑으면 처가 어질고 능력이 있으며 재성이 탁하면 부르짖는 사자와 같다. 맑다고 하는 것은 희신이 재성인 것으로서 싸우거나 질투하지 않는다. 탁하다고 하는 것은 칠살을 생하고 인성을 파괴하거나 다투고 질투하므로 무정하다.

고서에서 일주의 쇠왕은 살피지도 않고 모두 양인이나 겁재가 있으면 처를 극한다고 하는데 연구하면 사실과 다르다.
모름지기 일주의 쇠왕과 희기를 분별해서 사주의 배합을 잘 보고 간명하여야 한다.

가령 재성이 가볍고 관성이 없는데 비겁이 많으면 주로 극처하며 재성이 무겁고 신약한데 비겁이 없으면 주로 극처한다.
관살이 왕성하여 인성을 쓰는데 재성을 보면 주로 처가 보잘것없어서 극하는 것이며 관살이 가볍고 신왕한데 재성을 보고 비겁을 만나면 주로 처가 아름다워도 극한다.

겁재와 양인이 무겁고 재성이 가벼운데 식상이 있으면서 편인을 만나면 처가 흉한 일을 만나 죽는다. 재성이 미약하고 관살이 왕성한데 식상이 없고 인수가 있으면 주로 처가 병약하다. 겁재와 양인이 왕성하고 재성이 없는데 식상이 있는 경우에는 처가 현숙하면 극하지 않으나 처가 보잘것없으면 반드시 죽는다.

관성이 약한데 식상을 만나고 재성이 있으면 처가 현숙하여도 극한다. 관성이 가벼운데 식상이 무겁고 인수가 있는데 재성을 만나면 처가 보잘것없어도 극하지 않는다. 신강하고 칠살이 가벼운데 재성이 칠살을 돕거나 정관이 가볍고 상관이 무거운데 재성이 상관을 화하거나 인수가 중첩되었는데 재성이 득기한 것 등은 처가 현숙하고 아름답거나 처로 인하여 부자가 된다.

칠살이 무겁고 일주가 가벼운데 재성이 칠살과 작당하거나 정관이 많아서 인수를 쓰는데 재성이 인수를 파괴하거나 상관이 인수를 패인하는데 재성이 국을 득한 것 등은 처가 현숙하지 않으면 보잘것없거나 처로 인하여 재앙을 초래하고 몸을 다친다.

일주가 재성에 앉아 있고 재성이 희용신이면 반드시 처로 인하여 재물을 득한다. 일주가 재성을 반기고 한신과 합하여 재성으로 화하면 반드시 처의 도움을 받는다. 일주가 재성을 반기는데 한신과 합하여 기신으로 화하면 처가 외도를 한다. 일주가 재성을 꺼리는데 재성이 한신과 합하여 재성으로 화하면 부부가 불화한다.

이 모든 것은 사주의 정세와 일주의 희기로서 논한 것으로서 만약 재성이 떠있으면 마땅히 재고에 거두어들이는 것이 좋고 재성이 깊이 잠기면 마땅히 충으로 이끌어 도와주어야 하므로 모름지기 자세히 연구해야 한다.

적천수천미의 명조를 원문의 취지에 알맞게 필자가 해설하였습니다.

시　일　월　년

丁　庚　乙　癸

丑　申　丑　卯

丁 戊 己 庚 辛 壬 癸 甲
巳 午 未 申 酉 戌 亥 子

丑월에 金水의 기세가 강한 명조로서
金水의 강한 기세를 설기하는 乙木정재가 희신으로서 역할을 하여 기세의 흐름을 원활하게 하므로 처가 현숙하고 능력도 있으며 아들 셋이 모두 학문을 이루었습니다.

시　일　월　년

癸　丁　乙　丁

卯　酉　巳　未

丁 戊 己 庚 辛 壬 癸 甲
酉 戌 亥 子 丑 寅 卯 辰

巳월에 火의 기세가 강한 명조로서
巳酉반합으로 卯酉충을 해소하고 癸水칠살을 도와 수화기제를 이루고 배우자궁인 일지 酉金이 희신의 역할을 하는 명조로서
癸卯 壬寅대운에 수화기제를 이루므로 학교에 들어가고 처와 재물을 얻고 과거에 급제하였으며 辛丑대운에 巳酉丑삼합을 이루고 辛金편재가 투출하여 일지 배우자궁에 통근하고 癸水칠살을 도우므로 관서장으로서 지현에서 승진을 거듭하여 군수의 벼슬을 하였습니다.

2) 자녀

> 子女根枝一世傳 喜神看與煞相聯
> 자 녀 근 지 일 세 전   희 신 간 여 살 상 연
> 자녀는 뿌리와 가지로서 한 세대를 전하는 것이며
> 희신이 관살과 서로 관련된 것을 살핀다.

자녀子女는 자식으로서 부모의 세대를 이어받아 후손에게 전하고
처인 재성은 관살을 생산하므로 관살이 자식이 되는 것입니다.
자식을 보려면 관살이 희신과 서로 관련된 것을 살피라고 합니다.

관살이 희신이면 일간을 도우므로 자식이 효도하는 것이며
관살이 기신이면 일간을 해롭게 하므로 불효자식이라고 합니다.

또한 시지를 자식궁으로 보면서 간명하는 경우도 있으므로 자식궁의
희기도 아울러 살피면서 간명하는 것이 일반적입니다.
가령 丙火칠살이 희신인데 자식궁에 壬水식신이 암장되어 있고 운에서
壬水식신이 기신으로 작용하면 丙火희신이 제살되어 오히려 자식에게
불리하게 작용한다고 해석합니다.

육친의 자녀에 대하여서는 학자마다 견해가 다르므로 아래와 같이 소
개하니 참고바랍니다.

원주에서 유백온이 해설하기를
대체로 관성을 자식으로 보는데 희신이 관성이면 자식은 현명하고 준
수하다. 희신과 관성이 서로 시기하지 않아야 좋으며 그렇지 않으면 자
식이 없거나 못난 자식이거나 자식이 극한다.

관성을 살피는데도 방식이 있다. 가령 관성이 가벼우면 반드시 관성을 도와야 하며 칠살이 무겁고 일주가 가벼우면 오직 인성과 비겁이 필요하고 관성이 없으면 오직 재성으로 논한다.

만약 관성이 정체되면 생하여 도와주고 충하여 발전하도록 하여야 하고 관성의 설기가 태과하면 모름지기 회합하여 도와주어야 한다. 만약 칠살이 무겁고 일주가 가벼운데 제살이 없으면 딸이 많다.

적천수천미에서 임철초가 해설하기를

관성을 자식이라는 학설을 자세히 연구하면 결국 윗사람을 거역하는 것이다. 무릇 관성이란 관할하는 것으로서 조정에서 관청을 설치하여 만백성을 다스리며 감히 제멋대로 못하게 하고 규범을 지키도록 하는 것이며 가정에서는 반드시 가장이 존엄으로 주관하고 출입과 행동이 모두 조부의 훈시에 따르도록 하는 것이다.

관청의 다스림에 불복하면 도적이 되며 조부의 훈시를 따르지 않으면 불효하는 자식이 되는 것은 무릇 명리의 이치인데 어찌 관성을 자식으로 하여 윗사람을 거역하게 하는가. 명리에서는 군주가 없고 부모가 없어도 된다고 논하는 것은 아닌가. 속담에도 부친이 있으면 자식이 제멋대로 하지 못한다고 하였다. 만약 관성이 자식이면 부친이 오히려 자식의 다스림을 받아야 하므로 부친은 마음대로 하지 못하게 된다. 그러므로 속되게 부모를 극하는데 이러한 이치가 어디에 있겠는가.

지금부터 식상을 자녀로 다시 정한다. 책에서 이르기를 식신은 수명과 처자식이 많은 것으로서 시에서 칠살을 만나면 본래 자식이 없으나 식신으로 제살하면 자식이 많다고 하였으니 이 두 가지 설은 확실한 증거가 된다. 그러나 이것도 역시 죽은 법이니 오히려 사주에 식상이 없고 관살도 없다면 어찌 논할 것인가.

그러므로 명리를 논하면서 한 가지에만 집착하면 안 되며 총체적으로 변통하여야 한다. 먼저 식상을 인정하고 난후에 일주의 쇠왕과 사주의 희기에 따라 용신을 정하는 것이므로 희신과 칠살의 연관성을 살피는 것이 통변의 지극한 논리이다.

가령 신왕한데 인수가 없고 식상이 있다면 자식이 많고 신왕한데 인수가 무겁고 식상이 가벼우면 자식이 적다. 신왕하고 인수가 무거운데 식상이 가볍고 재성이 있으면 자식이 많고 현명하다. 신왕하고 인수가 많은데 식상은 없고 재성이 있으면 자식이 많고 유능하다. 신약하고 인수가 없는데 식상이 없으면 자식이 많고 신약하고 인수가 가벼운데 식상이 무거우면 자녀가 적다.

신약하고 인수가 가벼운데 재성이 있으면 자식이 없다. 신약하고 식상이 무거운데 인수가 없다면 역시 자식이 없다. 신약하고 식상이 가벼운데 비겁이 없고 관성이 있으면 자식이 없다. 신약하고 관살이 무거운데 인수가 가볍고 재성이 약하면 딸이 많고 신약하고 칠살이 무거운데 식상이 가볍고 비겁이 있으면 딸이 많고 아들이 적다.

신약하고 관살이 무거운데 인성과 비겁이 없으면 자식이 없다. 신왕하고 식상이 가벼운데 인수와 재성을 만나면 자식이 적고 손자가 많다. 신왕하고 인수가 무거운데 관살이 가볍고 재성이 있으면 자식은 비록 극하지만 손자가 있다.

신약하고 식상이 왕성하고 인수가 있는데 재성을 만나면 비록 자식이 있어도 없는 것과 같다. 신약하고 관살이 왕성하고 인수도 있는데 재성을 만나면 자식이 거역한다. 신왕하고 인수가 없고 식상은 감추어지고 관살이 있으면 자식이 많다.

신왕하고 비겁이 많고 인수가 없는데 식상이 암장되면 자식이 많지만 대개 모다멸자母多滅子가 된다. 목다화식木多火熄이면 금극목으로 火를 생한다. 화다토초火多土焦이면 수극화로 土를 생한다. 토중금매土重金埋이면 목극토로 金을 생한다. 금다수삼金多水滲이면 화극금으로 水를 생한다. 수다목부水多木浮이면 토극수로 木을 생한다.

이로써 관살을 자식으로 하면 이렇다. 겉으로는 비록 관살이 자식이지만 암암리에 식상을 자식으로 한다. 이는 역국逆局으로서 오히려 극으로 상생하는 법이므로 관살을 자식으로 하면 안 된다.
대체로 신왕하면 재성이 자식이고 신약하면 인성이 자식이다. 이상의 모든 것은 시험한 것으로서 감히 다시 정하는 것이니 자세히 추리를 해보면 적중하지 않는 것이 없다.

  적천수천미의 명조를 원문의 취지에 알맞게 필자가 해설하였습니다.

시	일	월	년
癸	丁	甲	癸
卯	酉	子	亥

丙	丁	戊	己	庚	辛	壬	癸
辰	巳	午	未	申	酉	戌	亥

子월에 癸水칠살의 기세가 강한 명조로서
서방 金대운에 庚辛金재성의 기세가 왕성하여 부자가 되었으나 卯酉충으로 인하여 자식궁인 卯木이 제거되어 癸水칠살의 기세가 흐르지 못하고 정체되므로 딸만 여덟 명을 두었습니다.

시 일 월 년
丁 戊 辛 乙
巳 戌 巳 未
癸 甲 乙 丙 丁 戊 己 庚
酉 戌 亥 子 丑 寅 卯 辰

巳월에 火土의 기세가 강한 명조로서
동방 木대운에 乙木정관의 기세가 왕성하므로 두명의 처와 열두명의
자식을 얻었으나
丁丑대운에 乙木정관의 기세가 제거되므로 모두 죽고 두 명의 자식만
남았습니다.

시 일 월 년
甲 壬 癸 戊
辰 戌 亥 子
辛 庚 己 戊 丁 丙 乙 甲
未 午 巳 辰 卯 寅 丑 子

亥월에 水의 기세가 강한 명조로서
丙寅대운 甲寅년에 甲木식신의 기세로 설기하므로 학교에 들어갔으며
동방 木대운에 丙丁火재성의 기세로 戊土칠살의 기세를 도우므로 열 명
의 자식을 두었습니다.

3) 부모

父母或興與或替 歲月所關果非細
부 모 혹 흥 여 혹 체 세 월 소 관 과 비 세
부모가 흥성하거나 침체되는 것은
세월의 소관이지만 결과는 자세하지 않다.

년월은 조상과 부모궁으로서 세월의 소관이라고 하는 것이며
년월의 상태로서 부모의 흥성과 침체를 추명하는 것은 단지 자신이
자라는 부모의 환경을 보는 것이므로 부모에 대한 흥망을 짐작할 수 있
을 뿐이며 결과는 자세하지 않다고 합니다.
그러므로 부모의 흥망에 대한 자세한 결과를 알고 싶으면 부모의 사주
팔자로 간명하여야 합니다.

육친의 부모에 대하여서는 학자마다 견해가 다르므로 아래와 같이
소개하니 참고바랍니다.

원주에서 유백온이 해설하기를

자평법에서는 재성을 부친으로 하고 인성을 모친으로 하여 길흉을 판
단하면 십중팔구는 적중하지만 세월을 살펴야 한다. 세월의 기세가 월
령을 도와주고 세월이 희신을 손상하지 않으면 부모는 창성한다. 세월
에 있는 재성의 기세가 시간에게 손상되면 부친이 먼저 죽고 세월의 인
성이 시지에게 손상되면 모친이 먼저 죽는다.

또한 사주의 대세를 살피고 재성과 인성만으로 논해서는 안 된다. 중간
에 숨거나 드러난 것으로 흥망이 작용하므로 재성과 인성에만 있는 것
이 아니다. 재성과 인성을 생하는 육신과 손익의 배합이 적절하고 음양
의 많고 적음을 논하면 적중하지 않는 것이 없다.

적천수천미에서 임철초가 해설하기를

부모는 일주를 생하는 근본으로서 세월의 소관이므로 흥성과 침체를 아는 것은 하나같이 않은 것은 가히 바른 이치이므로 변하지 않는다. 원주에서 재성과 인성으로 부모를 구분하며 부모의 사망을 논하였지만 허황된 것이므로 속서의 오류인 듯하다. 어찌 부모에게 극한다고 하는 극剋자의 글자를 붙일 수 있겠는가. 당연히 다시 정하여 상친喪親 형처 刑妻 극자剋子로 하는 것이 지극한 이치이다.

가령 년월에서 관인이 상생하는데 일시에서 재성과 상관이 거역하지 않으면 위로는 조상의 음덕이 있고 아래로는 자식이 번영한다. 년월의 관인이 상생하는데 일시에서 형충으로 상하게 하면 조상의 가업을 탕진하고 가문을 파괴한다. 년에 관성이 있고 월에 인수가 있거나 월에 관성이 있고 년에 인수가 있으면 조상이 청고淸高하다.

일주가 관성을 반기는데 일시에 재성이 있거나 일주가 인수를 반기는 데 일시에서 관성을 만나면 조상의 가업이 뛰어나다. 일주가 관성을 반기는데 일시에서 상관을 만나거나 일주가 인수를 반기는데 일시에서 재성을 만나면 실패하여 조상을 욕보인다. 년에 재성이 있고 월에 인수가 있고 일주가 인수를 반기는데 시일에서 관인이 있으면 부친을 도와 가문이 흥성하여진다.

년에 상관이 있고 월에 인성이 있고 일주가 인수를 반기는데 시일에 관성이 있으면 부모가 창업하는 명이다. 년에 인성이 있고 월에 재성이 있고 일주가 인수를 반기는데 시상에서 관성을 만나면 부모가 망하고 시일에 인수가 있으면 스스로 창업하여 가문을 이루는 것을 안다. 년에 관성이 있고 월에 인수가 있으며 일주가 관성을 반기는데 시일에 재성이 있으면 부귀한 집안의 출신으로서 성공하여 유산을 지키는 명이다.

년에 상관이 있고 월에 비겁이 있으며 일주가 재성을 반기는데 시일에 재성이나 상관이 있으면 가난한 집안의 출신이며 창업할 명이다. 년에 비겁이 있고 월에 재성이 있는데 일주가 재성을 반기면 조상의 유업이 풍성하고 일주가 비겁을 반기면 청고하고 가난하다. 년에 관성이 있고 월에 상관이 있고 일주가 관성을 반기는데 일시에서 관성을 만나면 부친을 앞지르고 시일에 비겁에 있으면 파산한다.

총괄적으로 재관인수가 년월에 있고 일주가 반기면 부모가 귀하지 않으면 부자이고 일주가 기피하면 가난하지 않으면 천하므로 마땅히 상세히 관찰하여야 한다.

적천수천미의 명조를 원문의 취지에 알맞게 필자가 해설하였습니다.

시	일	월	년
己	丙	乙	癸
丑	子	丑	卯

丁 戊 己 庚 辛 壬 癸 甲
巳 午 未 申 酉 戌 亥 子

丑월에서 癸水정관이 년간에 투출하여 부모가 관리 출신이며
乙木정인을 생하므로 덕분에 공부를 하였으나
壬戌대운에 己土상관의 왕성한 기세로 壬癸水관살의 기세를 거스르므로 고통이 심하였고
辛酉대운에 辛金정재의 기세가 왕성하므로 돈을 주고 벼슬을 샀으나
乙木정인을 극하므로 죄를 짓고 형벌을 받았습니다.

시	일	월	년
丙	戊	丁	乙
辰	午	亥	卯

己 庚 辛 壬 癸 甲 乙 丙
卯 辰 巳 午 未 申 酉 戌

亥월에 乙木정관의 강한 기세가 년간에 투출한 관리 집안의 출신이며
남방 火대운에 丙丁火인성의 기세가 왕성하며 기세의 흐름이 원활하므
로 과갑에 급제하고 아들도 다섯 명이나 모두 벼슬을 하였으며 부귀하
고 장수하였습니다.

시	일	월	년
癸	丙	辛	乙
巳	辰	巳	亥

癸 甲 乙 丙 丁 戊 己 庚
酉 戌 亥 子 丑 寅 卯 辰

巳월에 火의 기세가 강한 명조로서
동방 木대운에 乙木정인의 기세가 왕성하고 戊己土식상의 기세로 辛金
정재를 도우므로 부모가 부유하였으나
丁丑대운에 辛金정재를 극제하므로 집안에 고통이 심하였고
丙子대운에 癸水정관의 기세가 왕성하지만 辛金정재의 기세가 허약하
므로 가업의 대부분을 잃어버리고 부부가 함께 죽었습니다.

4) 형제

兄弟誰廢與誰興 提綱喜神問重輕
형 제 수 폐 여 수 흥 제 강 희 신 문 중 경
형제 중에 누가 기울고 누가 흥성하는지는
월령과 희신에 대한 경중을 살핀다.

형제의 육친성은 비겁에 해당하며 형제의 흥망성쇠는 월령과 희신에
대한 경중을 살핀다고 합니다.
일반적으로 형제의 육친궁은 월지로서 월령과 희신의 기세에 대한 가
볍고 무거움에 따라 형제의 흥망성쇠가 결정된다고 합니다.

가령 甲木일간이 戌월에 戊土편재와 희신의 기세가 왕성하면 형제가
모두 흥성하지만 반대로 월령과 희신의 기세가 허약하면 형제가 모두
기운다고 판단합니다.

육친의 형제에 대하여서는 학자마다 견해가 다르므로 아래와 같이 소
개하니 참고바랍니다.

원주에서 유백온이 해설하기를

겁재 비견 양인은 모두 형제이며 월령의 육신으로서 재성과 희신의 경
중을 비교하여야 한다.

재관이 약한데 비겁이 나타나 겁탈하면 형제가 반드시 강한 것이며 재
관이 왕성한데 비겁이 나타나 일주를 돕는다면 반드시 형제가 아름답
다. 일주와 재관의 기세가 모두 평등한데 비겁이 숨어서 나타나지 않으
면 반드시 형제가 귀하다.

비견이 무겁고 식상과 재성과 관살이 역시 왕성하면 반드시 형제가 부자이다. 신약한데 비겁이 돕지 않고 인수가 있으면 반드시 형제가 많다. 신왕한데 비겁이 나타나고 관성이 없으면 반드시 형제가 쇠약하다.

적천수천미에서 임철초가 해설하기를

비견이 형이고 겁재가 동생이며 건록과 양인도 역시 이같이 논한다. 가령 칠살이 왕성한데 식상이 없거나 칠살이 무거운데 인성이 없는 경우에 겁재가 합살하면 반드시 동생의 도움을 얻는다. 칠살이 왕성한데 식상이 가볍거나 인성이 약한데 재성을 만나는 경우에 비견이 칠살을 대적하면 반드시 형의 도움을 얻는다.

관성이 가볍고 상관이 무거운데 비겁이 상관을 생하는 경우이거나 제살이 태과한데 비겁이 식상을 돕는 경우에는 반드시 형제에게 피해를 당한다. 재성이 가볍고 비겁이 무거운데 인수가 상관을 제어하는 경우에는 가난을 면치 못한다. 재관이 실세하고 비겁과 양인이 날뛰는 경우에는 형제가 불화한다.

재성이 칠살을 생하여 무리를 이루는데 비겁이 일주를 돕는 경우에는 한 이불을 덮고 자는 형제와 같다. 칠살이 무겁고 인수가 없는데 일주가 쇠약하고 상관이 숨어있는 경우에는 우애있는 형제로서 탄식할 일이 없다.

칠살이 왕성하고 인성이 숨어있는데 비견의 기세가 없는 경우에는 동생은 존경을 받아도 형은 반드시 쇠약해진다. 관성이 왕성하고 인수가 가벼운데 재성이 기세를 득하는 경우에는 형은 좋아하는 일을 하지만 동생은 이루는 것이 없다.

신약하여도 인수가 월령으로서 왕성한 경우에는 형제가 무리를 이룬다. 신왕한데 편인을 만나고 비겁이 무거운데 관성이 없는 경우에는 각자 자신의 길을 간다. 재성이 가볍고 비겁이 무거운데 식상이 비겁을 화하는 경우에는 형제가 불화하는 일은 없다. 재성이 가벼운데 비겁을 만나고 관성이 드러나는 경우에는 형제의 우애가 나쁘지 않다.

편인과 비겁이 중첩되고 재성이 가벼운데 칠살이 숨어있는 경우에는 형제를 잃는 슬픔을 면하지 못한다. 신약하고 인수가 있는데 재성이 비겁을 만나는 경우에는 오히려 형제가 선의의 경쟁을 한다. 월령의 희기를 불론하고 전적으로 일주가 좋고 싫은 것에 따라 마땅히 자세히 살피면 적중하지 않는 것이 없다.

적천수천미의 명조를 원문의 취지에 알맞게 필자가 해설하였습니다.

시	일	월	년
丁	丙	壬	丁
酉	子	寅	亥

甲 乙 丙 丁 戊 己 庚 辛
午 未 申 酉 戌 亥 子 丑

寅월에 壬水칠살의 강한 기세로 월령을 도우므로 칠팔명의 형제가 모두 학문을 이루었으며 서로 우애가 있고 공경하였습니다.

5) 여명

女命須要論安詳 氣靜平和婦道彰 二德三奇虛好話 咸池驛馬漫推詳
여 명 수 요 논 안 상 기 정 평 화 부 도 장 이 덕 삼 기 허 호 화 함 지 역 마 만 추 상
여명은 반드시 안정함을 논하며 기가 고요하고 평화로운 것이 부인이
지켜야 할 도리이다. 이덕과 삼기는 헛된 말이고 함지와 역마는 멋대
로 추상하는 것이다.

여명女命은 여성의 명으로서 부인의 명을 말하며
부도장婦道章이란 부인이 지켜야 할 도리로서 부인은 침착한 성품을
지니고 기가 안정되어 평화스러워야 비로소 남편과 자식을 논할 수 있
다고 합니다.

적천수의 여명은 당시의 시대 상황으로서 현대 여성의 명과는 차이가
많다고 할 수 있습니다.
당시의 여성은 오직 가정주부로서 역할에 국한되며 사회활동이 제한적
이므로 부인으로서 정숙한 것이 부인의 도리라고 하는 것입니다.

이덕二德과 삼기三奇 그리고 함지咸池와 역마驛馬 등은 점성학과 삼명
학에서 활용하는 신살입니다. 적천수에서는 신살을 배제하고 적용하지
않으므로 헛된 것이라고 하는 것이며 함지와 역마 등으로 멋대로 간명
하면서 혼란스럽게 하지 말라고 하는 것입니다.

이덕과 삼기는 신살에서 귀한 벼슬을 하는 길신이므로 가정주부인
여성의 명에는 어울리지 않으므로 헛된 말이라고 하는 것이며
함지살은 도화살로서 음탕한 여인을 말하고 역마살은 이리저리 떠도는
여인으로서 품행이 나쁜 것으로 단정하면서 함부로 말하므로 부인들을
욕되게 하지 말라고 하는 것입니다.

그러나 현대여성에게 함지살은 개인의 개성을 나타내는데 필요한 적성이며 역마는 활동적인 사회적 능력을 나타내므로 시대 상황에 의하여 통변이 달라지기도 합니다.

육친의 여명에 대하여서는 학자마다 견해가 다르므로 아래와 같이 소개하니 참고바랍니다.

원주에서 유백온이 해설하기를
사주에서 관성이 드러나고 순조로우면 남편이 귀하고 길한 것은 당연한 이치이다. 만약 관성이 너무 왕성하면 상관을 남편으로 보고 관성이 너무 쇠약하면 재성을 남편으로 보며 비견이 왕성한데 관성이 없으면 식상을 남편으로 보고 식상이 왕성한데 재관이 없으면 인수를 남편으로 본다.
사주에서 관성이 가득하여 일주를 업신여기는데 인수가 희신이면 남편은 일주를 극하지 못한다. 사주에 인수가 가득하여 관성을 설기하는데 재성이 희신이면 일주가 남편을 극하지 못한다.

대체로 남명에서 자식과 귀함을 논하는 이치와 서로 비슷하다. 사주에서 상관이 맑게 드러나면 자식이 귀하고 친한 것은 더 말할 것이 없다. 만약 상관이 너무 왕성하면 인수를 자식으로 보며 상관이 너무 쇠약하면 비견을 자식으로 본다. 인수가 왕성한데 상관이 없으면 재성을 자식으로 보고 재성이 왕성하여 식상을 설기하면 비견을 자식으로 본다.

그러므로 오로지 관성만이 남편이고 식상만이 자식이라고 논해서는 안된다. 단지 침착하고 순조롭고 안정되어야 귀한 것이다.
이덕과 삼기는 논할 필요 없고 함지나 역마는 적중하는 경우도 있으나 총론적으로 이치에 부합되지 않으므로 상세히 연구하여야 할 것이다.

적천수천미에서 임철초가 해설하기를

여명은 우선 남편성의 성쇠를 보아 귀천을 알고 다음에 격국의 청탁을 살펴 현명함과 어리석음을 알아야 한다.

음란하고 사악하고 질투심은 사주의 성정을 벗어나지 않으며 정조를 지키고 우아하고 단정한 것도 모두 오행의 이치에 들어있다.

그러므로 세밀하게 관찰하여 정숙한 부인을 음란하게 말하여 억울하게 만들지 말고 상세히 연구하여 음란한 것을 바르게 논하여야 한다.

이덕이나 삼기란 것은 허황된 말을 좋아하는 사람들이 만들어 낸 것이고 함지나 역마도 역시 후세 사람이 만들어 낸 잘못된 말이다.

시부모에게 불효한 것은 재성이 가볍고 겁재가 무겁기 때문이고 남편을 존경하지 않는 것은 모두 관성이 쇠약하고 신강하기 때문이다. 관성이 왕성하게 드러나면 남편이 두각을 나타내고 기세가 안정되고 화평하면 부인의 도리가 유순한 것이다.

만약 관성이 너무 왕성하고 비겁이 없으면 인수를 남편으로 본다. 비겁이 있고 인수가 없으면 식상을 남편으로 본다. 관성이 너무 쇠약하고 상관이 있으면 재성을 남편으로 본다. 재성이 없고 비겁이 왕성하면 식상을 남편으로 본다. 비겁이 가득한데 인수와 관성이 없으면 식상을 남편으로 본다. 인수가 가득한데 관성과 식상이 없으면 재성을 남편으로 본다. 상관이 왕성하고 일주가 쇠약하면 인수를 남편으로 본다. 일주가 왕성하고 식상이 많으면 재성을 남편으로 본다. 관성이 가볍고 인수가 무거우면 재성을 남편으로 본다.

재성이란 남편을 돕는 별이므로 여명에서 신왕하고 관성이 없는데 재성이 득령하면 상격이며 흉한 것을 논하여도 생극의 이치가 있다.

관성이 미약하고 재성이 없는데 신강하고 상관이 무거우면 남편을 극한다.

관성이 미약하고 재성이 없는데 비겁이 왕성하면 남편을 업신여긴다. 관성이 미약하고 재성이 없는데 신왕하고 인수가 무거우면 남편을 업신여기며 극한다. 관성이 쇠약하고 인수가 많은데 재성이 없으면 남편을 극한다.

비겁이 왕성하고 관성이 없는데 인수가 왕성하고 재성이 없으면 남편을 극한다. 관성이 왕성하고 인수가 가벼우면 남편을 극한다. 비겁이 왕성하고 관성이 없는데 상관이 있고 인수가 무거우면 남편을 극한다. 식신이 많고 관성이 미약한데 인수가 있고 재성을 만나면 남편을 극한다.

무릇 여명에서 남편성은 용신이고 자식성은 희신이므로 오로지 관성만을 남편으로 논하거나 식상만을 자식으로 논하면 안 된다.
신왕하고 상관도 왕성한데 인수가 없고 재성이 있으면 자식이 많고 귀하다. 신왕하고 상관도 왕성한데 재성과 인수가 없으면 자식이 많고 강하다. 신왕하고 상관이 가벼운데 인수가 있고 재성이 국을 이루면 자식이 많고 부자이다. 신왕하고 식상이 없는데 관성이 국을 이루면 자식이 많고 어질다. 신왕하고 식상은 없는데 재성이 있고 관살이 없으면 자식이 많고 유능하다.

신약하고 식상이 무거운데 인수가 있고 재성이 없으면 자식이 있다. 신약하고 식상은 가벼운데 재성이 없으면 자식이 있다. 신약하고 재성도 쇠약한데 관성과 인수가 왕성하면 자식이 있다. 신약하고 관성은 왕성한데 재성이 없고 인수가 있으면 자식이 있다. 신약하고 관성이 없는데 식상과 비겁이 있으면 자식이 있다.
신왕하고 인수가 있는데 재성이 없으면 자식이 적다. 신왕하고 비견이 많은데 관성이 없고 인수가 있으면 자식이 적다. 신왕하고 인수가 무거운데 재성이 없으면 자식이 없다.

신약하고 상관이 무거운데 인수가 가벼우면 자식이 없다. 신약하고 재성이 무거운데 인수를 만나면 자식이 없다. 신약하고 관살이 왕성하면 자식이 없다. 신약하고 식상이 왕성한데 인수가 없으면 자식이 없다.

화염토조火炎土燥이거나 토금습체土金溼滯이거나 수범목부水泛木浮이거나 금한수냉金寒水冷이면 자식이 없다. 인수가 중첩되거나 재관이 너무 왕성하거나 사주에서 식상이 가득하면 자식이 없다. 이상은 자식이 없는 경우이며 자식이 있으면 반드시 남편을 극하고 극하지 않으면 요절한다.

음란하고 사악하다는 학설도 사주의 육신으로 연구한다.
신왕한데 관성이 미약하고 재성이 없어 일주가 족히 대적하는 경우. 신왕하고 관성이 미약한데 식상이 무겁고 재성이 없어 일주가 족히 관성을 업신여기는 경우. 신왕하고 관성이 미약한데 일주가 다른 육신을 생조하여 제거하는 경우. 신왕하고 관성이 미약한데 관성이 일주와 합화하는 경우. 신왕하고 관성이 미약한데 관성이 일주의 세력에 의지하는 경우.

신왕하고 재성이 없는데 식상이 있고 인수도 있어 일주가 자신의 뜻대로 주장하는 경우. 신왕하고 재성이 없는데 관성이 가볍고 식상이 무거워 관성이 의지할 곳이 없는 경우. 신왕하고 관성은 뿌리가 없는데 일주가 관성을 돌보지 않고 재성과 합하여 관성을 제거하는 경우.

신약하고 식상이 무거운데 인수가 가벼운 경우. 신약하고 식상이 무거운데 인수가 없고 재성이 있는 경우. 식상이 당령하고 재관이 세력을 잃는 경우. 관성에게 재성의 도움이 없고 비겁이 식상을 생하는 경우. 상관이 사주에 가득한데 재성이 없는 경우.

관성이 사주에 가득한데 인수가 없는 경우. 비겁이 사주에 가득한데 식상이 없는 경우. 인수가 사주에 가득한데 재성이 없는 경우 등은 모두 음란하고 천박한 명이다.

총괄적으로 상관이 무거우면 마땅하지 않은데 무거우면 반드시 경박한 미모로 인하여 음란하여지기 때문이다. 상관과 일주가 쇠약한데 인수가 있거나 신왕한데 재성이 있으면 반드시 총명한 미모로 정숙하고 순결하다. 무릇 여명을 볼 때 영향력이 적은 것은 아니지만 음란하고 사악함을 경솔하게 판단하여 육신을 모욕하거나 노하게 하면 안 되며 한 가지 예로만 명을 논해서도 안 된다.

조상이 죄를 짓거나 가문의 운수나 남편의 불효나 부모가 선량하지 못하여 어려서 가정교육을 받지 못하였거나 나쁜 습관으로 인하여 여성이 지켜야 할 것을 신중하게 갖추지 못하고 제 멋대로 행동하며 예절을 지킬 줄 모르거나 절에 가서 향을 피우거나 놀이나 연극에서 들은 말을 하거나 남녀가 섞이며 처음에는 계단 아래에서 말을 했으나 이것이 오래되어 안방에 들어가서 말하거나 처음에는 어질고 효녀이고 절개와 의리가 있는 말을 했는데 시간이 지나면서 점차로 음란하고 더러운 말을 하게 된다면 마음이 움직이지 않을 수가 없게 된다.

그러므로 가문에서 가장 중요한 것은 여자의 방을 엄숙하게 하여 방안에서 우스개나 웃음소리가 새어 나오지 않도록 하면 점점 행동도 바뀌고 서로 공경하게 되니 집주인은 늘 이런 것에 조심하지 않으면 안 된다.

적천수천미의 명조를 원문의 취지에 알맞게 필자가 해설하였습니다.

시 일 월 년

壬 乙 戊 庚

午 酉 寅 辰

庚辛壬癸甲乙丙丁

午未申酉戌亥子丑

寅월에 년월의 土金의 기세에 순응하는 명조로서
서방 金대운에 庚金정관의 기세가 왕성하고 기세의 흐름이 원활하여
맑으므로 남편이 이품의 벼슬을 하고 아들 다섯에 손자 스물세명을 두
었으며 팔십세까지 무병장수하였습니다.

시 일 월 년

甲 丁 癸 丙

辰 丑 巳 辰

乙丙丁戊己庚辛壬

酉戌亥子丑寅卯辰

巳월에 水火의 기세가 조화를 이루는 명조로서
庚寅대운에 火의 기세를 도우며 金水재관의 기세가 쇠약하므로 남편과
헤어졌으나
己丑 戊子대운에 戊己土식상의 기세가 강하므로 혼자서 자식을 공부시
켜 두 아들이 모두 귀하게 되어 삼품의 벼슬을 하였습니다.

시　일　월　년
丙　辛　壬　丁
申　巳　子　丑
庚 己 戊 丁 丙 乙 甲 癸
申 未 午 巳 辰 卯 寅 丑

子월에 金水의 기세가 강하고 천간에서 丁壬합과 丙辛합 그리고 지지에서 巳申합과 子丑합 등의 합이 많아 양귀비와 같은 미모를 가진 명조로서 선비와 결혼하였으나 선비가 부인의 미모에 빠져 결국 폐결핵으로 죽었으며 이후 음란한 생활을 하다가 의지할 곳이 없어 목을 매고 죽었습니다.

시　일　월　년
己　戊　庚　癸
未　午　申　丑
戊 丁 丙 乙 甲 癸 壬 辛
辰 卯 寅 丑 子 亥 戌 酉

申월에 기세의 흐름이 강하고 원활한 명조로서
북방 水대운에 기세의 흐름이 순조롭게 흘러 맑으므로 남편이 장원급제하고 벼슬이 관서장으로서 황당에 이르렀으나 검소한 생활을 하였으며 네 아들도 모두 우수하였습니다.

6) 소아

小兒財煞論精神 四柱平和易養成 氣勢悠長無魘喪 關星雖有不傷身
소 아 재 살 논 정 신 사 주 평 화 이 양 성 기 세 유 장 무 착 상 관 성 수 유 불 상 신
소아는 재성과 관살의 정신으로 논하며 사주가 평화로우면 기르기 쉽
고 기세가 오래 흐르면 죽지 않으며 비록 살성이 있어도 몸이 상하지
않는다.

소아小兒는 어린아이의 명이며 재성과 관살의 모으고 펼치는 기세의
정신으로 논한다고 합니다. 재성은 소아의 모친이고 관살은 모친의 자
식으로서 소아에 해당하며 모친의 기세로 소아를 기르기 때문입니다.

사주팔자의 기세가 평화로우면 아이는 기르기 쉽다고 하며
사주팔자에서 기세가 길게 흐르면 생명이 긴 것이므로 죽지 않는다고 하
며 비록 관성關星이라는 살성이 있어도 몸이 상하지 않는다고 합니다.
관성關星은 신살의 일종으로서 삼명학에서 소아관살小兒關煞이라고 하
며 수명을 주관하는 흉성凶星으로서 소아가 소아관살을 만나면 죽는다
고 하는 살성煞星이라고 합니다.

육친의 소아에 대하여서는 학자마다 견해가 다르므로 아래와 같이 소
개하니 참고바랍니다.

원주에서 유백온이 해설하기를
재성과 칠살이 무리를 짓지 않고 신왕하며 정신이 충족하고 간지가 안
정되어 화평하여야 한다. 또한 기세도 살펴보아야 한다.

가령 기세가 일주에게 있어 일주가 웅장하여야 하며 기세가 재관에 있
으면 재관이 일주를 배반하지 않아야 한다.

기세가 동남에 있으면 5세나 7세 전에 서북으로 행하지 않아야 하며 기세가 서북에 있으면 5세나 7세 전에 동남으로 행하지 않으면 행운으로 인하여 요절하지 않는다. 이같이 기세가 길면 비록 살성이 있어도 몸이 상하지 않는다.

적천수에서 임철초가 해설하기를

소아의 명은 맑고 기이하여 사랑스러우면 기르기 어렵고 혼탁하고 미우면 기르기 쉽다. 비록 가문의 운명과 관계가 있지만 근원의 깊고 얕음도 보아야 한다. 또한 소아의 명은 방금 돋은 새싹과 같아서 마땅히 잘 길러야 함은 말할 것도 없다.

아이를 낳기 전에 부모가 성생활을 금지하지 않아 독성이 태중으로 들어가거나 아이를 낳은 후에 과도하게 애정을 주거나 음식을 가리지 않거나 덥고 추운 것을 조절하지 못하여 자주 질병에 걸리면 곱게 성장하지 못한다.

더구나 악을 쌓은 집안에서는 훗날에 경사가 없다. 비록 소아의 명이 맑고 기이하며 순수하여도 기르기 어렵다고 하는 것은 묘지의 음양이 나쁘거나 이장이나 개보수로 파손되면 요절하므로 소아의 명은 간명하기 쉽지 않다.

이러한 몇 가지를 제외하고 명을 논하면 사주가 화평하고 편고하지 않으며 충극이 없고 월지에 통근하여 기세가 생시까지 통하고 칠살이 왕성해도 인수가 있고 인수가 약한데 관성이 있고 관성이 쇠약한데 재성이 있고 재성이 가벼운데 식상이 있어 생화하는 정이 있고 유통을 거스르지 않아야 한다.

한 개의 용신을 얻어 처음부터 끝까지 서로 의지하거나 두 마음이 서로 통하여 서로 보살펴 주거나 아직 운에 들어서지 않았는데 유년이 평온하고 순조롭거나 이미 운이 들어선 후에 운이 안정하면 이를 일러 기세가 오래간다고 하는 것이다. 그러면 자연히 성인으로 기르기 쉽고 이와 반대이면 기르기 어렵다.

그 밖에 살성이 많이 있어도 모두 잘못된 망언으로서 사람들을 현혹하는 여러 가지 신살을 만들어낸 것이므로 반드시 모두 청소하여 없애고 장래에 잘못 전하여지는 것을 끊어야 한다.

적천수천미의 명조를 원문의 취지에 알맞게 필자가 해설하였습니다.

시	일	월	년
辛	丙	己	癸
卯	寅	未	丑

辛 壬 癸 甲 乙 丙 丁 戊
亥 子 丑 寅 卯 辰 巳 午

未월에 火土의 기세가 강한 명조로서
甲寅 乙卯대운에 木인성의 기세가 왕성하고 강한데 辛金정재의 기세가 허약하여 길게 흐르지 못하므로 가업을 이어 가기 어렵습니다.

시　일　월　년
己　丙　壬　庚
亥　寅　午　戌
庚己戊丁丙乙甲癸
寅丑子亥戌酉申未

午월에 寅午戌삼합으로 양인국의 형상을 이루고 丙火일간이 원신으로
투출한 명조로서
癸未대운 丁巳년에 巳亥충으로 인하여 시지의 亥水가 제거되므로 홍역
으로 요절하였습니다.

시　일　월　년
壬　丁　壬　癸
寅　亥　戌　丑
甲乙丙丁戊己庚辛
寅卯辰巳午未申酉

戌월에 壬癸水관살의 기세가 강한 명조로서
서방 金대운에 庚辛金재성의 왕성한 기세로 壬癸水관살을 도우므로 유
년에 질병이 없었고 총명하여 甲戌년에 학교에 들어갔으며
남방 火대운으로 흐르며 丁火일간의 기세가 왕성하므로 水관살의 기세
와 수화기제의 조화를 이루고 기세가 길게 흐르며 앞날이 빛날 것이라
고 합니다.

4. 직업

1) 재덕

> 德勝才者 局全君子之風 才勝德者 用顯多能之象
> 덕 승 재 자 국 전 군 자 지 풍 재 승 덕 자 용 현 다 능 지 상
> 덕이 재능보다 뛰어나면 사주가 군자의 기풍을 갖춘 것이며
> 재능이 덕보다 뛰어나면 능력이 많은 형상으로 쓰임이 나타난다.

덕德은 도덕적이며 윤리적인 이상을 실현하는 군자로서의 기풍이며 인격이라고 합니다.
재才는 재능이며 살아가는 수단으로서 능력이 뛰어난 형상으로 쓰임이 나타난다고 합니다.

과거 당시의 시대 상황에서는 문관으로서 선비를 우대하였으며 과거시험을 통하여 관직에 등용되는 것을 최고의 명예로 여겼으므로 덕은 선비가 갖추어야할 덕목으로 여겼습니다.

상대적으로 학문을 하지 못하고 기술적이나 예술적인 재능을 가지고 있으면 천한 직업으로 여겼으며 대체로 상인이나 기예의 직업을 선택하며 재물을 추구하였다고 합니다.
그러므로 덕을 숭상하고 재는 천시하였다고 합니다.

이를 현대적인 시대 상황으로 구분한다면 개인의 직업적 적성에 해당한다고 할 수 있으며 각자의 적성에 의한 능력으로 직업을 선택하는 기준이 될 수 있으나
현대 사회는 전문가의 시대로서 명예와 재물을 동시에 추구하는 경향이 많으므로 재덕의 구분이 모호하다고 할 수 있습니다.

재덕을 직업으로 구분한다면 대체로 덕은 명예를 추구하는 선출직이나 관리자의 상으로서 정치가나 공무원이나 회사원 등의 직업 그리고 학자로서 연구원이나 대학교수 등의 직업이라고 할 수 있습니다.

재능은 현대에서는 최고의 직업으로 각광을 받는 전문가로서 의사 변호사 연예인 예술인 등의 여러 분야의 직업이 있으며 기업을 경영하는 사업가 또는 자영업자 등의 직업이라고 할 수 있습니다.

재덕에 대하여서는 학자마다 견해가 다르므로 아래와 같이 소개하니 참고바랍니다.

원주에서 유백온이 해설하기를
맑고 화평하며 순조롭고 일주를 보필하는 것이 마땅하도록 배합이 이루어지는 것은 모두 바른 육신이며 쓰이는 것은 모두 바른 기세이며 불필요한 것을 만들지 않고 농담을 진담이라고 하지 않으며 재관이 희신으로서 모두 평생 충족하고 탐욕의 사심이 없으며 도량이 넓고 하는 일이 바른 것은 모두 군자의 기풍이다.

재성이 박약한데 탐욕이 넘치는 경우. 관성이 가벼운데 욕심을 부리는 경우. 혼탁한 피해를 입는 경우. 일주가 약하여 보강하는데 사악한 육신이 쟁합하는 경우. 용신이 서너 개로서 탐욕을 일삼고 매사에 요행을 바라는 경우 등은 모두 재능이 많은 형상이다.
대체로 양이 안에 있고 음이 밖에 있으면 격렬하지 않고 거만하지 않으므로 덕이 재능보다 우수하다. 가령 丙寅 戊辰이 월일에 있고 己卯 癸卯가 년시에 있는 경우이다. 양이 밖에 있고 음이 안에 있으면 세력에 아첨하고 이익을 쫓으므로 재능이 덕보다 우수하다.
가령 己卯 己巳가 월일에 있고 丙寅 戊寅이 년시에 있는 경우이다.

적천수천미에서 임철초가 해설하기를

선악과 그릇되고 바름은 오행의 이치를 벗어나지 않는다. 군자와 소인은 사주의 정에서 벗어나지 않는다. 양기는 동하여 열리면 밝은 이치를 볼 수 있고 음기가 고요하여 닫히면 포용하는 이치가 심오하다. 화평하고 순수하여 격이 바르고 국이 맑으면 다툼과 시기가 없고 합거合去하는 것은 모두 편협된 기세이며 화출化出하는 것은 모두 바른 육신이다.

관성을 반기면 재성이 관성을 능히 생하는 경우. 재성을 반기면 관성이 비겁을 능히 제어하는 경우. 인수를 꺼리면 재성이 인수를 능히 파괴하는 경우. 인수를 반기면 관성이 인수를 능히 생하는 경우. 양이 왕성하고 음이 쇠약한 경우. 양기가 당권한 경우. 용신이 모두 양기이고 희신도 모두 양기인 경우. 상하에 걸쳐 교만과 아첨이 없는 경우 등은 모두 군자의 기풍이라고 한다.

기세가 치우치고 난잡한 것이란 약한 것을 버리고 강한 것을 쓰는 경우. 다툼과 합이 많은 경우이다. 합거하는 것은 모두 바른 기세이고 화출하는 것은 모두 그릇된 육신이다.

관성을 반기는데 비겁이 있는 경우. 재성을 반기는데 인수가 있는 경우. 인수를 꺼리는데 관성이 인수를 생하는 경우. 인수를 반기는데 재성이 인수를 파괴하는 경우. 음이 왕성하고 양이 쇠약한 경우. 음기가 당권한 경우. 용신이 모두 음기인 경우. 희신이 모두 음기인 경우. 세력과 재물을 좌우에서 쫓는 경우 등은 모두 다능한 형상이다. 그러나 기세가 화평하고 용신이 분명하면 하는 일이 반드시 바르다.

적천수천미의 명조를 원문의 취지에 알맞게 필자가 해설하였습니다.

시　일　월　년
丁　庚　戊　癸
丑　寅　午　酉
庚 辛 壬 癸 甲 乙 丙 丁
戌 亥 子 丑 寅 卯 辰 巳

午월에 寅午반합하여 정관국의 형상을 이루고 丁火정관이 원신으로 투출한 명조로서
군자로서 품행이 단정하고 항상 도리를 유지하였으며
乙卯대운 丁酉년에 기세의 흐름이 맑으므로 과거에 급제하였으나 재성의 기세가 왕성하므로 벼슬을 사양하고 아이들을 가르치며 편안하게 살았습니다.

시　일　월　년
甲　己　庚　丙
戌　亥　子　寅
戊 丁 丙 乙 甲 癸 壬 辛
申 未 午 巳 辰 卯 寅 丑

子월에 기세의 흐름이 원활한 명조로서
자세가 단정하고 항상 도리를 유지하였으며 겸손하고 온화하여 군자의 기풍을 가지고 있었으나 壬寅 癸卯대운에 甲木정관의 기세가 왕성하지만 壬癸水재성이 丙火정인의 기세를 제어하여 기세의 흐름이 탁하므로 장학생에 불과하였으며 벼슬에 나아가지 못하였습니다.

2) 출신

(1) 원기

巍巍科第邁等倫　一個元機暗裏尋
외 외 과 제 매 등 륜　일 개 원 기 암 리 심
과갑에 급제하고 고위직 벼슬에 오른 것은
하나의 원기가 암장된 것을 찾은 것이다.

출신出身은 출세出世한다는 것으로 당시에는 과거에 급제하고 벼슬길에 나아가는 것을 말하며 현대적 의미로는 사회적 활동으로 높은 지위에 오르거나 명성이 높아지는 것을 말합니다.

외외巍巍란 크고 높은 봉우리라는 뜻이며 과제科第는 과거시험으로서 최고의 국가고시인 과갑科甲에 해당하며 현대적으로 사법고시나 행정고시라고 보면 될 것입니다.

원기元機는 사주팔자의 기세를 조화하는 근원적인 작용을 하는 것으로서 하나가 암장되어 사주팔자의 기세를 조화롭게 만들면 형상이 맑아지고 기세가 맑아진다고 합니다.

원기는 마치 명당자리에 맺힌 혈과 같으며 혈이 암장되어 수복을 불러 일으키는 것과 같은 것으로서 사주에서 정신이 충족된 육신이 원기로서 암장되어 작용하면 비로소 사주팔자의 능력을 발휘하여 출세할 수 있다고 하는 것입니다.

그러므로 원기는 시너지 효과를 일으키는 증폭작용을 하는 촉매재와 같은 역할을 한다고 보면 될 것입니다.

출신의 원기에 대하여서는 학자마다 견해가 다르므로 아래와 같이 소개하니 참고바랍니다.

원주에서 유백온이 해설하기를

무릇 간명에서 사람의 출신을 보는 것이 가장 어렵다.

가령 장원 출신이면 격국이 맑고 기이한 것이 다르다. 숨거나 드러난 것은 기이하여 판단하기 어렵지만 반드시 원기가 있으니 모름지기 찾아야 한다.

적천수천미에서 임철초가 해설하기를

무릇 명을 논하면서 사람의 출신이 가장 어려운 것으로서 원기가 존재하는 것이다. 원기란 격국이 맑고 기이한 것이 다를 뿐만 아니라 용신의 진가를 구분하기 위하여 반드시 지장간의 사령을 살피는데 용신과 희신을 포함하여 한신과 기신이 싸우지 않아야 하며 오히려 생하고 협조하는 정이 있어야한다.

또한 격국이 본래 드러난 것이 없는데 이름과 벼슬이 뛰어나면 반드시 조상의 덕을 먼저 살피고 난 후에 산천의 우수한 영기를 논한다. 이로써 훌륭한 인물이 나고 조상의 덕을 받았으면 명을 논하지 않으며 조상의 덕이 첫 번째이고 산천이 두 번째이며 사주는 세 번째이다.

간명할 때 살인상생만이 귀한 것이 아니고 관인쌍청이 모두 좋은 것이 아니며 칠살이나 인수 그리고 재관이 뚜렷하여 사람의 마음과 이목을 움직이게 하는 것도 반드시 좋은 명조가 아니다.

만약 용신이 경미하고 희신이 감추어지고 우수한 기도 깊이 감추어져 있으면 처음에는 좋은 것이 없어 보여도 보면 볼수록 정신이 있으며 그 가운데 반드시 원기가 있으니 자세히 찾아야 한다.

적천수천미의 명조를 원문의 취지에 알맞게 필자가 해설하였습니다.

시 일 월 년
戊 己 壬 壬
辰 未 寅 辰

庚 己 戊 丁 丙 乙 甲 癸
戌 酉 申 未 午 巳 辰 卯

寅월에 戊土겁재의 기세가 강한 명조로서
丙午대운 戊辰년에 丙火정인이 원기로 투출하여 기세가 왕성한데 戊土
겁재가 壬水정재를 제어하며 丙火정인의 원기를 보호하여 수화기제를
이루므로 장원급제하였습니다.

시 일 월 년
丙 甲 甲 壬
寅 戌 辰 戌

辛 壬 庚 己 戊 丁 丙 乙
子 亥 戌 酉 申 未 午 巳

辰월에 土재성의 기세가 강한 명조로서
戊申대운에 戊土편재가 원신으로 투출하여 木火의 기세와 金水의 기세
를 연결하며 수화기제를 이루게 하므로 세 가지 과거에 모두 급제하였
으나
己酉대운에 관성이 나타나지 않아 벼슬이 높지 않았습니다.

(2) 청탁

清得靜時黃榜客 雖雜濁氣亦中式
청 득 정 시 황 방 객　수 잡 탁 기 역 중 식
맑은 기세가 안정되는 시기에 과갑에 급제하고
비록 탁한 기세가 섞여 있어도 역시 과거에는 급제한다.

맑은 기세가 안정되는 시기에는 최고의 국가고시인 과갑科甲에 급제한
다고 합니다.
황방객黃榜客이란 황제가 주관하는 최고의 국가고시인 과갑에 급제하
여 합격자 명단에 포함되는 것이라고 합니다.

맑은 기세가 안정되는 시기에는 비록 사주팔자에 탁한 기세가 섞여 있
어도 과갑은 아니어도 중식中式을 뜻하는 일반 과거科擧에는 급제할
수 있다고 합니다.

현대적으로 보면 과갑科甲은 행정고시나 사법고시에 해당하며 과거科
擧는 일반 공무원 시험에 해당한다고 할 수 있습니다.

맑은 기세가 안정되는 시기란 운에서 기세의 흐름이 원활하여 기세가
맑게 흐르는 시기를 말하는 것이며
운에서 기세의 흐름이 막히거나 정체되면 기세가 탁하다고 합니다.

기세의 흐름이 원활하여 맑은 기세를 얻는 운에서는 만사가 뜻대로 이
루어지면서 출세하기 수월한 것이며
비록 사주팔자에 탁한 기세가 있어도 운에서 맑은 기세를 얻으면 역시
벼슬은 할 수 있다고 합니다.

출신의 청탁에 대하여서는 학자마다 견해가 다르므로 아래와 같이 소개하니 참고바랍니다.

원주에서 유백온이 해설하기를
천하의 명이 맑지 않으면 과거에 급제하지 못한다, 맑은 기세를 완전히 얻었다는 것은 반드시 하나하나로 형상을 이룬 것이 아니다.
비록 오행이 모두 드러나도 알맞게 자리하고 생화하는 정이 있으며 한신 기신 객신이 혼잡하지 않아야 빠르게 발전하고 과갑에 급제한다.
한두 개의 탁기가 있어도 맑은 기세가 하나의 체를 이루면 역시 발전할 수 있다.

적천수천미에서 임철초가 해설하기를
맑은 기세가 완전하다는 것은 하나의 오행으로 상을 이룬 것이 아니며 양쪽의 기세가 모두 맑은 것을 말한다.
비록 오행이 모두 투출하여도 맑은 기세가 단독으로 생왕을 만나거나 진신이 용신이거나 맑은 기세가 깊이 암장되어야 모두 맑은 기세가 완전한 것이며 과갑에 급제한다.

만약 맑은 기세가 당권하고 한신 기신 객신이 사령하지 못하고 깊이 암장되지도 못하고 제화하는 운을 만나면 역시 과갑에 급제한다.
맑은 기세가 당령하면 비록 탁기가 자리 잡고 있어도 희신과 용신을 침범하지 않으면 비록 과갑에 나아가지는 못하여도 과거에는 나아갈 수 있다.

맑은 기세가 비록 당령하지 않아도 한신 기신 객신이 탁기와 무리를 이루지 않고 맑은 기세를 돕거나 운에서 편안하면 역시 과거에는 급제한다.

적천수천미의 명조를 원문의 취지에 알맞게 필자가 해설하였습니다.

```
      시  일  월  년
      丙  己  乙  戊
      辰  卯  卯  辰
    癸 壬 辛 庚 己 戊 丁 丙
    亥 戌 酉 申 未 午 巳 辰
```

卯월에 乙木칠살의 기세가 강한 명조로서
남방 火대운에 火土의 왕성한 기세로 乙木칠살의 강한 기세를 설기하
여 기세의 흐름이 안정되고 맑은 시기이므로 과갑에 급제하고 출세하
였습니다.


```
      시  일  월  년
      甲  庚  己  癸
      申  子  未  未
    辛 壬 癸 甲 乙 丙 丁 戊
    亥 子 丑 寅 卯 辰 巳 午
```

未월에 己土정인의 기세로 癸水상관이 고립된 명조로서
丁巳대운에 火土의 기세가 왕성하여 조열한 기세를 해소하지 못하므로
가업이 망하고 벼슬길도 어려웠으나 丙辰대운에는 申子辰 水국으로 조
열한 기세를 해결하므로 향시에 급제하였으며
乙卯대운에 甲乙木재성의 왕성한 기세로 己土정인을 제어하고 金水의
기세가 안정되게 흐르며 맑아지므로 과갑에 급제하고 사림에 들어가
벼슬길이 빛났습니다.

시　일　월　년
乙　癸　己　壬
卯　卯　酉　辰
丁 丙 乙 甲 癸 壬 辛 庚
巳 辰 卯 寅 丑 子 亥 戌

酉월에 乙木식신의 기세가 강한 명조로서
辛亥대운에 辛金편인이 투출하고 壬癸水비겁의 기세를 도와 기세의 흐
름이 맑으므로 일찍이 벼슬길에 올라 한림원 학자가 되었으나
동방 木대운에 乙木식신의 기세가 정체되어 흐르지 못하므로 벼슬길이
크게 발전하지 못하였습니다.

시　일　월　년
辛　庚　丙　己
巳　子　子　亥
戊 己 庚 辛 壬 癸 甲 乙
辰 巳 午 未 申 酉 戌 亥

子월에 水식상의 기세가 강한 명조로서
癸酉대운 己巳년에 庚金일간의 기세가 왕성하고 癸水상관이 투출하여
기세의 흐름이 안정되어 맑으므로 과갑에 급제하고 한림원 학자가 되
었으나 木의 기세가 없어 丙火칠살의 기세를 돕지 못하므로 관서장으
로서 지현으로 강등되었습니다.

(3) 수재

秀才不是塵凡子 清氣只嫌官不起
수 재 불 시 진 범 자　청 기 지 혐 관 불 기
수재는 평범한 사람이 아니며
맑은 기세가 단지 싫어하는 것은 관성이 일어나지 않는 것이다.

수재秀才란 국가에서 장학생으로 선발된 우수한 인재를 말합니다.
그러나 맑은 기세를 얻은 수재로서 우수한 인재라고 하여도 관성이
일어나지 않으면 벼슬에 등용하지 못하므로 싫어한다고 합니다.

관성이 일어나지 않는다고 하는 것은 관성의 뿌리가 없어 기세가 허약
하거나 지장간에 암장되고 투출하지 않았거나 운에서 돕지 못하여 쓰
지 못하는 것입니다.

관성이 운에서 투출하거나 사주팔자의 관성과 간지결합을 해주면 비로
소 관성이 동하며 일어나므로 관성의 쓰임이 발생한다고 합니다.
그러므로 총명하여 수재로 선발되어도 관성이 일어나지 않으면 관직에
등용되지 못하고 평생 선비로 지내는 경우가 많다고 합니다.

출신의 수재에 대하여서는 학자마다 견해가 다르므로 아래와 같이
소개하니 참고바랍니다.

원주에서 유백온이 해설하기를
수재의 명은 다른 길로 출세하거나 가난하거나 부자인 사람의 명과 크
게 다르지 않다. 결국 일종의 맑은 기세가 있어도 관성이 일어나지 않
으면 벼슬을 하지 못한다.

적천수천미에서 임철초가 해설하기를

수재의 명이 다른 길로 출세하거나 가난하거나 부자인 사람과 크게 다르지 않지만 자세히 살펴보면 반드시 맑은 기세가 존재한다.
관성이 일어나지 않은 것은 관성이 투출하지 않은 것이 아니다.

가령 관성이 너무 왕성하여 일주가 관성을 능히 사용하지 못하는 경우. 관성이 너무 쇠약하여 관성이 일주를 능히 극하지 못하는 경우. 관성이 왕성하여 인수를 쓰는데 재성을 보는 경우. 관성이 쇠약하여 재성을 쓰는데 비겁을 만나는 경우. 인수가 많아 관성의 기세를 설기하는 경우. 관성이 많은데 인수가 없는 경우. 관성이 투출하여도 뿌리가 없고 지지에서 도와주지 않는 경우. 관성이 상관위에 앉거나 상관이 관성 위에 앉아 있는 경우. 관성이 기신인데 재성을 만나는 경우. 관성이 희신인데 상관을 만나는 경우 등은 모두 관성이 일어나지 못하는 경우로서 비록 맑은 기세가 있어도 평생 작은 벼슬에 불과하다.

부유하고 우수한 자는 신왕하고 재성도 왕성한데 관성이 불통하거나 상관이 재성을 돌보는데 재성이 관성을 돌보지 않는 경우이다. 가난하면서 우수한 사람은 신왕하고 관성도 왕성한데 재성이 겁탈을 당하거나 재관이 너무 왕성한데 인수가 나타나지 않거나 상관이 인수를 쓰는데 재성은 보이고 관성이 보이지 않는 경우이다.
학문이 남보다 뛰어나도 작은 벼슬도 못하고 늙도록 공부만 하는 경우는 역시 맑은 기가 존재한다. 격국이 원래 우수하여도 다만 운에서 돕지 않아 맑은 기를 파손하면 평생 뜻을 펼치지 못한다.
격국이 본래 과갑에 응시할 수 있어도 운에서 돕지 않으면 시험에서 곤란을 겪고 평생 작은 벼슬밖에 하지 못한다. 격국이 본래 뛰어난 점이 없어도 과갑에 연달아 급제하는 것은 운의 배합으로 맑은 기세와 관성을 돕고 탁기와 기신과 객신을 제거하였기 때문이다.

적천수천미의 명조를 원문의 취지에 알맞게 필자가 해설하였습니다.

시　일　월　년

戊　乙　壬　癸

寅　卯　戌　巳

甲 乙 丙 丁 戊 己 庚 辛

寅 卯 辰 巳 午 未 申 酉

戌월에 乙木일간의 기세가 강한 명조로서
己未대운 丙子년에 壬癸水인성의 기세로 乙木일간의 기세를 돕고 丙火
상관으로 설기하여 기세가 맑아지므로 장학생으로 선발되어 국가의 최
고 학교기관인 국자감에 입학하였지만 관성이 일어나지 않으므로 벼슬
에 나아가지 못하였습니다.

시　일　월　년

乙　甲　庚　癸

亥　申　申　未

壬 癸 甲 乙 丙 丁 戊 己

子 丑 寅 卯 辰 巳 午 未

申월에 庚金칠살의 기세가 강한 명조로서
癸水정인의 기세로 설기하고 甲木일간을 도와 기세의 흐름이 맑으므로
장학생에 선발된 수재이지만 庚金칠살의 기세가 점차 쇠약하여 일어나
지 못하므로 벼슬에 나아가지 못하였습니다.

시 일 월 년
己 丁 甲 壬
酉 巳 辰 午
壬 辛 庚 己 戊 丁 丙 乙
子 亥 戌 酉 申 未 午 巳

辰월에 丁火일간의 기세가 강한 명조로서
戊申 己酉대운에 戊己土식상이 투출하여 비록 부자가 되었지만 壬水정
관의 기세가 허약하여 관성이 일어나지 않으므로 작은 벼슬에 불과하
였습니다.

시 일 월 년
甲 壬 庚 戊
辰 申 申 申
戊 丁 丙 乙 甲 癸 壬 辛
辰 卯 寅 丑 子 亥 戌 酉

申월에 庚金편인의 기세가 강한 명조로서
서북방 金水대운에 기세의 흐름이 맑아 학문이 뛰어나고 품행도 단정
하였으나 戊土칠살의 기세가 허약하여 관성이 일어나지 않으므로 평생
공부하였으나 벼슬을 하지 못하였으며 집안이 가난하여 외지로 나가
사십 년간 돌아다니며 학생을 가르쳤고 가르친 학생들은 모두 과갑에
급제하고 벼슬을 하였습니다.

(4) 이로

異路功名莫說輕 日干得氣遇財星
이 로 공 명 막 설 경   일 간 득 기 우 재 성
다른 길로 벼슬을 한다고 가볍게 말하면 안 된다.
일간이 기세를 득하고 재성을 만나는 경우이다.

이로공명異路功名이란 다른 길로 공명을 이루는 것으로서 공명이란 명예를 뜻합니다.

다른 길이란 과거에 급제하지 않고도 벼슬을 하여 부귀를 실현하는 것으로서 주로 무술이나 특별한 재능이 있어 발탁되는 경우와 공신으로서 공을 인정받아 벼슬을 하사받거나 돈을 주고 벼슬을 사는 경우 등이 있으며 이로공명으로 고위직의 벼슬을 하는 경우가 많으므로 다른 길로 벼슬을 한다고 가볍게 말하면 안 된다고 합니다.

이로공명으로 고위직의 벼슬을 하는 경우에는 재능이 뛰어난 능력을 보유하고 있거나 재물이 많아 벼슬을 사는 경우로서 일간이 기세를 득하고 재성을 만나야 한다고 합니다.
당시 시대상황에서는 무술 등 기술적 재능이나 예능적 재능은 천시하였지만 현대에서는 재능이 있는 사람이 전문가로서 대접받는 시대로서 부귀한 경우가 많다고 할 것입니다.

이로공명을 도필에 비유하는 경우도 있습니다.
도필刀筆이란 칼로 글씨를 쓰는 재능을 말하며 학문으로 과거를 치르지 않고 기술적 재능으로 벼슬을 한다고 비유한 것입니다.
현대적으로 해석하면 전문적 기능직에 해당한다고 할 것입니다.

출신의 이로에 대하여서는 학자마다 견해가 다르므로 아래와 같이 소개하니 참고바랍니다.

원주에서 유백온이 해설하기를

도필로 명성을 이룬 것과 명성을 이루지 못한 것은 다르다.
반드시 재성이 개별적으로 문호를 득하고 관성을 득하여 통하여야 한다. 사주에서 한 종류의 맑은 기세가 있으면 출세할 수 있으며 늙도록 도필에 머물면서 출세하지 못하면 결국 재관이 서로 통하지 않았기 때문이다.

적천수천미에서 임철초가 해설하기를

이로공명이란 도필로 명성을 이룬 것과 재물을 주고 출세하는 경우가 있다. 비록 구별이 있지만 모두 일간의 기세가 있고 재관이 서로 통하는 경우. 재성을 쓰는데 암암리에 관성의 국을 이루는 경우. 관성이 암장되어 재운에 정이 통하는 경우. 관성이 쇠약한데 재성을 만나서 서로 화합하는 경우. 인수가 왕성하고 관성이 쇠약한데 재성이 인수를 파괴하는 경우. 신왕하고 관성이 없는데 식상이 생재하는 경우. 신약하고 관성이 왕성한데 식신이 관성을 제어하는 경우 등은 반드시 일종의 맑은 기세가 있어 출세할 수 있으며 벼슬의 높고 낮음은 오로지 격국의 기세와 운의 손익을 연구해 보면 알 수 있다.

출세하지 못하는 사람은 일주가 너무 왕성하고 재성이 가벼운데 식상이 없거나 관성이 희신인데 관성과 통하지 않거나 관성이 없는 경우이다. 만약 일간이 너무 쇠약한데 재성과 관성이 모두 왕성한 경우. 재관이 비록 서로 통하여도 상관과 겁재가 점령하는 경우. 재성을 쓰는데 암암리에 겁재국을 이루는 경우. 인수가 희신인데 재성을 만나는 경우. 인수가 기신인데 관성을 만나는 경우 등은 모두 출세하기 불가능하다.

적천수천미의 명조를 원문의 취지에 알맞게 필자가 해설하였습니다.

시　일　월　년
戊　甲　壬　己
辰　寅　申　巳
甲 乙 丙 丁 戊 己 庚 辛
子 丑 寅 卯 辰 巳 午 未

申월에 甲木일간의 기세가 강건하고 戊土재성의 기세가 강한 명조로서
丁卯 丙寅대운에 甲木일간의 기세가 왕성하고 丙丁火식상의 기세로 戊
土재성의 기세를 도우므로 비록 이로출신이지만 관찰사의 벼슬에 올랐
습니다.

시　일　월　년
癸　戊　庚　己
亥　申　午　丑
壬 癸 甲 乙 丙 丁 戊 己
戌 亥 子 丑 寅 卯 辰 巳

午월에 癸水정재의 기세가 강한 명조로서
丁卯 丙寅대운에 丙丁火인성이 투출하여 戊土일간을 도우므로 돈을 주
고 벼슬을 사고 이로출신으로서 관서장인 황당의 벼슬에 올랐으나
乙丑대운에 乙庚합으로 庚金식신과 乙木정관이 기반되고 癸水정재가
제어되므로 죽었습니다.

3) 지위

(1) 청기

臺閣勳勞百世傳 天然淸氣顯機權
대 각 훈 로 백 세 전 천 연 청 기 현 기 권
높은 벼슬과 공로가 후세에 전하여지는 것은
천연의 맑은 기세가 권세로 작용하며 나타나기 때문이다.

고위직의 높은 벼슬과 공로가 대대로 전하여지는 것은 사주팔자에서 흐르는 천연의 맑은 기세가 권세로 작용하여 나타나기 때문입니다.

지위의 청기에 대하여서는 학자마다 견해가 다르므로 아래와 같이 소개하니 참고바랍니다.

원주에서 유백온이 해설하기를
사람의 출신은 알 수 있어도 지위의 대소는 역시 추명하기 쉽지 않다. 만약 제후 등의 고위직은 맑은 가운데 일종의 권세가 드나드는 것이므로 한 가지로 논하여서는 안 된다.

적천수천미에서 임철초가 해설하기를
고위직의 재상이나 제후 등의 직위는 맑은 기세가 천연으로 발하고 수기가 순수하며 사주 안에 있는 희신과 유정하고 싫어하는 것이 없으며 용신이 진신이고 희신도 진기이다. 이를 일러 맑은 기세가 권세의 작용으로 나타나 도량이 넓고 크며 능히 사물을 포용하고 순수하고 바르며 사리를 탐내지 않고 백성에게 덕을 베풀어서 윤택하게 하며 중책을 맡으면 그 재능이 먼 곳까지 미친다.

적천수천미의 명조를 원문의 취지에 알맞게 필자가 해설하였습니다.

시　일　월　년

戊　戊　庚　庚

午　辰　辰　申

戊 丁 丙 乙 甲 癸 壬 辛
子 亥 戌 酉 申 未 午 巳

辰월에 戊土일간의 강한 기세가 庚金식신의 기세로 천연의 맑은 기세가 흐르는 명조로서
남서방 火金대운으로 흐르며 기세가 조화를 이루어 맑으므로 재상의 벼슬을 하면서 평생 벼슬길이 순조로웠으며 수명이 팔순에 이르렀습니다.

시　일　월　년

甲　己　丙　甲

子　丑　寅　子

甲 癸 壬 辛 庚 己 戊 丁
戌 酉 申 未 午 巳 辰 卯

寅월에 子丑의 기세가 寅木으로 흐르며 甲木정관이 투출하고 丙火정인의 기세로 천연의 맑은 기세가 흐르는 명조로서
남방 火대운에 丙火정인의 왕성한 기세로 맑은 흐름을 주도하므로 벼슬이 상서에 이르렀습니다.

(2) 병권 형권

職掌兵權豸冠客 刀煞神淸氣勢特
직 장 병 권 치 관 객 인 살 신 청 기 세 특
병권과 형법을 장악한 직위는
양인과 칠살의 육신이 맑고 기세가 특별하다.

병권兵權은 장군으로서 군대를 다스리는 권한을 가진 것이며
치관豸冠은 형법을 다스리는 법관이 쓰는 모자로서 법을 집행하며
시비와 선악을 가리는 권한을 갖고 있습니다.

양인陽刃은 일간의 강한 기세이며 칠살七殺은 일간을 극하는 육신으로
서 모두 기세가 강한 것이 특징입니다.
이들이 맑은 기세를 형성하면 생사여탈권을 행사하는 권한을 갖는다고
하여 특별하다고 하는 것입니다.

일반적으로 사주팔자에서 양인이나 칠살의 기세가 강하고 맑으면 군대
에서 병권을 행사하는 장군이나 법으로 시비와 선악을 가리는 판검사
로서 능력을 발휘하게 됩니다.
또한 양인이나 칠살의 기세와 맑음의 정도에 따라 특수한 재능과 능력
을 가진 직업의 관점으로 보기도 합니다.

가령 양인은 병원에서 수술하는 외과의사나 동물을 도살하는 도살장과
정육점 그리고 칼을 제조하는 장인 등의 직업으로 활동하며
칠살은 국가와 사회를 수호하는 일반 군인이나 경찰 그리고 법원 직원
이나 변호사와 법무사 등의 직업으로 활약하고 민간에서 경호 경비업
무 등의 직업으로 활동하기도 합니다.

지위의 병권과 형권에 대하여서는 학자마다 견해가 다르므로 아래와 같이 소개하니 참고바랍니다.

원주에서 유백온이 해설하기를

생살권을 장악하는 기개와 기세는 반드시 특출하며 맑은 가운데 정신이 남다르고 양인과 칠살이 모두 드러나 있다.

적천수천미에서 임철초가 해설하기를

생살대권을 장악하고 병권이나 형권의 중책을 맡은 자는 그 정신이 맑고 자연히 매우 특이하다. 반드시 양인이 왕성하고 칠살과 대적하는 기세를 주고받아야 한다. 사주에 칠살이 왕성한데 재성이 없고 인성이 있는데 양인을 쓰거나 인성이 없고 양인이 있는 경우 등은 칠살과 양인이 맑다고 한다.

기세가 특출하다는 것은 양인이 왕성하고 당권한 것이며 반드시 문관으로서 생살의 임무를 장악한다. 양인이 왕성한 것은 가령 봄의 甲이 卯양인을 쓰는 경우. 乙이 寅양인을 쓰는 경우. 여름의 丙이 午양인을 쓰는 경우. 丁이 巳양인을 쓰는 경우. 가을의 庚이 酉양인을 쓰는 경우. 辛이 申양인을 쓰는 경우. 겨울의 壬이 子양인을 쓰는 경우. 癸가 亥양인을 쓰는 경우 등이다.

만약 양인이 왕성하여 칠살과 대적하는데 사주에 식신이나 인수가 없고 재관만 있으면 기세가 비록 특출하여도 기세가 맑지 못하므로 무장의 명이다. 만약 양인이 당권하지 못하면 비록 칠살과 대적하여도 병권을 장악하지 못할 뿐만 아니라 귀하게 되지도 못하며 위인이 증오심이 많고 너무 엄격하게 된다. 만약 양인이 왕성하고 칠살이 약해도 그러하며 반드시 남을 업신여기고 교만하게 된다.

적천수천미의 명조를 원문의 취지에 알맞게 필자가 해설하였습니다.

시 일 월 년
丙 庚 己 壬
戌 午 酉 寅
丁 丙 乙 甲 癸 壬 辛 庚
巳 辰 卯 寅 丑 子 亥 戌

酉월에 酉金양인의 기세가 왕성하고 丙火칠살의 기세가 강한 명조로서
북방 水대운에 수화기제를 이루어 기세가 맑으므로 일찍이 과갑에 급
제하고 병권과 형권을 장악하였으며 형부상서에 올랐습니다.

시 일 월 년
壬 丙 壬 庚
辰 子 午 戌
庚 己 戊 丁 丙 乙 甲 癸
寅 丑 子 亥 戌 酉 申 未

午월에 午戌반합하여 양인국의 형상을 이루고 丙火일간이 원신으로 투
출하고 壬水칠살의 기세가 강한 명조로서
단지 木의 기세가 없어 水火의 흐름이 원활하지 못하여 향시에 급제하
였으나
丙戌 丁亥대운에 수화기제를 이루어 양인과 칠살의 기세가 맑아지므로
지방관서를 감찰하는 안찰의 벼슬에 올랐습니다.

(3) 관서장

分藩司牧財官和 淸奇純粹局全多
분 번 사 목 재 관 화 청 기 순 수 국 전 다
관서장은 재관이 조화롭고
맑고 기특하며 순수한 국이 완전한 것이 많다.

분번사목分藩司牧은 한 지방을 맡아 다스리는 관서장으로서 재관이 조화롭고 맑고 기특하며 순수한 국이 완전한 것이 많다고 합니다.
재관이 조화로운 것이란 재성과 관성의 기세의 흐름이 원활하여 맑게 흐르는 것을 말합니다.

재성은 백성을 다스리는 기세이며 관성은 국가를 수호하는 기세이므로 재관의 기세가 조화롭고 맑고 순수한 국을 이루어야 비로소 백성을 다스리고 국가를 수호하는 임무를 수행할 수 있으므로 기특하다고 하는 것입니다.

관서장의 직책은 여러 가지가 있으며 과거에는 제후로부터 현령 등의 직책을 말하며 현대적인 직책에 비유하면 도지사나 시장과 군수 그리고 구청장 등의 직책이라고 할 수 있습니다.

지위의 관서장에 대하여서는 학자마다 견해가 다르므로 아래와 같이 소개하니 참고바랍니다.

원주에서 유백온이 해설하기를
한 지방을 다스리는 관리는 재관이 중요하고 반드시 맑고 기이하고 순수하며 격국이 바르고 완전하고 또한 일단의 정신精神이 있어야 한다.

적천수천미에서 임철초가 해설하기를

한 지방을 다스리는 주나 현의 관리는 비록 재관이 중요하지만 반드시 격국이 청순하여야 한다. 그리고 일주가 생왕하여 신이 통하고 기가 충족한 후에 재관이 정으로 협력하면 정기신 삼자가 모두 충족된 것이다.

또한 관성이 왕성한데 인성이 있는 경우. 관성이 쇠약한데 재성이 있는 경우. 인성이 왕성한데 재성이 있는 경우. 좌우가 서로 통하고 상하가 거스르지 않으며 뿌리가 년월에 통하고 기세가 일시까지 관통되어 있는 경우. 일주와 칠살이 모두 균형을 이룬 경우. 칠살이 무거운데 인성을 만나는 경우. 칠살이 가벼운데 재성을 만나는 경우 등은 모두 반드시 백성을 이롭게 하고 이와 반대이면 마땅하지 않다.

적천수천미의 명조를 원문의 취지에 알맞게 필자가 해설하였습니다.

시　일　월　년

戊　辛　庚　丙

子　巳　寅　子

戊 丁 丙 乙 甲 癸 壬 辛

戌 酉 申 未 午 巳 辰 卯

寅월에 丙火정관의 기세가 강한 명조로서

남방 火대운에 甲乙木재성이 투출하고 丙火정관의 기세가 왕성하여 맑고 순수하고 정신이 충족하므로 비록 이로출신이지만 관서장인 군수의 벼슬에 오르고 부귀하였으며 일곱 명의 아들도 모두 벼슬을 하였습니다.

```
시   일   월   년
甲   戊   丙   丁
寅   寅   午   亥
戊 己 庚 辛 壬 癸 甲 乙
戌 亥 子 丑 寅 卯 辰 巳
```

午월에 寅午반합하여 인성국을 이루고 丙丁火인성이 이끄는 명조로서
癸卯대운에 甲木칠살의 기세가 왕성하고 癸水정재의 도움을 받아 인성
국으로 흐르며 기세가 맑고 순수하므로 과갑에 급제하고 유명지역을
다스렸으며
辛丑대운에 火인성국의 기세가 어두워지며 기세가 탁하므로 질병으로
사직하였습니다.


```
시   일   월   년
辛   甲   戊   己
未   子   辰   巳
庚 辛 壬 癸 甲 乙 丙 丁
申 酉 戌 亥 子 丑 寅 卯
```

辰월에 戊己土재성의 기세가 강한 명조로서
乙丑대운에 辛金정관이 뿌리를 얻어 戊己土재성의 기세가 맑게 흐르며
맑으므로 과거에 급제하였으나 辛金정관의 기세가 허약하므로 벼슬길
이 순조롭지 못하고 평생 교직에만 종사하였습니다.

(4) 관리

> 便是諸司幷首領 也從淸濁分形影
> 변 시 제 사 병 수 령 야 종 청 탁 분 형 영
> 모든 관리와 수령은
> 오직 청탁에 따라 형상과 그림자를 구분하여야 한다.

모든 관리와 수령의 사주팔자는 기세의 청탁에 따라
실제적인 형상과 허상의 그림자를 구분하여야 한다고 합니다.

기세가 맑으면 실제적인 형상으로서 관리와 수령으로서 능력을 발휘하
지만
기세가 탁하면 허상의 그림자로서 능력을 발휘하지 못하므로 헛되다고
하는 것입니다.

지위의 관리에 대하여서는 학자마다 견해가 다르므로 아래와 같이 소
개하니 참고바랍니다.

원주에서 유백온이 해설하기를
지극히 귀한 것은 천간과 같은 것이 없으며 하나의 맑음을 얻어 위에
자리하므로 영화를 누리려면 맑은 기를 득하지 않으면 안 된다. 잡직이
나 수령을 보좌하는 관리에도 어찌 일단의 맑은 기가 없겠으며 탁기와
구별되어야 하는 것이다.

청탁의 형영은 안해하다. 오직 재관인수에만 청탁이 있는 것이 아니라
무릇 격국格局 기상氣象 용신用神 합신合神 일주화기化氣 종기從氣 신
기神氣 정기精氣에도 암장되어 있다.

발생의향發生意向 절도성정節度性情 이세원류理勢源流 주종지간主從之間에도 모두 청탁이 있으므로 먼저 겉에서 형영을 찾아 형세를 득하고 정수精髓를 찾으면 마침내 크고 작고 높고 낮은 직책을 논할 수 있다.

적천수천미에서 임철초가 해설하기를
명이란 천지의 음양오행이 모여서 이루어진 것이니 맑은 것은 귀하고 탁한 것은 천하다.
잡직이나 보좌하는 관리도 한번은 영화를 누리려면 비록 격국이 바르지 않고 맑지 않으며 진신이 용신이 아니어도 기상 격국 중에 충합과 이기理氣에도 반드시 하나의 맑은 기가 있어야한다.

비록 청기와 탁기의 형영을 분별하기 어렵지만 모두 천간은 맑고 지지는 탁한 이치에서 벗어나지 못한다.
천간은 하늘의 상이고 지지는 땅의 상으로서 지지에서 천간으로 상승하는 것은 가볍고 맑은 기운이고 천간에서 지지로 하강하는 것은 무겁고 탁한 기운이다.

천간의 기는 본래 맑으므로 탁한 것을 꺼리지 않지만 지지의 기는 본래 탁하므로 반드시 맑아야 한다. 이것이 명리에서 귀함을 보는 변통이다. 천간이 탁하고 지지가 맑으면 귀하고 지지가 탁하고 천간이 맑으면 천하다.

지지의 기가 상승한 것이 영影이고 천간의 기가 하강한 것이 형形이다. 형영이 오르내리며 충합이나 제화하는 가운데 청탁을 구분하고 경중을 연구하면 직위의 높고 낮음을 논할 수 있다.

적천수천미의 명조를 원문의 취지에 알맞게 필자가 해설하였습니다.

시 일 월 년

丙 戊 壬 壬

辰 戌 寅 辰

庚 己 戊 丁 丙 乙 甲 癸

戌 酉 申 未 午 巳 辰 卯

寅월에 戊土일간의 기세가 강한 명조로서
丙午대운에 丙火편인의 왕성한 기세가 맑게 흐르므로 이로출신으로서
현령의 관서장 벼슬을 하였습니다.

시 일 월 년

丁 甲 癸 壬

卯 寅 丑 午

辛 庚 己 戊 丁 丙 乙 甲

酉 申 未 午 巳 辰 卯 寅

丑월에 甲木일간의 기세가 강건한 명조로서
戊午대운에 火土의 왕성한 기세로 흐름이 맑으므로 이로출신으로서 지현의 관서장 벼슬에 올랐습니다.

시 일 월 년

己 丙 乙 壬

丑 子 巳 辰

癸 壬 辛 庚 己 戊 丁 丙

丑 子 亥 戌 酉 申 未 午

巳월에 壬水칠살의 기세가 강한 것 같아도 辰土에 앉아 허상으로서 실제적인 형상을 이루지 못한 명조로서

서방 金대운에 戊己土식상이 투출하여 壬水칠살을 제살하므로 이로출신의 관리로 도둑을 잡은 공이 있지만 윗사람들과 뜻이 맞지 않아 상위직으로 승진하지 못하였습니다.

시 일 월 년

庚 壬 甲 癸

戌 子 子 巳

丙 丁 戊 己 庚 辛 壬 癸

辰 巳 午 未 申 酉 戌 亥

子월에 壬水일간의 기세가 강한데 甲木식신의 기세가 허약한 허상의 명조로서

서방 金대운에 庚金편인의 왕성한 기세가 壬水일간으로 맑게 흐르므로 돈을 주고 관직을 샀지만 甲木식신이 허약하여 설기하지 못하여 기세가 정체되므로 결국 빈자리도 얻지 못하였습니다.

5. 귀천빈부길흉수요

1) 귀천

何知其人貴 官星有理會 何知其人賤 官星總不見
하 지 기 인 귀 관 성 유 리 회 하 지 기 인 천 관 성 총 불 현
그 사람이 귀한지를 어떻게 아는가. 관성의 역할이 있는 것이다.
그 사람이 천한지를 어떻게 아는가. 관성의 역할이 나타나지 않는다.

관성유리회官星有理會란 관성이 역할을 제대로 한다는 것이며
관성총불현 官星總不見이란 사주팔자와 운에서 관성의 역할이 나타나지 않는 것이라고 합니다.

그러므로 귀천은 관성의 역할에 달려있다고 합니다.
관성이 제 역할을 제대로 하면 귀하게 되는 것이며
관성이 역할을 하지 못하면 결국 천하다고 합니다.

관성의 역할이란 비겁이 재성을 겁탈하면 비겁을 제어하여 재성을 보호하는 작용을 하는 것이며
식상의 기세가 태과하여 일간과 비겁의 기세를 과하게 설기하면 인성을 생하여 식상의 기세를 제어하고 일간과 비겁을 보호하는 작용을 하는 것입니다.

그러므로 관성이 자신의 역할을 제대로 하는 것을 관성유리회라고 하며 귀하게 된다고 하는 것이며
관성이 자신의 역할을 제대로 하지 못하면 관성총불현이라고 하여 귀하지 못하고 천하다고 합니다.

귀천에 대하여서는 학자마다 견해가 다르므로 아래와 같이 소개하니 참고바랍니다.

원주에서 유백온이 해설하기를

관성이 왕성하고 신왕한데 인수가 관성을 보호하는 경우. 겁재를 꺼리는데 관성이 겁재를 제거하는 경우. 인성을 반기는데 관성이 인성을 생하는 경우. 재성이 왕성한데 관성으로 유통하는 경우. 관성이 왕성한데 재성의 기세가 있는 경우. 관성이 없거나 암장되어 국을 이룬 경우. 관성이 암장되고 재성도 역시 암장된 경우는 모두 관성유리회라고 하며 소위 귀하게 된다.

무릇 관성과 자식을 논하는 이치는 서로 통한다. 그러므로 자식은 많은데 관직이 없거나 관직은 높은데 자식이 없으면 역시 형충회합으로 살핀다. 단지 관성이 맑고 신왕하면 귀하고 관성이 탁하고 신왕하면 자식이 많다. 형상과 기국과 격을 모두 얻으면 처자와 부귀를 모두 갖춘다.

관성이 나타나지 않은 경우란 실령하고 손상된 것만이 아니다. 신약한데 관성이 무겁거나 관성이 가벼운데 인수가 무겁거나 재성이 무거운데 관성이 없거나 관성이 무거운데 인성이 없는 경우 등은 모두 관성이 나타나지 않은 것이다. 이 중에 하나라도 탁한 재성이 있으면 가난하지는 않아도 용신이 무력하고 기신이 태과하거나 적을 굴복하지 못하거나 왕성한 것을 돕고 약한 것을 업신여기거나 주종을 잃어버리고 운에서 돕지 않으면 모두 가난하고 천하게 된다.

적천수천미에서 임철초가 해설하기를

신왕하고 관성이 약한데 재성이 관성을 생하는 경우. 관성이 왕성하고 신약한데 관성이 인성을 생하는 경우.

인수가 왕성하고 관성이 약한데 재성이 인성을 파괴하는 경우. 인수가 쇠약하고 관성이 왕성한데 재성이 없는 경우. 비겁이 무겁고 재성이 가벼운데 관성이 겁재를 제거하는 경우. 재성이 인수를 파괴하는데 관성이 인수를 생하는 경우. 관성이 용신인데 관성이 암장되고 재성도 암장된 경우. 인수가 용신인데 인수가 드러나고 관성도 드러난 경우 등은 모두 관성유리회로서 귀하다.

신왕하고 관성도 왕성한데 인수도 왕성하면 격국이 가장 맑은 것이다. 사주에 식상이 하나도 섞이지 않고 재성도 없으면 관성은 인수에게 의지하고 인수는 일주에게 의지하는데 이러면 관성이 있어도 자식은 없다. 설사 식상이 약하게 섞여 있어도 인수에게 파괴되므로 역시 자식을 얻기 어렵다. 신왕하고 관성도 왕성하고 인수가 약한데 식상이 암장되면 관성이 상하지 않고 인수의 극도 받지 않으므로 자연히 귀하고 자식도 있다.

신왕하고 관성이 쇠약한데 식상의 기세가 있거나 인수가 있는데 재성이 인수를 파괴하거나 재성이 없어도 운에서 재성국을 이루면 귀하지는 못하여도 자식이 많고 부자이다. 신왕하고 관성이 쇠약한데 식상이 왕성하고 재성이 없으면 자식이 있어도 가난하다. 신약하고 관성이 왕성한데 식상이 왕성하고 인수가 없으면 가난하고 자식도 없으며 인수가 있어도 재성을 만나면 역시 마찬가지다.

이 단락에서 원주의 해설은 너무 간략하다. 부귀한 가운데 천하지 않음이 없고 빈천한 가운데 귀함이 없지 않으므로 천한 것을 한 글자로 알기는 쉬운 것이 아니다.
가령 신약하고 관성이 왕성한데 인수로 화하지 못하고 오히려 상관으로 강제로 억제하는 경우. 신약하고 인수가 가벼운데 관성으로 인수를 생하지 못하고 오히려 재성으로 인수를 파괴하는 경우.

재성이 무겁고 신약한데 비겁으로 일주를 돕지 못하고 오히려 비겁에게 재성을 빼앗기는 것을 꺼리는 경우 등의 격국은 성현의 가르침을 망각하고 조상의 적덕을 생각하지 않으니 재앙을 짐작조차 못하고 자손에게 미친다.

신약하고 인수가 가벼운데 관성이 왕성하고 재성이 없는 경우이거나 신왕하고 관성이 약한데 재성이 없는 경우의 격국은 빈곤하여도 절개를 굽히지 않고 부귀를 만나도 뜻을 바꾸지 않고 도리가 아니면 행하지 않고 의리가 아니면 취하지 않는다.
그러므로 재물과 부귀를 탐하고 금광을 찾는 자들은 결국 형벌을 받아 죽음에 이를 것이고 누더기 한 벌에 만족하는 자들은 반드시 천년의 세월에 좋은 명성을 얻는다.

관성이 나타나지 않는다고 하는 것은 세 가지 등급이 있다. 가령 관성이 가볍고 인수가 무거운데 신왕한 경우. 관성이 무거운데 인수가 가볍고 신약한 경우. 관성과 인수가 균형을 이루고 있는데 일주가 휴수된 경우 등은 상등급이다. 관성이 가볍고 비겁이 무거운데 재성이 없는 경우. 관살이 무거운데 인수가 없는 경우. 재성이 가볍고 겁재가 무거운데 관성이 숨어있는 경우 등은 중등급이다.

관성이 왕성하여 인수를 반기는데 재성이 인수를 파괴하는 경우.
관살이 무겁고 인수가 없는데 식상이 강제로 극제하는 경우. 관성이 많아 재성을 꺼리는데 재성이 국을 득하는 경우. 관성을 반기는데 관성이 다른 육신과 합화하여 손상된 경우. 관성을 꺼리는데 다른 육신이 관성을 합하여 다시 관성으로 화하는 경우 등은 하등급으로서 관성이 나타나지 않은 것이므로 세밀하게 연구하여 귀천을 분명하게 구분하는 것뿐만 아니라 현명한 자식인가 불효하는 자식인가를 확실하게 알 수 있다.

적천수천미의 명조를 원문의 취지에 알맞게 필자가 해설하였습니다.

시 일 월 년

辛 丁 癸 癸
亥 卯 亥 卯

乙 丙 丁 戊 己 庚 辛 壬
卯 辰 巳 午 未 申 酉 戌

亥월에 癸水칠살의 기세가 강한 명조로서
辛酉 庚辛대운에 庚辛金재성의 왕성한 기세로 癸水칠살을 돕지만 기세
가 흐르지 못하므로 성취를 이루지 못하였으며
己未대운에 亥卯未 木국을 이루면서 癸水칠살의 기세가 맑아지므로
상서의 벼슬에 이르렀습니다.

시 일 월 년

壬 丙 丁 癸
辰 午 巳 酉

己 庚 辛 壬 癸 甲 乙 丙
酉 戌 亥 子 丑 寅 卯 辰

巳월에 火의 기세가 강한 명조로서
북방 水대운에 壬癸水관살의 기세가 왕성하여 수화기제를 이루고 기세
가 맑아지므로 과거급제하고 부귀하였습니다.

시　일　월　년
己　辛　丙　甲
丑　酉　寅　午
甲癸壬辛庚己戊丁
戌酉申未午巳辰卯

寅월에 辛金일간의 기세가 강건한 명조로서
庚午대운 癸酉년에 丙火정관의 기세가 왕성하고 癸水식신을 도와 기세
가 조화를 이루고 맑아지므로 과거에 급제하고
辛未대운 己卯년에 己土편인의 왕성한 기세로 丙火정관을 인화하므로
사림에 들어갔으며 이후 벼슬길이 순조로웠습니다.

시　일　월　년
甲　庚　辛　乙
申　辰　巳　巳
癸甲乙丙丁戊己庚
酉戌亥子丑寅卯辰

巳월에 火의 기세가 강한 명조로서
丁丑대운에 戊寅 己卯년에 丁火정관이 투출하고 甲乙木재성이 도와 기
세가 맑아지므로 장원급제하고 학자로서 사림에 들어갔습니다.

시 일 월 년
甲 丁 壬 丁
辰 亥 子 丑
甲 乙 丙 丁 戊 己 庚 辛
辰 巳 午 未 申 酉 戌 亥

子월에서 壬水정관의 기세가 강한 명조로서
서방 金대운에 戊己土식상의 기세로 인하여 壬水정관의 기세가 흐르지
못하여 관성의 역할을 하지 못하므로 벼슬에 나아가지 못하였으나
남방 火대운에는 수화기제를 이루어 기세가 맑아지므로 학문이 깊고
처세도 떳떳하여 아이들을 가르치며 청빈한 삶을 살았습니다.

시 일 월 년
壬 丙 庚 丙
辰 午 寅 辰
戊 丁 丙 乙 甲 癸 壬 辛
戌 酉 申 未 午 巳 辰 卯

寅월에 丙火일간의 기세가 강건한 명조로서
壬辰대운에 壬水칠살의 기세가 허약하여 관성의 역할을 하지 못하므로
부친을 일찍 여의고 개가한 모친에 의지하며 살았으나 결국 모친도 여
의고 소를 치며 고되게 살다가 거지가 되었습니다.

2) 빈부

何知其人富 財氣通門戶 何知其人貧 財神終不眞
하 지 기 인 부 재 기 통 문 호 하 지 기 인 빈 재 신 종 부 진
그 사람이 부자인 것을 어떻게 아는가. 재성의 기세가 문호를 통한 것
이다. 그 사람이 가난한 것을 어떻게 아는가. 재성이 마침내 진실하지
않은 것이다.

재성의 기세가 원활하게 흐르면 재기통문호가 된 것으로서 부자가 된
다고 하는 것이며 재성의 기세가 원활하게 흐르지 못하고 서로 배반하
며 거스르면 진실하지 않은 것이므로 마침내 가난해진다고 합니다.

빈부에 대하여서는 학자마다 견해가 다르므로 아래와 같이 소개하니
참고바랍니다.

원주에서 유백온이 해설하기를
재성이 왕성하고 신강한데 관성이 재성을 보호하는 경우. 인수를 꺼리
는데 재성이 인수를 파괴하는 경우. 인수를 반기는데 재성이 정관을 생
하는 경우. 상관이 무거운데 재성으로 유통하는 경우. 재성이 무거운데
상관이 한정되어 있는 경우. 재성이 없는데 암장되어 재성국을 이루는
경우. 재성이 드러나고 상관도 드러나는 경우 등은 모두 재기통문호로
서 부자이다.

무릇 재물과 처의 논법은 서로 통한다. 그러므로 처는 현숙한데 재물이
부족하거나 부자인데 처가 손상되면 형충회합으로 살핀다.
단지 재성이 맑고 신왕하면 처가 좋으며 재성이 탁하고 신왕하면 부잣집
이다.

재성이 진실하지 않은 것은 설기되고 겁탈을 당하는 것뿐만 아니다. 식상이 가볍고 재성이 무거워 식상이 설기되는 경우. 재성이 가볍고 관성이 무거워 재성이 설기되는 경우. 식상이 무겁고 인수가 가벼운데 신약한 경우. 재성이 무겁고 비겁이 가벼운데 신약한 경우 등은 모두 재성이 진실하지 않은 것이며 이중에 하나라도 맑은 기세가 있으면 천하게 되지는 않는다.

적천수천미에서 임철초가 해설하기를

신왕하고 재성이 약한데 관성이 없으면 식상이 있어야 한다. 신왕하고 재성이 왕성한데 식상이 없으면 관살이 있어야 한다. 신왕하고 인수가 왕성한데 식상이 가벼우면 재성국을 득하여야 한다. 신왕하고 관성이 쇠약한데 인수가 무거우면 재성이 당령하여야 한다. 신왕하고 비겁이 왕성한데 재성이 없으면 식상이 있어야 한다. 신약하고 재성이 무거운데 관성과 인수가 없으면 비겁이 있어야 한다.
이것을 모두 재기통문호라고 한다.

재성은 곧 처이므로 함께 논한다. 만약 맑은 재성은 처가 아름답고 탁한 재성은 부자라고 한다면 그 이치는 비록 바르다고 하여도 깊이가 있는 논리라고 할 수 없다.

가령 신왕하고 인수가 있는데 관성을 설기하거나 사주에 식상이 보이지 않는데 재생관을 하거나 식상이 없는데 재성도 역시 약하면 주로 처는 아름다워도 재물은 부족한 것이다. 신왕하고 인수가 없고 관성이 약한데 상관을 만나면 재성이 상관을 화하여 관성을 생하고 관성도 통근하여야 관성도 역시 도움을 받으므로 처가 아름다울 뿐만 아니라 재물도 많다.

신왕하고 관성이 약하고 식상이 무거워도 재성이 관성과 통하지 못하면 집은 비록 부자이어도 처는 보잘것없다. 신왕하고 관성이 없고 식상의 기세가 있는데 재성과 비겁이 연결되지 않고 인수도 없으면 처와 재물이 모두 좋지만 인수가 있으면 재물은 왕성하여도 처가 상한다. 이 네 가지 경우를 마땅히 자세히 살펴야 한다.

재성이 진실하지 않은 경우는 아홉 가지이다.
첫째로 재성이 무겁고 식상이 많은 경우. 둘째로 재성이 가벼워 식상을 반기는데 인수가 왕성한 경우. 셋째로 재성이 가볍고 비겁이 무거운데 식상이 없는 경우. 넷째로 재성이 많아 비겁을 반기는데 관성이 겁재를 억제하는 경우. 다섯째로 인수를 반기는데 재성이 인수를 파괴하는 경우. 여섯째로 인수를 꺼리는데 재성이 관성을 생하는 경우. 일곱째로 재성을 반기는데 재성이 한신과 합하여 화하는 경우. 여덟째로 재성을 꺼리는데 재성이 한신과 합하여 재성으로 화하는 경우. 아홉째로 관살이 왕성하여 인수를 반기는데 재성이 국을 득하는 경우이다. 이 아홉 가지는 모두 재성이 진실하지 못한 것이며 바른 이치이다.

그러나 가난한 자는 많고 부자는 적은데 가난하여도 가난의 등급이 있고 부유하여도 부자의 등급이 있으니 대충 정하면 안 된다. 가난하여도 귀한 경우가 있고 가난하여도 바른 경우가 있으며 가난하여도 천한 경우도 있으니 마땅히 분별하여야 한다.
가령 재성이 가볍고 관성이 쇠약한데 식상을 만나고 인수가 나타난 경우. 인성을 반기는데 재성이 인수를 파괴하면 관성을 득하여 이를 해소하는 경우에는 귀하여도 가난하다.
관살이 왕성하고 신약한데 재성이 관살을 생하고 인수가 있으면 벼슬을 쉽게 얻지만 인수가 없으면 늙어서도 벼슬을 하지 못한다. 이처럼 청빈한 격은 모두 바른 길을 간다.

재성이 많으면 재물을 탐하고 관성이 왕성하면 벼슬을 탐한다. 합습이 아닌 것이 합하고 종從이 아닌 것이 종하거나 합하여도 화하지 못하고 종을 하여도 진실하지 않는 경우의 명은 부귀한 사람에게 아첨하고 재물을 보면 은혜와 의리를 잊으니 가난하고 천하게 되며 어쩌다 부자가 되어도 귀하지 못하다. 무릇 사업에 실패하고 가문이 망하는 명은 처음에 좋아 재관이 모두 좋지 않다.

간지가 모두 맑아도 살인상생이 안 되거나 재성이 왕지에 임하여도 재관이 영화롭게 할 수 있는지 알지 못하므로 반드시 먼저 일주가 왕상하여야 비로소 재관을 감당할 수 있다. 만약 태과불급하면 모두 진실하지 않은 것이며 흩어지거나 없어지므로 결국 부귀를 누리지 못한다. 이런 종류의 격국은 매우 많아서 열거하기도 어렵다.

적천수천미의 명조를 원문의 취지에 알맞게 필자가 해설하였습니다.

시　일　월　년
辛　壬　丙　甲
亥　寅　子　申
甲癸壬辛庚己戊丁
申未巳午辰卯寅丑

子월에 申子반합으로 양인국의 형상을 이루고 壬水일간이 이끄는 명조로서
남동방 木火대운에 丙火편재의 왕성한 기세로 원활하게 흐르면서 재기통문호를 이루므로 큰 부자가 되었습니다.

시　일　월　년

戊　癸　丙　壬

午　亥　午　申

甲 癸 壬 辛 庚 己 戊 丁
寅 丑 子 亥 戌 酉 申 未

午월에 丙火정재의 기세가 강한 명조로서
서북방 金水대운에 재성의 기세가 원활하게 흐르며 수화기제를 이루어
기세가 조화를 이루어 맑아지므로 재기통문호를 이루어 큰 부자가 되
고 하나의 처에 다섯 명의 첩과 여덟 명의 자식을 얻었습니다.

시　일　월　년

辛　戊　戊　壬

酉　戌　申　子

丙 乙 甲 癸 壬 辛 庚 己
辰 卯 寅 丑 子 亥 戌 酉

申월에 金水의 기세가 강한 명조로서
서북방 金水대운으로 흐르면서 壬水편재의 기세가 왕성하여 처음에는
재물이 늘었지만 점차 辛金상관의 기세를 설기하는 것이 태과하므로
마침내 재성이 진실하지 않은 것으로서 재물손실이 많아 가난을 견디
기 어려웠습니다.

시　일　월　년

己　丁　甲　癸

酉　巳　寅　卯

丙　丁　戊　己　庚　辛　壬　癸
午　未　申　酉　戌　亥　子　丑

寅월에 甲木정인의 기세가 강한 명조로서
癸丑 壬子대운에 壬癸水관성의 기세가 왕성하므로 집안이 부유하여
풍족하였지만
辛亥 庚戌대운에 庚辛金재성의 기세에 대한 설기가 태과하므로 마침내
재성이 진실하지 않아 한 번의 실패로 잿더미가 되고 굶어 죽었습니다.

시　일　월　년

乙　丁　乙　庚

巳　丑　酉　辰

癸　壬　辛　庚　己　戊　丁　丙
巳　辰　卯　寅　丑　子　亥　戌

酉월에 巳酉丑삼합으로 재성국의 형상을 이루고 庚金정재가 이끄는 명
조로서
丙戌 丁亥대운에는 丙丁火비겁으로 일간을 도우므로 재물이 마음대로
이루어졌으나
戊子 己丑대운에는 재성의 기세가 흐르지 못하여 탁하므로 재성이 진
실하지 않은 것으로서 재물이 흩어지고 결국 굶어서 얼어 죽었습니다.

3) 길흉

何知其人吉 喜神爲輔弼 何知其人凶 忌神輾轉攻
하 지 기 인 길 희 신 위 보 필 하 지 기 인 흉 기 신 전 전 공
그 사람이 길한 것을 어떻게 아는가. 희신이 보필한다.
그 사람이 흉한 것을 어떻게 아는가. 기신이 마구 공격한다.

길흉은 희신과 기신이 만드는 것입니다.
희신은 격국의 형상을 돕거나 기세의 흐름을 원활하게 돕는 육신으로
서 희신이 보필하면 길하다고 하는 것이며
기신은 격국의 형상을 돕는 희신을 공격하거나 기세의 흐름을 막아
기세를 탁하게 하는 육신으로서 흉하다고 합니다.

가령 木의 기세가 강하여 火의 기세로 설기하며 격국의 형상을 이루고
있으면 이때 木火의 기세를 설기하며 기세의 흐름을 원활하게 하는
火土의 기세가 희신이 되는 것입니다.
그러나 水木이 있어 희신인 火土의 기세를 공격하여 기세의 흐름을 방
해하면 水木의 기세가 기신이 되는 것입니다.

木의 기세가 약하여 水木의 기세가 희신이 되어 木의 기세를 도와 격국
의 형상을 이루고 있으면 길하다고 합니다.
그러나 土金이 있어 희신인 水木의 기세를 공격하여 木의 기세를 돕지
못하게 하면 土金의 기세가 기신이 되는 것입니다.

대운에 의하여 격국의 형상에 대한 기세가 변화하면 이에 따라 희신과
기신도 변화하며 세운에 의하여 길흉이 만들어지는 것입니다.

길흉에 대하여서는 학자마다 견해가 다르므로 아래와 같이 소개하니 참고바랍니다.

원주에서 유백온이 해설하기를

사주에서 희신이 좌우에서 처음부터 끝까지 모두 도움을 얻으면 반드시 길하다. 그리고 대세가 순조롭고 체가 견고하고 두터우며 일주가 따르는 것이 마땅하면 설사 한두 개의 기신이 공격하여 온다고 하여도 흉하지는 않다. 비유하면 국내가 안정되어 평화로우면 외적을 염려할 필요가 없는 것과 같다.

재관의 기세가 없고 용신이 무력하면 발달하지 못할 뿐이지 역시 흉한 것으로 고생하는 것은 없다. 기신이 너무 많거나 형충을 하거나 운에서 도와 여기저기 공격하는데 이를 방비할 육신이 없거나 일주가 따르는 것도 없으면 고통과 재물손실을 면하지 못하고 죄를 범하여 수난을 당하고 늙어서도 길하지 못하다.

적천수천미에서 임철초가 해설하기를

희신이란 용신을 보필하고 일주를 돕는 육신이다. 무릇 팔자에는 우선 희신이 있어야 용신의 세력으로 평생 길하고 흉이 없으므로 희신이 길신이다. 만약 사주에서 용신이 있고 희신이 없는데 운에서 기신을 만나지 않으면 해롭지 않지만 기신을 만나면 반드시 흉하다.

가령 戊土가 寅월생인데 寅中 甲木이 용신이면 기신은 반드시 庚辛申酉이다. 신강하면 壬癸亥子가 희신인데 金이 水를 보면 생을 탐하여 木을 극하러 오지 않는다. 신약하면 丙丁巳午가 희신인데 金이 火를 보면 두려워 木을 극하러 오지 않는다. 신약하면 寅中의 丙火가 용신으로서 천간에 투출하는 것을 반기는데 이때는 水가 기신이고 비겁이 희신이다.

관성이 용신인 것과 인수가 용신인 것은 다르다. 관성이 용신인데 신왕하면 재성이 희신이 된다. 인수가 용신인데 신약하고 관성이 있으면 후에 비겁을 희신으로 하여 비겁으로 재성을 제거하면 인수가 상하지 않고 관성을 도울 뜻도 없게 된다.

사주에 용신이 있고 희신이 없어도 용신이 득령하면 기상이 웅장하고 대세가 견고하며 사주가 안정되고 용신에게 붙어서 다투거나 시기하지 않으면 기신을 만나도 흉하지 않다. 사주에 희신이 없고 기신이 있거나 암장되거나 투출하여 드러나거나 용신과 붙어서 다투며 시기하거나 용신이 실령하거나 운에서 기신이 나와서 사주의 기신을 돕는다면 마치 국가에 간신이 있어 외적과 사통하고 안과 밖에서 협공하는 것이므로 흉함이 나타난다. 土에 대하여 이같이 논하였으며 나머지도 모두 같다.

기신이란 체용에게 손해가 되는 육신이다. 그러므로 팔자에서 우선 희신이 있어야 기신의 세력이 무력해진다. 기신이 병이면 희신은 약이다. 병이 있는데 약이 있으면 길하고 병이 있어도 약이 없으면 흉하다. 평생 길함이 적고 흉함이 많은 것은 모두 기신이 득세하였기 때문이다. 가령 寅월생이 寅중의 甲木을 쓰지 못하고 戊土를 쓴다면 甲木은 당령한 기신이 되므로 일주의 의향을 살펴 火로 화하는 것을 반기거나 金을 써서 극제하거나 운에서 희신을 돕고 기신을 억제하면 흉이 길로 바뀐다.

운에서 희신을 돕거나 기신을 억제하러 오지 않으면 기신과 무리를 이루지 않아도 평생 보잘 것이 없을 뿐만 아니라 발달하지도 못한다.
만약 火로 화하지 못하고 金으로 극제하거나 水로 생하거나 운에서 기신과 무리를 이루어 기신을 돕는다면 나의 희신이 손상하고 이리저리 공격한다면 흉한 재앙이 매우 많고 늙어서도 불길하다.
木에 대하여 이와 같이 논하였으며 나머지도 같다.

적천수천미의 명조를 원문의 취지에 알맞게 필자가 해설하였습니다.

<pre>
            시   일   월   년
            己   戊   丙   甲
            未   寅   寅   子
        甲 癸 壬 辛 庚 己 戊 丁
        戌 酉 申 未 午 巳 辰 卯
</pre>

寅월에 甲木칠살의 기세가 강한 명조로서
남방 火대운에 丙火편인의 기세가 왕성하므로 甲木칠살의 강한 기세를
설기하는 희신으로서 길한 작용을 하여 장원급제하고 관찰사의 벼슬에
이르렀으며 은퇴 후에는 편안한 삶을 살며 아들 여섯 명이 모두 과거급
제하고 팔십까지 장수하였습니다.

<pre>
            시   일   월   년
            戊   庚   己   丙
            寅   辰   亥   申
        丁 丙 乙 甲 癸 壬 辛 庚
        未 午 巳 辰 卯 寅 丑 子
</pre>

亥월에 金水상관의 명조로서
동방 木대운에 丙火칠살과 戊己土인성이 희신이 되어 壬癸水식상을 제
어하고 庚金일간을 도우므로 과거급제하고 평생 험한 일이 없었으며
벼슬길이 순조롭고 팔십까지 장수하였습니다.

시	일	월	년
甲	丙	戊	乙
午	子	寅	亥

庚	辛	壬	癸	甲	乙	丙	丁
午	未	申	酉	戌	亥	子	丑

寅월에 水火가 대립하는 명조로서
丁丑대운에 水火가 기제를 이루므로 유산이 풍부하였으나
乙亥대운에는 甲乙木인성의 기세가 강한 기신으로 작용하여 火土의 기세가 기신의 기세를 감당하지 못하므로 부모와 가족을 잃고 화재를 만나 물에 빠져 죽었습니다.

시	일	월	년
己	丙	庚	辛
丑	辰	寅	巳

壬	癸	甲	乙	丙	丁	戊	己
午	未	申	酉	戌	亥	子	丑

寅월에 火土의 기세가 강한 명조로서
己丑 戊子대운에 戊己土식상이 기신이 되어 丙火일간의 설기가 심하므로 어려서 부모를 잃고 외로움과 고통이 심하였으며
丁亥 丙戌대운에 丙丁火비겁이 희신이 되어 도우므로 조금이나마 가정을 이루었으나 乙酉대운에 乙庚합이 기신으로 작용하므로 처자를 모두 잃고 물에 빠져 죽었습니다.

4) 수요

> 何知其人壽 性定元氣厚 何知其人夭 氣濁神枯了
> 하 지 기 인 수 성 정 원 기 후 하 지 기 인 요 기 탁 신 고 료
> 그 사람이 장수하는지 어떻게 아는가. 성품이 안정되고 원기가 두터운
> 것이다. 그 사람이 요절하는지 어떻게 아는가. 기세가 탁하고 신이 메
> 마른 것이다.

성품이 안정되고 원기가 두터우면 오래 살 수 있다고 합니다.
대체로 장수하는 사주팔자를 보면 원기가 두터워서 기세가 흐름이 길
고 강하게 흐르며 기세의 흐름이 원활하여 기세가 맑은 것이 특징입니
다. 그러므로 기세의 원기가 두텁고 길게 흐르면서 기세가 맑고 안정되
면 성품이 안정되어 오래 살 수 있다고 합니다.

요절하는 사주팔자를 보면 원기가 허약하거나 기세의 태과불급으로 인
하여 기세가 급하게 흐르거나 형충 등으로 인하여 흐름이 끊기고 정체
되어 탁한 것이 특징입니다.
이로 인하여 기세가 메말라 고집스럽고 독단적인 성향으로 반발심과
흉포한 성품을 나타내며 이로 인하여 요절한다고 합니다.

수요에 대하여서는 학자마다 견해가 다르므로 아래와 같이 소개하니
참고바랍니다.

원주에서 유백온이 해설하기를
안정되면 장수한다. 사주에서 충이나 합이 없고 결함이나 탐욕이 없으
면 성품이 안정된 것이다.

원신이 후덕한 것이란 정기신이 모두 온전한 것뿐만 아니다.

관성이 끊어지지 않고 재성이 무너지지 않는 경우. 상관의 기세가 있는데 신약하고 인수가 왕성한 경우. 월령이 일주를 보필하며 용신의 힘이 있는 경우. 시상에 뿌리를 내리고 운에서 절지가 없는 경우 등은 모두 원신이 두터운 것이다.

대체로 甲乙寅卯의 기세가 충으로 싸우지 않고 설기되어 손상되지 않고 편고되어 왕성하지 않고 물에 뜨지 않고 편안한 곳을 득하면 장수한다. 木은 어질 인仁에 속하는데 어진 사람이 장수한다는 것은 매번 경험하였으므로 감히 글로 남긴다.

만약 빈천한 사람이 장수한다면 기가 맑고 신왕한 사주를 부여받은 것이며 신약하여도 운에서 생지로 행하거나 안정되며 식록이 부족하지 않은 경우이다.

기세가 탁하고 정신이 고갈된 명을 보는 것은 지극히 쉽다. 인수가 너무 왕성한데 일주의 뿌리가 없는 경우. 재살이 너무 왕성한데 일주가 의지할 곳이 없는 경우. 기신과 희신이 섞여 있는 경우. 사주와 용신이 배반하여 단절되고 충으로 불화하는 경우. 왕성한 것을 제어하는 것이 없는데 습체하고 조울한 경우. 정이 흐르고 기가 설기되며 월을 거스르고 시를 벗어나는 경우 등은 모두 장수하지 못하는 사람이다.

적천수천미에서 임철초가 해설하기를

인자하며 안정되고 관대하며 덕성이 있고 후덕한 다섯 가지는 모두 장수하는 징조이다. 사주가 득지하고 오행이 균형을 이루기 위하여 합하는 것은 모두 한신이고 화하는 것은 모두 용신이며 충해서 제거하는 것은 모두 기신이고 머물러 있는 것은 모두 희신이다.

결함이 없고 편고함이 없고 메마르지 않으면 이는 성품이 안정된 것이다. 성품이 안정되면 탐욕을 바라는 마음이 생기지 않으며 구차한 일을 하지 않고 사람됨이 관대하고 후덕하며 화평하고 인덕을 겸비하면 부귀하고 장수한다.

원신이 후덕하다고 하는 것은 관성이 약한데 재성을 만나는 경우. 재성이 가벼운데 식상을 만나는 경우. 신왕한데 식상이 우수한 기를 발하는 경우. 신약한데 인수가 당권하는 경우. 희신이 월령의 육신인 경우. 기신이 모두 실령한 경우. 월령과 시지가 유정한 경우로서 자세히 연구하여야 한다.

맑고 순수하면 반드시 부귀하고 장수하며 탁하고 혼잡하면 반드시 빈천하여도 장수한다.
기가 탁하고 신이 메마른 명은 쉬우면서도 살피기 어렵다. 기탁신고氣濁神枯 네 글자를 구분하여 말하면 탁濁이란 약한 것이다.

기세가 탁한 것이란 일주가 실령하고 용신이 가벼운데 기신이 심하게 무거운 경우. 월령과 시지가 서로 돕지 않는 경우. 년지와 일지가 불화하거나 충을 반기는데 충을 하지 않거나 합을 꺼리는데 오히려 합하는 경우. 운이 희용신과 무정하고 오히려 기신과 결당하는 경우 등으로서 비록 장수하지 못하여도 자식은 있다.

신고神枯란 신약한데 인수가 너무 무거운 경우. 신왕한데 극설이 전혀 없는 경우. 신약하여 인수를 쓰는데 재성이 인수를 파괴하는 경우. 신약하고 인수가 없는데 식상이 중첩된 경우. 금한수냉金寒水冷인데 土가 습한 경우. 화염토조火炎土燥인데 木이 메마른 경우 등으로서 모두 요절하며 자식도 없다.

적천수천미의 명조를 원문의 취지에 알맞게 필자가 해설하였습니다.

시　일　월　년
丙　甲　癸　辛
寅　子　巳　丑
乙 丙 丁 戊 己 庚 辛 壬
酉 戌 亥 子 丑 寅 卯 辰

천간과 지지의 배합이 조화롭고 상하좌우가 협조하며 두터운 원기를 형성하는 명조로서 년주에서 시주로 흐르는 기세가 강하게 흐르며 대운에서 흐름을 도와 원활하게 흐르므로 기세가 맑고 안정되어 사람됨이 강유가 조화되고 인덕을 갖추어 벼슬이 삼품에 이르렀으며 부자로서 자식을 열셋이나 두고 백 세까지 장수하였습니다.

시　일　월　년
戊　丙　乙　己
子　寅　亥　酉
丁 戊 己 庚 辛 壬 癸 甲
卯 辰 巳 午 未 申 酉 戌

亥월에 음양의 기세가 조화를 이루는 명조로서
壬申대운에 壬水칠살의 원기를 도우므로 향방에 급제하였으며
남방 火대운에 丙火일간의 왕성한 기세와 조화를 이루므로
벼슬이 관찰사에 이르고 사람됨이 너그럽고 단정하였으며 아홉명의 자식과 스물네명의 손자를 두고 부자로서 병도 없이 백 이십 세까지 살았습니다.

시 일 월 년

壬 壬 辛 己

寅 寅 未 酉

癸 甲 乙 丙 丁 戊 己 庚

亥 子 丑 寅 卯 辰 巳 午

未월에 음양의 기세가 조화를 이루는 명조로서
己巳 戊辰대운에 己土정관의 원기가 두터운 기세로 맑게 흐르며 안정되
므로 일찍이 과거급제하고 벼슬이 삼품에 이르렀으며
사람됨이 품행이 단정하고 온화한 인덕과 후덕함을 겸비하므로 여덟
명의 자식과 열 아홉 명의 손자를 두고 구십 육세까지 살았습니다.

시 일 월 년

庚 戊 甲 癸

申 戌 寅 丑

丙 丁 戊 己 庚 辛 壬 癸

午 未 申 酉 戌 亥 子 丑

寅월에 간지의 기세가 모두 강건하여 원기가 두터운 명조로서
북방 水대운에 甲木칠살의 강건한 기세가 원활하게 흐르지 못하고
탁하므로 탐욕으로 사치스럽고 흉악한 성품을 지녔으며
서방 金대운에 庚金식신의 강건한 기세가 원활하게 흐르지 못하고
탁하므로 악성종양으로 죽었습니다.
단지 조상의 음덕으로 팔구 명의 아들 중에 서너 명이 귀하게 되어
일품의 벼슬을 하였습니다.

```
시   일   월   년
戊   己   庚   戊
辰   卯   申   辰
戊 丁 丙 乙 甲 癸 壬 辛
辰 卯 寅 丑 子 亥 戌 酉
```

申월에 土金의 기세가 강하여 원기가 두터운 명조로서
북동방 水木대운에 土金의 두터운 기세가 정체되어 흐르지 못하여 탁
하므로 위인이 권세와 계략이 뛰어나고 매우 인색한 성품을 지녔으며
구십 세까지 살았으나 자식이 없었으며 많은 재물을 모았지만 죽은 후
에 모두 없어졌습니다.


```
시   일   월   년
辛   丙   乙   乙
卯   辰   酉   丑
丁 戊 己 庚 辛 壬 癸 甲
丑 寅 卯 辰 巳 午 未 申
```

酉월에 酉丑반합으로 재성국을 형성하고 辛金정재가 원신으로 투출하
여 원기가 두터운 명조로서
壬午대운에 壬水칠살이 투출하여 재성국의 기세를 설기하며 수화기제
를 이루어 기세의 흐름이 맑으므로 아들을 두었으나
辛巳대운에는 巳酉丑이 완전하지만 재성국의 기세가 정체되어 길게 흐
르지 못하여 탁하므로 부부가 함께 요절하였습니다.

6. 정원

造化生生不息機 貞元往復運誰知
조 화 생 생 불 식 기 정 원 왕 복 운 수 지

有人識得其中數 貞下開元是處宜
유 인 식 득 기 중 수 정 하 개 원 시 처 의

조화가 생하고 생하며 끊기지 않고 정원이 왕복하는 운을
누가 알겠는가
그 중에 운수를 아는 사람은 정으로 아래를 열어
원으로 들어가는 것이 마땅한다.

정원貞元은 주역의 원형이정元亨利貞에서 비롯된 것으로서 처음에서
시작하여 마무리하는 과정을 말합니다.

오행의 조화는 삶의 과정으로서 생하고 생하며 끊기지 않고 이어지며
원형이정의 한 과정이 끝나면 정貞에서 다시 원元으로 이어지는 것으
로서 정원이 왕복하는 운수라고 하는 것입니다.

사람의 일생은 원元의 소년기에서 시작하여 형亨의 청년기와 이利의
장년기 과정을 거치고 정貞의 노년기에서 마치게 됩니다.

그리고 다시 후손을 통하여 정貞에서 원元으로 이어지면서 새로운 원형
이정의 과정이 끊임없이 이루어지므로 생생불식한다고 하는 것입니다.

원元은 조상으로부터 이어받은 것이며 형이亨利의 과정은 자신의 삶이
되는 것이고 정貞은 자손을 잉태하고 후손을 길러 대를 잇는 작용이라
고 할 수 있습니다.

그러므로 원형이정으로 생생불식하는 운수의 작용을 알면 정貞에서 일
생을 마치더라도 후손을 통하여 다시 원元으로 들어갈 수 있다고 하는
것입니다.

정원에 대하여서는 학자마다 견해가 다르므로 아래와 같이 소개하니 참고바랍니다.

원주에서 유백온이 해설하기를

삼원三元에는 모두 정원이 있는데 가령 팔자에서는 년이 원元이 되고 월이 형亨이 되며 일이 이利가 되며 시는 정貞이 된다. 년월이 길하면 전반의 삶이 길하고 일시가 길하면 후반의 삶이 길하다.

대운으로 보면 처음 십오년은 원元이고 그 다음 십오년이 형亨이며 중년의 십오년은 이利가 되고 말년 십오년은 정貞이다.
원형元亨의 대운이 길하면 전반의 삶이 길하고 이정利貞의 대운이 길하면 후반의 삶이 길한 것은 모두 정원貞元의 도리이다.
또한 정원貞元의 묘함은 절처봉생뿐만 아니라 겨울이 지나면 봄이 온다는 의미도 있다.

사람의 수명이 다하여 죽은 후에도 대운의 흐름이 좋은 방향으로 흐르면 그 집안은 반드시 흥성해지고 나쁜 방향으로 흐르면 반드시 침체한다.

대체로 부친이 정貞이 되고 아들은 원元으로서 정貞의 아래에서 원元이 일어나는 묘함이 끊임없이 이어지는 작용을 한다.
이러한 논리는 실제로 경험한 것을 천하에 알려서 운명을 피하지 못한다는 것을 알게 하는 것이므로 학자들은 연구하기 바란다.

적천수천미에서 임철초가 해설하기를

정원貞元의 이치는 하도와 낙서의 뜻이며 선천팔괘와 후천팔괘의 위치가 바뀐 것이다.

선천팔괘에서는 건乾은 남방이고 곤坤은 북방이다.

서북에는 산이 많고 곤륜산이 조상이며 동남에는 물이 많고 큰 바다가 물의 귀숙지이다.

물은 산에서 나오고 산이 보이면 물은 멈춘다. 무릇 아홉 강이 흘러 세찬 기세로 바다로 들어가는데 그 근원을 찾으면 모두 별자리에 있다. 무릇 다섯 개의 산은 하늘을 찌르고 높고도 험준한 형세로서 그 근본을 찾으면 모두 곤륜에서 비롯된다.

사람은 조부로부터 이어지므로 모두 하나의 핏줄에서 나온 것이다. 그러므로 하나의 음은 곤坤에서 처음 생기고 하나의 양은 건乾에서 시작한다. 리離는 태양의 체이며 감坎은 달의 체이다.

정원의 이치는 원래 납갑納甲에서 나온 것이며 납갑의 상은 팔괘八卦에서 나온 것이다. 부친은 건乾이고 모친은 곤坤이다. 진震은 장남으로서 건乾인 부친의 체를 계승하고 곤坤인 모친의 조짐으로 비롯된다.

태음은 매월 이십팔 일부터 초이틀까지인데 달이 없어지고 완전히 어둡게 되는 것이 곤坤의 상이다. 곤坤이란 정貞의 뜻과 같다. 초삼일에는 십 분의 삼이 밝아지는데 하나의 양이 처음으로 생한 것이 진震의 상이며 원元의 조짐이다.

초파일에는 상현달이 되는데 십 분의 육이 밝아진 것이 태兌의 상이며 형亨의 이치이다. 십팔 일에는 달이 완전히 둥글었다가 십 분의 삼이 기운 것이 손巽의 상으로서 이利의 이치이다.

이것이 바로 정원貞元의 도이며 순환의 이치이다. 왕성함이 극에 이르면 쇠약해지고 흉함이 극에 이르면 길하여지는 것도 이러한 뜻이다.

이 장의 요지는 사람이 세상을 살아가면서 운이 길하면 창성하고 운이 흉하면 실패하는 것뿐만이 아니라 심지어 수명이 다한 후에도 운이 행하므로 그 운의 길흉을 살피면 그 자손의 흥망을 알 수 있다고 하는 것이다. 그러므로 그 사람의 수명이 다하여도 그 집안이 흥성한 것은 사후의 운이 반드시 길한 것이고 그 집안이 쇠퇴하면 사후의 운이 반드시 흉한 것이다.

이러한 논리는 이미 조화가 정하여진 것으로서 그 운명에서 벗어나지 못하지만 사람의 자식으로서 부모의 수명을 모르면 안 되므로 선의적으로 계속 기록하는 것이다.
만약 부모의 사후운이 길하면 당연히 선대를 이어갈 수 있는 것이며 흉하다면 경영을 잘 하여야 조화를 만회할 수 있는 것이다.

조상의 부귀는 학문으로부터 온 것인데 자손이 부귀만 누리고 학문을 포기하거나 조상의 가업은 근검으로부터 온 것인데 자손이 가업만 누리고 근검을 잊어버리면 이는 마치 신령스러운 나무의 줄기를 베어다가 가래나무에 접목을 하는 것과 같으니 말라 죽지 않을 수 없는 것이다.

큰 강의 물길을 갈라 냇물로 끌어들이면 혼탁해지지 않을 수 없는 것과 같다. 왜냐하면 그 근원이 서로 달라 부합되지 않기 때문이다. 그러므로 학자는 당연히 깊이 생각하여야 한다.

제 6 장

적천수원문시결

滴天髓原文詩訣

滴天髓 原文 詩訣

通天論

欲識三元萬物宗 先觀帝載與神功
坤元合德機緘通 五氣偏全定吉凶
戴天履地人爲貴 順則吉兮悖則凶
欲與人間開聾瞶 順悖之機須理會
理承氣行豈有常 進兮退兮宜抑揚
配合干支仔細詳 斷人禍福與災祥

天干論

五陽皆陽丙爲最 五陰皆陰癸爲至
五陽從氣不從勢 五陰從勢無情義
甲木參天 脫胎要火 春不容金 秋不容土
火熾乘龍 水蕩騎虎 地潤天和 植立千古
乙木雖柔 刲羊解牛 懷丁抱丙 跨雞乘猴
虛濕之地 騎馬亦憂 藤蘿繫甲 可春可秋
丙火猛烈 欺霜侮雪 能煆庚金 逢辛反怯
土衆成慈 水猖顯節 虎馬犬鄉 甲來焚滅
丁火柔中 內性昭融 抱乙而孝 合壬而忠
旺而不烈 衰而不窮 如有嫡母 可秋可冬
戊土固重 旣中且正 靜翕動闢 萬物司命
水旺物生 火燥喜潤 若在坤艮 怕沖宜靜
己土卑濕 中正蓄藏 不愁木盛 不畏水旺
火少火晦 金多金明 若要物昌 宜助宜幫
庚金帶殺 剛强爲最 得水而淸 得火而銳

土潤則生 土乾則脆 能勝甲兄 輸於乙妹
辛金軟弱 溫潤而清 畏土之疊 樂水之盈
能扶社稷 能救生靈 熱則喜母 寒則喜丁
壬水汪洋 能洩金氣 剛中之德 周流不滯
通根透癸 沖天奔地 化則有情 從則相濟
癸水至弱 達於天津 得龍而運 功化斯神
不畏火土 不論庚辛 合戊見火 火根乃眞

地支論

陽支動且強 速達顯災祥 陰支靜且專 否泰每經年
生方怕動庫宜開 敗地逢沖仔細裁
支神只以沖爲重 刑與害兮動不動
暗沖暗會尤爲喜 彼沖我兮皆沖起
旺者沖衰衰者拔 衰者沖旺旺神發

干支論

陽順陰逆 其理固殊 陽生陰死 其論勿執
天全一氣 不可使地道莫之載
地全三物 不可使天道莫之覆
陽乘陽位陽氣昌 最要行程安頓
陰乘陰位陰氣盛 還須道路光亨
地生天者 天衰怕沖 天合地者 地旺喜靜
甲申戊寅 是爲煞印相生 庚寅癸丑 亦是煞印兩旺
上下貴乎情協 左右貴乎志同
始其所始 終其所終 富貴福壽 永乎無窮

形象論

兩氣合而成象 象不可破也

五氣聚而成形 形不可害也

獨象喜行化地 而化神要昌

全象喜行財地 而財神要旺

形全者宜損其有餘 形缺者宜補其不足

方局論

方是方兮局是局 方要得方莫混局

局混方兮有純疵 行運喜南或喜北

若然方局一齊來 須是干頭無反覆

成方干透一元神 生地庫地皆非福

成局干透一官星 左邊右邊空碌碌

格局論

財官印綬分偏正 兼論食傷格局定

影響遙繫旣爲虛 雜氣財官不可拘

官煞相混來問我 有可有不可

傷官見官果難辨 可見不可見

從化論

從得眞者只論從 從神又有吉和凶

眞從之象有幾人 假從亦可發其身

化得眞者只論化 化神還有幾般話

假化之人亦可貴 孤兒異姓能出類

歲運論
休咎係乎運 尤係乎歲 衝戰視其孰降 和好視其孰切

體用精神論
道有體用 不可以一端論也 要在扶之抑之得其宜
人有精神 不可以一偏求也 要在損之益之得其中

衰旺中和論
能知衰旺之眞機 其於三命之奧 思過半矣
能識中和之正理 而於五行之妙 有全能焉

柔剛順逆論
柔剛不一也 不可制者 引其性情而已矣
順逆不齊也 不可逆者 順其氣勢而已矣

寒暖燥濕論
天道有寒暖 發育萬物 人道得之 不可過也
地道有燥濕 生成品彙 人道得之 不可偏也

月令生時論
月令提綱 譬之宅也 人元用事之神 宅之向也 不可以不卜
生時歸宿 譬之墓也 人元用事之神 墓之穴也 不可以不辨

源流論
何處起根源 流向何方住 機括此中求 知來亦知去

通隔論

兩意本相通 中間有關隔 此關若通也 到處歡相得

清濁論

一清到底有清神 管取平生富貴眞
澄濁求清清得去 時來寒谷也回春
滿盤濁氣令人苦 一局清枯也苦人
半濁半清無去取 多成多敗度晨昏

眞假論

令上尋眞聚得眞 假神休要亂眞神
眞神得用平生貴 用假終爲碌碌人
眞假參差難辨論 不明不暗受邅迍
提綱不與眞神照 暗處尋眞也有眞

隱顯論

吉神太露 起爭奪之風 凶物深藏 成養虎之患

衆寡論

抑强扶弱者常理 用强捨弱者元機

奮鬱論

局中顯奮發之機者 神舒意暢
局內多沈埋之氣者 心鬱志灰

恩怨論

兩意情通中有媒 雖然遙立意尋追

有情卻被人離間 怨起中間死者灰

閒神論
閒神一二未爲疵 不去何妨莫動伊
半局閒神任閒著 要緊之地立根基

絆神論
出門要向天涯遊 何似裙釵恣意留
不管白雲與明月 任君策馬上皇州

順反論
一出門來要見兒 見兒成氣轉相楣
從兒不論身强弱 只要吾兒又遇兒
君賴臣生理最微 兒能生母洩天機
母慈滅子關頭異 夫健何爲又怕妻

戰合論
天戰猶自可 地戰急如火 合有宜不宜 合多不爲奇

震兌坎離論
震兌勢不兩立 而有相成者存
坎離氣不並行 而有相濟者在

君臣母子論
君不可抗也 貴乎損上以益下
臣不可過也 貴乎損下以益上
知慈母恤孤之道 方有瓜瓞無疆之慶

知孝子奉親之方 始能克諧大順之風

性情論

五行不戾 惟正清和 濁亂偏枯 性情乖逆

火烈而性燥者 遇金水之激

水奔而性柔者 全金木之神

木奔南而軟怯 金見水以流通

最拗者西水還南 至剛者東火轉北

順生之機 遇擊神而抗 逆折之序 見閒神而狂

陽明遇金鬱而多煩 陰濁藏火包而多滯

陽刃局 戰則逞威 弱則怕事

傷官局 清則謙和 濁則剛猛

用神多者 性情不常 支格濁者 作爲多滯

疾病論

五行和者 一世無災 血氣亂者 平生多疾

忌神入五臟而病凶 客神遊六經而災小

木不受水者血病 土不受火者氣傷

金水傷官 寒則冷嗽 熱則痰火

火土印綬 熱則風痰 燥則皮癢

論痰多木火 生毒鬱火金

金水枯傷而腎經虛 水木相勝而脾胃泄

六親論

夫妻姻緣宿世來 喜神有意傍妻財

子女根枝一世傳 喜神看與煞相聯

父母或興與或替 歲月所關果非細

兄弟誰廢與誰興 提綱喜神問重輕

女命須要論安詳 氣靜平和婦道彰
二德三奇虛好話 咸池驛馬漫推詳
小兒財煞論精神 四柱平和易養成
氣勢悠長無斷喪 關星雖有不傷身

才德論
德勝才者 局全君子之風
才勝德者 用顯多能之象

出身論
巍巍科第邁等倫 一個元機暗裏尋
清得靜時黃榜客 雖雜濁氣亦中式
秀才不是塵凡子 清氣只嫌官不起
異路功名莫說輕 日干得氣遇財星

地位論
臺閣勳勞百世傳 天然清氣顯機權
職掌兵權豸冠客 刃煞神清氣勢特
分藩司牧財官和 清奇純粹局全多
便是諸司并首領 也從清濁分形影

貴賤貧富吉凶壽夭論
何知其人貴 官星有理會
何知其人賤 官星總不見
何知其人富 財氣通門戶
何知其人貧 財神終不眞
何知其人吉 喜神爲輔弼

何知其人凶 忌神輾轉攻
何知其人壽 性定元氣厚
何知其人夭 氣濁神枯了

貞元論
造化生生不息機 貞元往復運誰知
有人識得其中數 貞下開元是處宜